21世纪高等院校应用型经管系列教材

本书由天津师范大学研究生教材建设基金资助出版

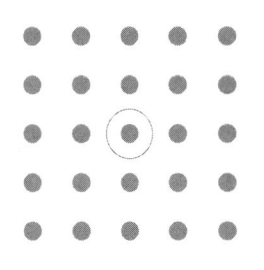

组织行为理论与实务

Theory and Practice of Organizational Behavior

刘 萍 ◉ 主 编
王鉴忠 杨 辉 ◉ 副主编

电子工业出版社
Publishing House of Electronics Industry
北京·BEIJING

未经许可，不得以任何方式复制或抄袭本书之部分或全部内容。
版权所有，侵权必究。

图书在版编目（CIP）数据

组织行为理论与实务 / 刘萍主编. —北京：电子工业出版社，2023.3
ISBN 978-7-121-45134-8

Ⅰ.①组… Ⅱ.①刘… Ⅲ.①组织行为学 Ⅳ.①C936

中国国家版本馆 CIP 数据核字（2023）第 032082 号

责任编辑：刘淑丽
印　　刷：三河市华成印务有限公司
装　　订：三河市华成印务有限公司
出版发行：电子工业出版社
　　　　　北京市海淀区万寿路 173 信箱　邮编 100036
开　　本：787×1092　1/16　印张：15.5　字数：397 千字
版　　次：2023 年 3 月第 1 版
印　　次：2023 年 3 月第 1 次印刷
定　　价：58.00 元

凡所购买电子工业出版社图书有缺损问题，请向购买书店调换。若书店售缺，请与本社发行部联系，联系及邮购电话：（010）88254888，88258888。
质量投诉请发邮件至 zlts@phei.com.cn，盗版侵权举报请发邮件至 dbqq@phei.com.cn。
本书咨询联系方式：（010）88254182，liusl@phei.com.cn。

前　言

"如何识人"是组织行为研究中的基本问题。人是管理的主体，也是管理的对象，社会的进步促使组织中的管理者必须重视对人的管理。人的行为规律是管理学的重要研究内容，组织行为学作为管理学的分支，越来越显示出在管理体系中的地位。作为一门应用学科，组织行为学采用系统的分析方法，综合运用心理学、社会学、人类学、生理学、生物学、经济学和政治学等知识，研究组织中人的心理和行为的规律性，从而提高各级管理者对人的行为预测和引导能力，以便更有效地实现组织预定的目标。基于其应用特性，本书侧重将组织行为理论与实践操作进行结合，旨在更有效地帮助读者去研究管理者应如何理解组织情境下员工行为背后的规律性。

本书共分为8章。第1章是导论，主要介绍了组织行为学的概念、发展脉络、研究意义及研究方法等；第2章阐述个体的相关特征对行为的影响，以及在组织管理情境中的应用；第3章及第4章系统介绍了群体心理与群体行为、群体激励理论；第5章阐述了组织结构设计的相关理论；第6章介绍了组织文化与组织行为；第7章分析了领导与组织行为；第8章系统阐述了组织变革与组织发展的相关知识。

本书特色如下。

一是突出理论讲解与实践操作的紧密结合。书中丰富的实践案例及具有实战性的课后习题使理论应用得到升华，能够更好地开发学生的实践能力，激发学生的创新思维并增强其创新能力。

二是注重结构精练又不失体系完整。在完整的知识体系基础上，本书在相关理论、课后案例及习题讨论中突出中国本土实践与课程思政的特色，以培养学生的家国情怀。

三是提供丰富的配套教学资料。本书提供与各章内容相关的情景视频、案例资源、授课课件等，使课堂教学及实践操作环节的内容更加丰富。

本书由天津师范大学刘萍拟定大纲，参编人员共同确定结构框架，最后由刘萍进行统稿。本书是几所高校教师共同合作的成果，编者包括东北农业大学杨辉、辽宁大学王鉴忠、天津理工大学张明、上海师范大学肖薇、东北农业大学杨秀丽、广西职业技术学院涂水香等。其中第1章由刘萍、杨秀丽和于静涛编写，第2章由杨辉和王鉴忠编写，第3章由王鉴忠和刘萍编写，第4章由张明和刘萍编写，第5章由肖薇和刘萍编写，第6章由刘萍和马一帆、于静涛编写，第7章由刘萍、涂水香和马一帆编写，第8章由杨辉和刘萍编写。

本书谨献于管理专业的众多学子，包括管理类研究生、高年级本科及专科阶段学生。本书可作为组织行为学及人力资源管理课程授课教材、实验教学用书或参考书。同时，本书也可为学习管理理论的企业界、学术界和政界的朋友们提供管理实践指导。

  本书在写作过程中，参阅和借鉴了国内外许多专家、学者的研究成果，在此一并表示衷心感谢。本书由天津师范大学研究生教材建设基金资助出版。本书得以与读者见面，还要感谢电子工业出版社有限公司编辑刘淑丽，感谢她的耐心与敬业。与此同时，感谢天津师范大学研究生处副处长刘慧的大力支持，以及所有支持本书编写的教师和学生。

  由于编者知识与经验不足，同时组织行为研究领域博大精深，本书可能存在错误与疏漏之处，恳请各位读者朋友们批评指正。欢迎大家将意见反馈至邮箱：liuping@tjnu.edu.cn。

编者

2023 年 1 月

目 录

第1章 导论 1
    1.1 组织行为学的基本概念 2
    1.2 组织行为学的产生及发展 8
    1.3 组织行为学的研究意义和作用 11
    1.4 组织行为学的研究方法与模型 13
    1.5 本章小结 15
    1.6 思考与技能实践 15

第2章 个体心理与个体行为 19
    2.1 人性假设研究 20
    2.2 需要、动机与行为 26
    2.3 价值观、知觉、态度、工作满意度与行为 34
    2.4 个性差异与行为 51
    2.5 本章小结 59
    2.6 思考与技能实践 59

第3章 群体心理与群体行为 65
    3.1 群体概述 66
    3.2 群体内行为 77
    3.3 群体间的行为 85
    3.4 团队建设与管理 90
    3.5 本章小结 95
    3.6 思考与技能实践 95

第4章 群体激励理论 102
    4.1 激励原理及激励理论 103
    4.2 激励与制度设计 112
    4.3 本章小结 121
    4.4 思考与技能实践 121

第 5 章　组织结构设计 126
5.1　组织结构设计的内涵 127
5.2　现代组织结构的主要形式 130
5.3　本章小结 137
5.4　思考与技能实践 138

第 6 章　组织文化与组织行为 143
6.1　组织文化概述 145
6.2　组织文化的作用 154
6.3　组织文化的建设 156
6.4　组织文化的管理 162
6.5　本章小结 165
6.6　思考与技能实践 166

第 7 章　领导与组织行为 171
7.1　领导概述 173
7.2　领导特质理论 179
7.3　领导行为理论 181
7.4　情境领导理论 185
7.5　领导权变理论 188
7.6　领导理论研究的新进展 192
7.7　本章小结 196
7.8　思考与技能实践 197

第 8 章　组织变革与组织发展 204
8.1　组织变革概述 205
8.2　组织变革的理论及模型 220
8.3　组织变革的有效管理 225
8.4　组织发展 230
8.5　本章小结 235
8.6　思考与技能实践 235

参考文献 240

第1章 导论

学习目标

- 知识目标：理解组织行为学的基本概念；认识组织行为学的产生及发展；熟悉组织行为学模型；了解组织行为学的研究方法与模型。
- 技能目标：能够运用组织行为学模型分析组织行为研究的层次。
- 能力目标：具有熟练运用组织行为学的研究方法开展组织行为学研究的能力。

案例导读

如何有效地防止和杜绝工人抽烟

某药业有限公司是于1998年由一家国有制药厂转制成立的现代中药制药企业，是一家中外合资企业，主要生产和销售中成药品，年销售额逾两亿元，利润超两千万元，产品除了在中国大陆销售外，还销往东南亚等地区。近年来，公司实施国家食品药品监督管理总局药品生产质量管理规范（Good Manufacturing Practice of Medical Products, GMP）认证，花巨资引进了新的设备，工人上班前必须换衣服和接受必要的消毒程序才能进入工厂内工作。当班的主管时有发现，虽然明文规定工人在上班的时间不准抽烟，但是仍有少数工人因烟瘾发作，趁着主管不注意，在厂内的偏僻处抽烟，严重违反了操作规程。

如何有效地减少和杜绝工人在厂内抽烟？主管考虑了以下几项措施：

（1）对烟瘾很大的工人，安排他们做其他工作；
（2）禁止抽烟的工人群体效仿别人的抽烟行为；
（3）给工人中途休息时间，以便他们有足够的时间到厂外抽烟、重新换衣服和消毒并入厂；
（4）对违反纪律的工人给予严惩，以杜绝工人抽烟；

> （5）主管加强监督。
> 如果你是主管，将采取何种措施来杜绝组织中工人的抽烟行为？
> （资料来源：段国春.组织行为学[M].北京：高等教育出版社，2010.）

组织是人类在自然进化过程中，为了摆脱单纯由个体活动满足自身需要而选择的一种更安全、更有效的群体活动的主要形式，是人的社会性的重要表现。在人类社会中，每个人每天都在和各种各样的组织打交道，无论是工作还是生活，都在和组织发生着关系。例如，工人在工厂（经济组织）做工，学生在学校（教育组织）学习，士兵在军队（军事组织）服役，干部在机关（行政组织）工作，甚至家庭也处在街道、村社（社会组织）中。组织在当今社会中无处不在，无时不有。除了正式组织外，还有非正式组织。人们工作、学习和生活的大部分时间都是在林林总总的正式组织与非正式组织中度过的。组织建立、管理的方式会影响人们工作的性质和效率，也会影响人们生活的质量、精神感受和活动的自由。组织的发展与人的利益密切相关，人们赖以生存的大量资源、提高人们生活质量的大量服务均由组织来提供。因此，搞好组织的管理对整个社会具有重要的意义，而搞好组织管理离不开对组织行为及其规律的研究。

本章将从组织行为学的基本概念入手，了解组织行为学的发展，构建组织行为学模型，阐述组织行为学的研究意义和作用，并探讨组织行为学的研究方法。

1.1 组织行为学的基本概念

任何组织都有其各自的行为表现。有的组织待人热情真诚，办事认真高效；有的组织对人冷若冰霜，办事拖沓推诿。因此，要理解组织的活动及其各种行为表现的原因，有必要对组织行为学进行深入研究。

1.1.1 组织行为学的定义

什么是组织行为学？关于这一问题，不同的研究者有不同的见解，并具有合理的解释。美国学者杜布林（Dubrin）的定义是："组织行为学是系统研究组织环境中所有成员的行为的一门学科，以成员个人、群体、整个组织以及外部环境的相互作用所形成的行为作为研究的对象。"美国著名管理学教授、组织行为学的权威斯蒂芬·P.罗宾斯（Stephen P. Robbins）认为："组织行为学是一个研究领域，它探讨个体、群体以及结构对组织内部行为的影响，以便应用这些知识来改善组织的有效性。"本书以清华大学张德教授主编的《组织行为学》中提到的定义为准，即"组织行为学是综合运用与人有关的各种知识，采用系统分析的方法，研究一定组织中人的心理和行为规律，从而提高各级主管人员对人的行为的预测和引导能力，以便更有效地实现组织目标的一门科学。"

这一定义具有以下三层含义。

（1）组织行为学的研究对象是人的心理和行为的规律性。组织行为学既研究人的心理活动的规律，又研究人的行为活动的规律。人的行为和心理密不可分，心理活动是行为的内在依据，行为是心理活动的外在表现，因此，必须把两者作为统一体来进行研究。

（2）组织行为学的研究范围是一定组织中的人的心理和行为的规律。组织行为学不是研究一切人类的心理和行为的规律，而是研究一定组织范围内的人的心理与行为的规律。这种组织包括工厂、商店、学校、机关、军队、医院、农村等。研究组织中的人的心理和行为，不仅研究单个人的心理和行为，而且研究凝集在一起的人的心理和行为。因此，其又可分为个体心理与行为、群体心理与行为以及整个组织的心理与行为。

（3）组织行为学的研究目的，是在掌握一定组织中的人的心理和行为的规律的基础上，提高组织预测、引导和控制人的行为的能力，以达到组织既定的目标。特别是组织要采取相应的措施，将人的消极行为转为积极行为，以取得最佳的工作绩效。

组织行为学是研究组织环境中人的行为规律的科学。它实质上是一门现代管理学科，是管理领域中行为学派的理论和方法的支柱。

1.1.2 组织行为学的特点

1. 边缘性、综合性

组织行为学是一门在多学科交叉渗透的基础上发展起来的边缘性、综合性的学科，具体表现为多学科交叉性和多层次性。

（1）多学科交叉性。

组织行为学综合应用心理学、社会学、人类学、政治学、生物学、伦理学等学科的知识，在组织管理的实践中解释组织中人的行为，是在上述学科交叉的边缘上组合而成的一门学科。

（2）多层次性。

组织行为学的多层次性主要表现在它是一门综合研究组织中个体、群体和整个组织的行为发展规律，以及它们与社会环境的关系的学科。其包含四个层次。

第一层是个体。这是组织行为学研究的基础。要研究整个组织的行为规律，必须从组织最基本的细胞——作为个体的人的行为开始分析。这一点类似于马克思研究整个资本主义社会，是从资本主义社会最基本的细胞——商品开始研究的，通过层层分析，揭示了资本主义社会的基本规律。

第二层是群体。组织行为学在研究个体的同时，还要研究群体和群体结构、形成群体的过程、群体的发展和影响群体工作绩效的因素、如何进行群体决策等。

第三层是组织。所有的组织，不论其规模、类型和行为状况，都是由个体与群体组成的。因此，个体既是群体的一员，也是组织中的一员。各个组织具有各自的特征，如组织结构、规章制度、奖惩和工资分配体系等。这些因素都会影响组织中的个体和群体，以及整个组织的行为。

第四层是组织的外部环境，包括物质环境和社会环境。任何人、群体和组织都处在组织外部环境里，是社会环境中的成员，行为均要受到外部环境的影响。为了真正掌握组织中人的行为规律，还必须研究组织与环境的相互关系。

上述四个层次不是互相排斥的，而是互相补充的。因此，必须把这四个层次结合起来，协调地研究，才能真正掌握组织中人的行为规律，以全面提高组织的效率，提高组织的管理水平。

2. 两重性

组织行为学是一门具有两重性的学科。它既具有与组织中人的行为生物性特征相联系的、反映人的行为一般规律的属性，即自然属性，又具有反映人的社会活动规律的社会属性，即阶级性。

这种两重性来自以下三个方面。

一是来自多学科性。组织行为学的研究既应用普通心理学、生物学、生理学等不具有阶级性的自然科学知识，又应用社会学、社会心理学、政治学等具有明显阶级性的社会科学知识。组织行为学正是在这些自然科学和社会科学互相交叉渗透的基础上发展起来的，在性质上也就反映了一些学科的特性。

二是来自组织行为学的研究对象"人"本身的两重性。组织中的人既是生物性的人，又是社会性的人（主要还是社会性的人），即具有自然属性，又具有社会属性。

三是来自管理的两重性。从某种意义上说，组织行为学是一种以人为中心的管理学。一方面，管理对人们共同劳动进行协调和指挥，属于管理的自然属性。这种管理的属性不受社会制度的制约，不管是资本主义社会还是社会主义社会，都需要通过协调和指挥来管理社会化大生产活动。另一方面，管理又是一种监督劳动。这种监督劳动是一种社会属性的职能，它反映了一定社会生产方式下生产关系的要求，不同的社会制度下，管理的社会属性是不一样的。

在阶级社会中，管理是统治阶级意志的反映，具有明显的阶级性。

（1）在资本主义制度下，正如列宁所揭示的那样，"资本家所关心的是怎样为掠夺而管理，怎样借管理来掠夺。"[①]

（2）在社会主义制度下，因为人民当家做了主人，所以管理是为了民富国强，借管理来富民强国。

管理的两重性，也就决定了专门研究管理领域内人的行为规律的组织行为学也具有两重性。

3. 实用性

组织行为学相对于心理学、社会学、人类学等学科来说，属于应用性学科。心理学、社会学、人类学则属于理论性学科，这些学科是组织行为学的理论基础。

在研究和掌握了组织中人的规律后，还要进一步研究评价和分析人的行为的方法，掌握保持积极行为、改变消极行为的技术。其目的是紧密结合组织管理者的工作实际，提高他们的工作能力，改善组织的工作绩效。因此，组织行为学是一门实用性的学科。

1.1.3 组织行为学的研究对象

组织行为学研究的对象是组织中人的行为与心理，关注的是人在组织中的活动，并不是关心人的所有行为，只是关注与组织绩效有关的行为。组织行为学研究的三个层面如图1-1所示。

---

① 列宁. 列宁选集：第2卷[M]. 北京：人民出版社，1972:395.

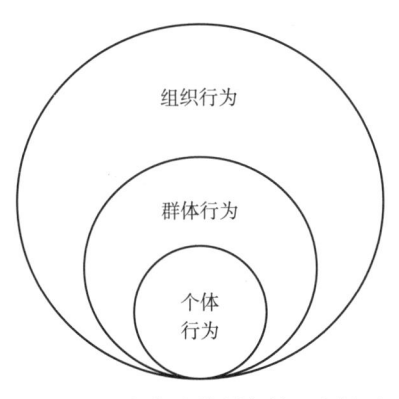

图 1-1　组织行为学研究的三个层面

1. **个体行为**

组织是由人组成的，人与人之间又存在差异。每个人心理和行为的差异决定了其表现和工作绩效的不同。组织行为学就是从研究个体的行为出发，分析和解释各种因素对个体行为的影响，并对工作中的个体行为与组织绩效之间的关系进行研究。这个领域主要是心理学家的研究领域。影响一个人行为的内部因素包括态度、能力、个性、价值观、知觉、学习和动机等；影响一个人行为的外部因素主要是组织的环境和政策，如组织结构与工作设计、设备设施与技术、领导与奖励制度、管理控制方式等。

2. **群体行为**

人在组织中极少完全单独工作。如果要完成任务，组织成员就必须在工作中合作并协调他们的活动。因此，组织行为学需要研究组织中群体行为的方式，以及影响群体行为及工作绩效的因素。例如，在群体中，人们如何一起工作；什么因素决定一个群体是团结和富有成效的，还是分散和毫无结果的。关于群体的知识主要来自社会学家和社会心理学家的工作，研究的主要内容包括群体构成、规范、角色、沟通、团队建设和冲突、群体思维与决策，以及群体文化、领导和工作满意等。

3. **组织行为**

组织行为学也把整个组织作为研究对象，而不是把重点仅仅放在较窄范畴下的组织中的个体和群体行为上。这是因为社会的发展、环境的变化、制度的变迁乃至技术的进步，都会对组织行为产生非常大的影响，直接引发组织变革、结构调整，并对组织文化造成冲击。组织行为学关注的是组织与环境之间的关系，以及这种关系变化给组织绩效带来的影响。其研究的主要内容包括组织结构与设计、组织规模与发展阶段、组织所应用的技术、组织文化、组织的变革与创新等；其核心仍是发挥组织的功能，提高组织的效率。

在以上这 3 个层面上，人的行为既有很多共同点，又有明显的差异。影响人的行为和决策的因素各有不同，又相互关联。这些因素共同对人的行为，对组织的生产率、出勤率、流动率和工作满意度产生影响。

> **小资料 1-1**
>
> 个人在成功的过程中，离不开团队合作。没有一个人是万能的，可以独立完成整个工作。个人可以通过建立互相依赖的关系，通过别人的帮助来弥补自身的不足。对于团队而言，伙伴之间的友好相处和相互协作是至关重要的。

1.1.4 组织行为学与其他关联学科的关系

1. 与组织行为学相关的学科

组织行为学是行为科学在组织管理领域的应用学科，其形成与其他学科有着千丝万缕的联系。与组织行为学密切相关的学科主要有管理学（包括人事管理学、组织管理学）、行为科学（包括心理学、人类学、社会学）、社会科学（包括政治学、经济学、伦理学）、自然科学（包括生物学、生理学、工程学）等，如图1-2所示。

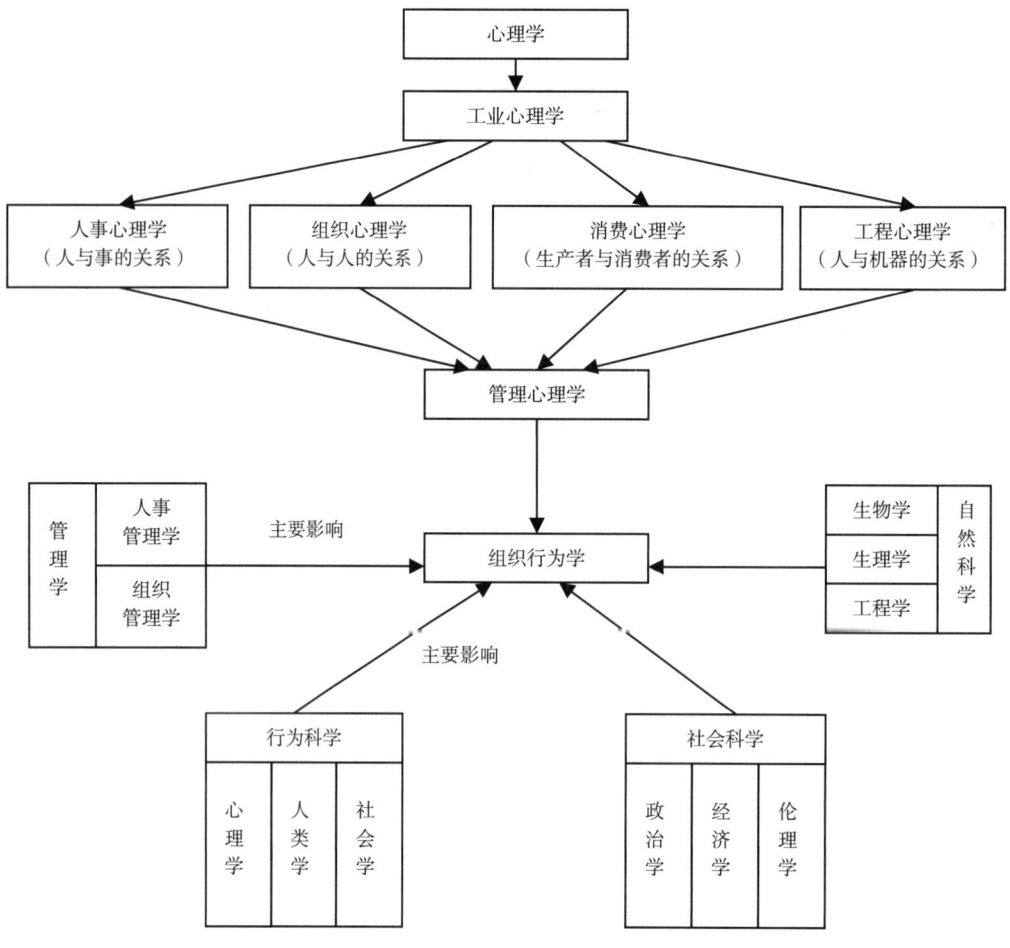

图1-2 组织行为学与其他关联学科的关系

2. 组织行为学与管理心理学的联系与区别

（1）组织行为学与管理心理学的联系。

从组织行为学的发展来看，组织行为学可以看作是管理心理学的新发展学科。组织行为学与管理心理学在研究的目的、对象、内容和理论来源方面是一致的。具体体现在如下几个方面。

①研究的目的相同，即通过对组织中人的心理与行为的研究，揭示其规律，并以此规律指导个体、群体或组织的行为，达到组织的预期目标。

②研究的对象相对一致。组织行为学和管理心理学都把行为与心理作为研究对象。组织行为学在研究一定组织中人的行为特点及其规律时不可避免地涉及人的心理研究，管理心理学在研究管理过程中人的心理特点及其规律时又会涉及人的行为研究。

③研究的内容大同小异。组织行为学与管理心理学研究的内容构架基本相同，如都包括个体问题、群体问题、激励问题、领导问题、组织文化与变革问题等。

④很多理论来源相同。虽然组织行为学的理论来源比较宽广，但是很多理论来源与管理心理学的理论来源相同，如心理学、社会学、人类学、教育学、生理学。其中心理学是一门主要学科。

（2）组织行为学与管理心理学的区别。

虽然组织行为学与管理心理学在诸多方面是相同或一致的，都属于边缘学科和应用学科，很多学者也将两者混同起来，但它们还是存在一些差别的。表 1-1 对这些差别进行了比较。按照陈国海教授的看法，组织行为学与管理心理学的主要区别在于研究对象各有侧重，前者的研究对象是组织中人的外在、可预测、可开发的行为，而后者的研究对象是组织中人的心理（包括外在、可观测、可开发的行为，也包括内在的、甚至是不可观测、不可开发的行为，如思维、本能）。这决定了组织行为学的研究成果更为具体、直观、实用。管理心理学的研究成果比较抽象、隐晦和理论化。

表 1-1 组织行为学与管理心理学的比较

	组织行为学	管理心理学
研究对象	一定组织中人的行为（指外观的活动、动作、反应或行动）	管理过程中各层次人员的心理（感觉、知觉、记忆、思维、情绪、意志、气质、性格等）
理论基础	社会科学、行为科学、管理科学、自然科学等	心理学、社会学、经济学、教育学、管理学、生理学等
学科性质	行为科学	心理科学
形成背景	1949 年"行为科学"一词出现；1953 年正式命名；20 世纪 60 年代末开始形成组织行为学；20 世纪 80 年代组织行为学分为宏观组织行为学和微观组织行为学	莉莲·吉尔布里斯（Lillian Gilbreth）在《管理心理学》中首次使用"管理心理学"一词；20 世纪 20 年代和 30 年代工业心理学与人际关系学说的发展；莱维特（Levitt）正式使用"管理心理学"，管理心理学成为独立学科

1.2 组织行为学的产生及发展

1.2.1 组织行为学的产生

组织行为学的产生是组织演变、管理理论发展的必然结果，与工业心理学、工业社会心理学、管理心理学、组织心理学等有着历史渊源。

1. 工业心理学

组织行为学的产生，除了和当时的科学管理理论有关外，同工业心理学的兴起也是分不开的。雨果·闵斯特伯格（Hugo Münsterberg）是工业心理学的主要创始人。他于1912年出版的《心理学与工业效率》一书中，首先正式把心理学运用到工业管理之中。书中论述了用心理学测验方法选拔合格员工等内容，主要研究了职业选拔与职业培训、疲劳及合理化建议等问题；研究的基本方向是如何挑选和培养合格的员工来适应管理者所选用的机器，解决人与机器的关系。闵斯特伯格开创的工业心理学为组织行为学的出现做出了重大贡献。

之后，人事心理学、工程心理学先后出现，分别研究人与事，人在与机器、环境相互作用中的心理活动及其规律。

2. 工业社会心理学

工业心理学的早期阶段，仅限于对工业个体心理学进行研究，考虑的面比较狭窄。自20世纪20年代起，美国著名心理学家梅奥（Mayo）主持的"霍桑实验"以及他提出的"人际关系理论"，使学术界对工作中的社会环境、人际关系、管理者与被管理者的相互关系、组织机构本身的社会性等因素对人的心理和行为的影响有了足够的重视，开始对企业中人的心理与行为进行综合研究，形成了研究人与人相互关系的工业社会心理学。工业社会心理学强化了对人与人相互关系研究的深度和广度，从而为组织行为学的诞生奠定了实验和理论基础，开辟了组织理论的新领域。

3. 管理心理学

美国斯坦福大学的莱维特于1958年正式开始用"管理心理学"（Management Psychology）这一名称来代替原来的"工业心理学"，并出版了第一本系统论述该理论的《管理心理学》，使管理心理学成为一门独立的学科。莱维特认为，这样命名的原因是，想启发读者思考如何引导、管理和组织一大批人去完成特定的任务。因为当时以群体、特别是以小型群体为研究对象的工业心理学对员工工作绩效的影响越来越大。而且随着群体动力理论、需要理论、社会测量理论等理论先后出现并运用于企业管理，人们也日益认识到在工业生产活动中，管理实际上占据着核心地位，应当将"管理"凸现出来。

4. 组织心理学

20世纪60年代初，莱维特又进一步将管理心理学的研究内容从个体心理领域、群体心理领域、领导心理领域扩大到组织心理领域，探讨如组织结构、组织内外环境对心理的影响等，并在他的一篇文章中首先采用了"组织心理学"（Organizational Psychology）这个词，其目的也是要强调社会心理学尤其是群体心理学在企业界日趋显著的作用。不久,美国心理学协会第十四分会——工业心理学分会更名为工业和组织心理学分会,其目的是要承担比个体差异测定范围更广泛的组织问题研究任务。

5. 组织行为学的产生

随着工业心理学这一学科的研究对象从个体到群体再到组织的演变,其研究和实验的机构也发生了变化。自20世纪60年代起,该学科的研究机构从各大学的心理学系转入管理学院(系)特别是这些学院的研究生部,其教师队伍中又吸收了社会心理学家、社会学家和人类学家。从这批人中产生的研究项目开始取名为"组织行为学"。这样就进一步强调了"组织"这一概念,同时又明确了它不是某一特定学科的产物。此后,"组织行为学"这一名词被沿用至今。现在美国的管理院校中,几乎所有的研究行为的小组都取名为"组织行为学小组"。

组织行为学从工业心理学、工业社会心理学、管理心理学、组织心理学到组织行为学的演进,反映了这一研究领域的发展和人们认识的不断深入,应该说,从运用角度来看,组织行为学所涵盖的内容和研究领域更广阔。

1.2.2 组织行为学的发展阶段

尽管组织行为学作为一门学科的时间不长,但是对于组织行为的探索研究始终贯穿管理学尤其是组织管理学的发展。因此,从广义上讲,组织行为学的发展过程实质上是对组织行为的探索研究的过程。但是严格说来,组织行为学的产生和发展是组织管理理论和人力资源学派、权变理论学派和组织文化理论不断融合的结果。

1. 人力资源学派的出现

20世纪50年代后期,美国出现了经济衰退,人际关系学派片面强调搞好关系的观点迫切需要修正,这时心理学界对动机、需要、群体动力等的研究也趋于深入,加上科学技术突飞猛进,员工的需要和期望正经历着深刻的变化。这些客观因素促使行为科学家重新探讨激励员工积极性的途径,于是在人际关系理论基础上发展出一个新的学派——人力资源学派(Human Resources School)。其中心思想是:企业中发生种种问题的根源在于未能发挥员工的潜力。这个学派的主要代表人物是阿基雷斯(Argyris)和麦格雷戈(McGregor)。

阿基雷斯在1957年发表了《个性与组织》(*Personality and Organization*)一书,公开对人际关系学派进行了抨击。它主要从组织角度分析影响员工发挥潜力的原因,认为传统的组织设计死扣规章制度,使员工处处听命上级,变得消极被动,依赖成性,这样既束缚了员工的创造性和积极性,又阻碍了其个性的成熟和发展。在人际关系学说的影响下,管理者通过提高福利待遇、增加员工休息时间、放长假等方式,改善与员工的关系,但始终未能让员工承担更多的责任,满足员工的成就感,仍不能解决员工的积极性问题。阿基雷斯呼吁企业管理者从组织上进行改革,鼓励员工多负责任,让他们有成长和成熟的机会。

1960年,麦格雷戈在他所著《企业中人的方面》(*Human Side of an Enterprise*)一书中总结了人性假设对立的两种观点,即X理论与Y理论。麦格雷戈认为,传统管理理论来源于教会和军队,没有接触现代化的政治、社会和经济,因此把人看成是厌恶工作、需要严格控制的消极因素,他将这种假设称为X理论。而现实生活中许多现象不符合X理论的观点,人并不天生厌恶工作，人在工作中能自我控制，在现代工业社会中，一般人没有充分发挥潜力，麦格雷戈将这种观点称为 Y 理论。他认为现代组织的管理者应让员工承担更多的责任，发挥他们的潜力。如果这样做，将如 20 世纪 30 年代发现原子能一样，开发出难以想象的人力能源。

2. 组织行为学的形成阶段——权变观点进入管理领域

在西方管理思想史上，对人进行管理的思想是一直发展的，但是从科学管理到 X 理论与 Y 理论，都受 19 世纪哲学中决定论思想的支配。其出发点认为，处理管理问题可以有一个普遍适用的最佳方案。在人力资源学派成长的过程中，权变理论逐渐进入管理领域。权变理论认为，管理的对象和环境变化多端，简单化的、普遍适用的方案并不存在，必须按照对象和情境的具体情况选择具体对策。组织行为学就是在这一思想的基础上建立起来的。组织行为学认为，遵循权变理论，并不等于没有理论，而是告诉人们怎样从错综复杂的情境中寻找关键性的变量，然后找出变量与变量之间的因果关系，从而针对一定的情境使用一定的对策。因此，目前组织行为学的理论和方法虽然倾向于人力资源学派，可是对其他的学派也兼收并蓄，形成了一个综合性的知识体系，把关于人的管理思想推进到了一个新的阶段。近十余年来学术界对领导行为、激励方式、组织设计、工作再设计等的研究，都在权变思想的指导下进行。麻省理工学院教授埃德加·亨利·沙因（Edgar Henry Schein）对人性假设的分析就是一个例子。他把科学管理的人性观称为"理性-经济人"（Rational-economic Man），人群关系学派的人性观称为"社会人"（Social Man），人力资源学派的人性观称为"自我实现人"（Self-actualizing Man），然后得出结论，认为人的心理状态是复杂的，不仅人与人之间有差异，同一个人在不同环境、不同时期也会有差别，因此，人不能是单纯的"经济人""社会人"或者"自我实现人"。管理者不能把所有的人等同视之，用一个固定的模式进行管理，而是要洞察他们的特点，对症下药，这样才能取得好的管理成绩。

3. 组织行为学的深入阶段——组织文化研究的兴起

组织文化也称企业文化，是组织或企业在长期经营过程中逐步形成的共同的文化观念，是由领导倡导、为员工所认同的本组织或本企业的群体和行为准则。劳伦斯·米勒（Laurence Miller）在其《美国企业精神》（American Spirit）一书中说："了解企业是在为崇尚的目标努力，不但可以产生健全的、具有创造性的策略，而且可以使个人勇于为目标牺牲……他们觉着目标崇高而愿意献身，为崇高的目标牺牲可以获得自尊。"显然，如果将企业的目标变成员工的观念和信仰的一部分乃至全部的话，其激励的力量是无穷的。

应该说，企业文化理论是对传统理性管理模式的突破和超越，是管理思想的一次重大进步，也是现代管理理论发展的必然趋势，为组织行为学的深入研究提出了重大课题。

4. "新组织"的兴起阶段——信息技术的发展应用

自 20 世纪 80 年代以来，信息技术飞速发展，对全球经济、社会生活产生了巨大的影响，这在以美国为代表的发达国家中表现得尤为明显。"新经济"带动了美国经济的全面发展，形成了 20 世纪 90 年代的持续繁荣。

信息技术的发展使企业的组织和环境发生了革命性的变化。在市场上，交易方式改变，交易效率提高；在企业内部，新的管理手段和运作流程从根本上改变了企业的组织方式，降低了管理成本。如福特、ABB、通用电气等许多企业进行了基于信息技术的组织变革尝试。到 20 世纪 90 年代初，这种重新设计企业运作流程的组织变革技术被总结为"公司再造"并大行其道。这一变革使企业组织呈现出与马克斯·韦伯（Max Weber）的"科层制"完全不同的特点，被称为"新组织"的兴起。根据美国麻省理工学院教授埃莉诺·韦斯特尼（Eleanor Westerney）、约翰·范·马林（John Van Maanen）等人总结的管理界对"新组织"的论述，"新组织"具有下列特点：①网络化；②扁平化；③灵活性；④多元化；⑤全球化。

"新组织"的兴起，不仅带来了企业组织的重大变革，而且使公共部门（如政府、社区机构）和非营利组织（如大学、医院）的管理受到很大的震动并发生变化，同时为组织理论的研究提供了许多新课题。

上述组织行为学的发展历程说明，正是组织的演变、管理实践的需要、管理理论的发展，推动着组织行为学的研究不断深入，理论体系逐步完备。

1.2.3 组织行为学的发展动向

进入 20 世纪 90 年代，组织行为学有一些新的发展动向，主要表现为如下几个方面。

（1）组织变革已成为全球化经济竞争中组织行为学研究的首要问题。与组织变革密切相关的是领导行为研究。受权变理论的影响，先后出现了多种领导理论。在组织变革中，管理决策显得十分重要。目前，在个体层面上，组织行为学比较注重在决策和判断中所采用的认知策略和判断决策问题；在组织层面上，组织行为学主要分析不同背景下的决策模式、权力结构和参与体制，并特别重视决策技能的开发和利用。与组织变革密切相关的还有激励机制和企业文化，它们也成为组织行为学研究的热点。

（2）组织行为学强调对人力资源和系统的开发。组织行为学更加关注研究管理者决策、技术创新和员工在适应变化中必须具备的素质，更加关注如何充分利用和开发人力资源。相应地，组织行为学研究由原来的局部、分散研究转变为整体、系统研究。目前有关胜任特征评价、个体对于组织的适应性和干预问题的研究等正向纵深发展。

（3）组织行为学研究更加关注国家目标。在跨国公司和国际合资公司的比较研究、科技投入的行为研究、失业指导研究、劳动力多元化研究、国家金融安全研究等方面，组织行为学的研究取得了可观的成果。目前组织行为学学者把组织作为开放的社会技术系统来看待，研究领域已突破传统框架，涉及管理培训与发展、工业业绩评价、管理决策、组织气氛和组织文化、跨文化比较等新领域。

（4）组织行为学研究除秉承强调生产率的传统之外，更加关注员工的工作生活质量。组织行为学认为，强调生产率与强调工作生活质量并非相互排斥的。如果员工的工作生活质量不令人满意，那么是很难实现高生产率的。相反，高生产率是拥有改善工作生活质量所必需的资源的先决条件。组织行为学越来越重视有关工作满意度、员工安全与健康、组织文化、组织承诺、心理契约、压力管理、工作家庭平衡等方面的研究。

1.3 组织行为学的研究意义和作用

加强组织行为学的研究和应用，对于组织改进管理工作和提高管理水平具有重要的意义和作用。

1. 有助于加强以人为中心的管理，充分调动人的积极性、主动性和创造性

组织行为学认为，人是组织的主体，现代管理中，最重要的管理是对人的管理。实现管理的目标，就要实行合乎人情味的管理，建立以人为中心的而不是以工作任务为中心的管理制度。科学技术越发展，就越要重视人的因素，就越要重视提高人的素质，提高脑力劳动者的比例。据相关数据统计，体力劳动和脑力劳动的耗费比例，在机械化水平低下的情况下一般为9∶1；在中等机械化水平下为3∶2；在全盘自动化的情况下为1∶9。特别是进入信息化管理时代，组织对脑力劳动的要求越来越高。实践证明，越是高级的脑力劳动者，就越需要实行具有人情味的管理，充分发挥其主动性和自觉性，而不能主要靠监督。

2. 有助于知人善任，合理地使用和配置人才

组织中的每个人均有各自的个性特征，有不同的气质、能力、性格和兴趣。通过对个体行为基础及其影响因素的分析，组织领导能够全面地了解每个人的性格特点和能力所长，从而安排与之相适应的工作岗位和职务，真正做到扬长避短、人尽其才、才尽其用，取得最佳的用人效果。同时，加强组织行为学的研究和应用，也可为我国当前的劳动人事制度的改革、为制定用人和育人政策提供科学依据。

3. 有助于改善人际关系，增强群体的凝聚力和向心力

组织中的员工绝不可能孤立行事，必然在一定的工作群体中与他人协作配合，发生各种各样的关系。组织行为学对群体行为规律的研究，为改善人际关系、发挥群体的功能、提高群体绩效提供了依据。例如，组织行为学主张把组织中的正式群体和非正式群体的作用结合起来。当前的劳动优化组合的形式就是把非正式群体转化为正式群体，实行将点兵、兵择将的自由组合。由于这些人感情、志趣相投，价值观相一致，容易增强群体的凝聚力和向心力，满足人们的归属感和友谊的需要。在这样和谐的人际关系下，人们心情舒畅，有利于进一步提高群体绩效。

4. 有助于提高领导水平，改善领导者和被领导者的关系

在不同的社会制度下，因为领导者与被领导者的关系是具有不同的阶级性质的，所以不能混为一谈。但是，任何组织的领导者又是生产和工作任务的协调者和指挥员，他们与员工的关系，除了具有一般意义上所说的生产关系的一面外，还具有一般的社会关系的一面。马克思多次把生产关系和社会关系区别开来，从来不认为生产关系就等于社会关系。当然社会关系的核心是生产关系。既然企业领导与群众的关系还具有一般社会关系的一面，那么，西方组织行为学中关于一个有效的领导人应具备的素质、领导艺术和如何根据不同情况采用不同的领导方式等原理原则，对于提高领导者的领导水平还是很有借鉴意义的。

5. 有助于组织的变革和发展

组织的变革和发展是组织行为学的重要课题。它主要研究如何根据组织所处的环境、组织的战略目标、技术和人员的素质来进行组织的变革和创新，设计出更为合理的组织结构。这种研究对于我国的企业经济体制改革，特别是对于增强企业活力有许多启示。其中主要启示有两点：第一，应根据我国企业的规模、技术水平、产品或劳务性质、人员素质的不同，设计出不

同的企业组织结构，改变改革前那种不顾企业的差别而一律采用同一种、僵化的组织结构的做法；第二，因为同一个企业或单位的环境、技术、产品、劳务和人员素质在不同时期是不同的，有时变化很大，所以，其组织结构也必然随着时间的变化而变化。

1.4 组织行为学的研究方法与模型

1.4.1 组织行为学研究方法

传统组织行为学家关心的是组织理论内部的逻辑一致性，即设法保证得出的结论是依据一系列数据合乎逻辑地推衍出来的。在大多数情况下，这些数据来自实验室，而不是来自现实的组织及其行为。20 世纪 30 年代至 70 年代末，这种实验室研究方法在组织行为研究中颇为盛行。但到了 20 世纪 70 年代末，以实验室实验为基础的组织行为学传统研究方法受到质疑和挑战。人们认为这种方法得出的结论并不适合现实的组织，理论脱离实际，由此引发了组织行为学研究体系转向外部有用性的体系。这种以现实有效性为基础的研究方法面向现实的组织，强调研究的现实意义，发展出了一种直接与现实的组织相联系的概念模型和研究方法，具体包括经验总结法、现场研究法、案例比较法等。

1. 经验总结法

经验总结法是指研究者根据实际工作者的经验，运用组织行为学的理论和知识进行归纳、总结的一种研究方法。优秀企业家和管理者在实践中积累了丰富的管理经验，他们的管理经验在媒体发表后会产生很大的社会影响，但由于他们可能缺乏管理理论知识，包括组织行为学的知识，其经验有一定的局限性，有时缺乏普遍推广价值。这就需要组织行为学家与他们合作，开展咨询活动，从理论上使他们的经验科学化，总结后再加以推广。

2. 现场研究法

现场研究法是指在现有组织的环境范围之内进行研究的研究方法，通常与实际工作者合作共同完成。现场研究法所用资料包括观察者记录的组织成员的行为数据、组织成员填写的问卷、谈话记录或录音、书面文件、各种有关产量和质量的报表等。现场研究也包括研究者出于研究目的的挂职行为。研究者以某一层次的真正管理者的身份出现，参与企业的实际管理过程，从而在管理一线获得机会，超前识别并解决管理过程中存在的组织行为问题。

小资料 1-2

个体的年龄、工龄、婚姻对行为有效性的影响

年龄：年龄大——流动率低，工作满意度高；可避免缺勤率低，不可避免缺勤率高；强调技能的生产率低，强调经验的生产率高。

工龄（任职时间）：任职时间长——缺勤率低，流动率低。

婚姻：已婚——责任感强，缺勤率和流动率低，工作满意度高。

3. 案例比较法

案例研究是指对一个组织进行的详尽分析。案例比较法是指将若干个案例比较后，得出一般性的结论的研究方法。这种方法在于认识和描述不同组织结构的基本相同点。对这些相同点进行收集和分析，可以产生一些能够预测组织未来发展的工具并将其应用于其他类似的或可比较的情景中，以帮助得出相应的结论。可见，案例比较法有广泛的实用价值。

上述各种方法都有可能要结合使用测验法，即采用标准化的心理量表研究组织行为规律的一种方法。

1.4.2 组织行为学研究模型

1. 基本模型

一般而言，组织行为学研究分为三个层次，即个体、群体和组织。这三个层次依次递进，对于群体的研究建立在研究个体行为的基础之上，而对于个体和群体的研究又受组织的制约，最终是为了提高组织的绩效。组织行为学研究的基本模型如图1-3所示。

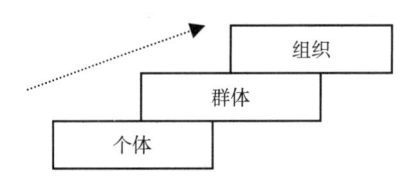

图1-3 组织行为学研究的基本模型

2. 有效性衡量

个体、群体、组织心理和行为的结果总是通过特定的外部有效性表现出来，从而显示心理和行为（自变量）与行为有效性（因变量）之间的某种因果关系。自变量有时通过中间/中介变量影响因变量。根据哈克曼（Hackman）对行为有效性（Performance Effectiveness）的研究，如果以下三个标准得到满足，就可以说个体、群体或组织在有效地从事工作：①组织的产出（产品或服务）超过那些接受、评价或使用这种产出的个体或群体所需要的最低质量或数量标准；②从事目前工作的经历有助于提高组织进一步完成新工作的能力；③组织中的人在本组织中工作所获得的经验，有利于他们自身的成长和满足程度的提高。

表现这种行为有效性的指标比较常见的有．①效果（Effectiveness）；②效率（Efficiency）；③缺勤（Absenteeism）；④离职（Turnover）；⑤工作满意度（Job Satisfaction）。

> **小资料1-3**
>
> **人格类型和控制源影响工作满意度和心理健康**
>
> 学者蒋奖、许燕、周莉研究了医护人员人格类型、控制源与工作满意度、心理健康的关系。结果表明，A型人格者缺乏耐心、有时间紧迫感、有强烈的竞争意识、有敌意。与之相对的B型人格者则缺乏时间紧迫感、竞争性弱、容易满足。控制源（Locus of Control）表明个体对事件结果与自身行为之间关系的看法。控制源有两种倾向，即内控（Internal Control）

> 与外控（External Control）。内控者倾向于把自己的成功或失败归于个人的能力、人格和努力等，外控者则将之归于运气、命运和有权力的他人等。本研究的自变量有两个：一个是人格（A 型或者 B 型），另一个是控制源（内控者或者外控者）。因变量也有两个：一个是工作满意度，另一个是心理健康水平。研究结果表明，医护人员 A 型人格、控制源和工作满意度、心理健康水平之间均存在极其显著的负相关，即越是 A 型人格的医护人员，其工作满意度越低，心理健康水平越差；越是外控的医护人员，其工作满意度越低，心理健康水平越差。当然，本研究主要是对自变量和因变量进行了相关分析，它们之间是否存在因果关系，仍有待于进一步证实。

效果和效率是两个不同的概念，前者是指方向、目标正确，做正确的事；后者是指快速地实现目标，正确地做事，少走弯路。组织行为学模型就在于通过定量的数学方法揭示个体、群体或组织的心理和行为，及其行为有效性之间的相互关系（如相关关系或者因果关系）。

从目前国际流行的实证研究方法来看，许多变量通过具有一定信度和效度的量表加以测量。例如，对于"离职倾向"，可以通过下面 3 个陈述加以测量：

（1）在未来的 12 个月内，我可能会离开这家公司；
（2）在未来的 3 年内，我可能会离开这家公司；
（3）如果能够得到多一点薪水，我就可能跳槽。

1.5 本章小结

组织行为学作为一门理论及实践相结合的学科，集中了行为科学领域的主要成果。本章首先总结了组织行为学的基本概念及学科特点，通过分析组织行为学的学科构成，强调组织行为学与管理心理学的联系及区别。其次，本章分析了组织行为学的产生，是组织演变、管理理论发展的必然结果。其发展经历了四个阶段，并表现出新的发展动向。再次，本章阐明研究和应用组织行为学，对于改进管理工作和提高管理水平具有的重要意义和作用。最后，本章介绍了组织行为学的研究方法，主要包括经验总结法、现场研究法和案例比较法等。

1.6 思考与技能实践

1.6.1 基础训练

1. 名词解释

（1）组织。
（2）组织行为。
（3）组织行为学。

2. 简答题

（1）试述组织行为及组织行为学的内涵。
（2）总结组织行为学的发展阶段。

（3）简述组织行为学与管理心理学的联系及区别。
（4）简述研究和应用组织行为学的意义及作用。
（5）列举组织行为学的研究方法。

3. 单项选择题

（1）组织行为学研究模型的三个层次是（　　）。
A. 个人水平、群体水平、组织水平　　B. 个人水平、组织水平、社会水平
C. 群体水平、组织水平、社会水平　　D. 个体水平、群体水平、社会水平

（2）组织行为学模型中变量通常包括（　　）。
A. 自变量、中介变量、调节变量　　B. 自变量、因变量、调节变量
C. 自变量、因变量、中介变量　　D. 自变量、中介变量、调节变量

4. 多项选择题

（1）任何一个组织的存在，必须具备的三个条件是（　　）。
A. 组织是人组成的集合
B. 组织是适应于目标的需要而存在的
C. 组织通过专业化分工和协作来实现目标
D. 组织只服务于特定层级的目标

（2）从组织行为的影响上看，组织行为分为（　　）。
A. 宏观组织行为　　B. 微观组织行为
C. 正向组织行为　　D. 逆向组织行为

5. 判断题

（1）组织行为是指管理者在工作过程中表现出来的各种行为。（　　）
（2）组织行为学实质上是一门现代管理学科。（　　）
（3）组织行为学是行为科学在组织管理领域的应用。（　　）

6. 论述题

请从管理者的视角分析组织行为学对管理者的作用。

1.6.2　技能训练

尝试运用组织行为学的观点分析新闻媒体中有关中国组织管理的内容。

1.6.3　操作训练

1. 实务题

学生自选案例，在此基础上探讨组织行为学对于管理者的重要意义。
（1）让4~6个学生按他们的喜好列举出相关案例。
（2）让学生就案例讨论组织行为学在现代组织管理中发挥的重要作用。

2. 综合题

21世纪以来，组织所处的环境一直发生变化，信息技术飞速发展，知识经济和网络经济日益兴起，员工多元化发展，组织面临越来越多的社会责任。组织面临的环境越来越呈现出复杂性和动态性的特点。请讨论，这样的大背景下，组织行为学如何与人力资源管理学更好地结合，来应对当今的挑战？

1.6.4 案例分析

工厂经理季萧及其工作

季萧是一家生产小型机械装配厂的经理。每天季萧到达工作岗位时都带来一份当天要处理的各种事务的清单。清单上的有些事项是总部上级电话通知他亟需处理的，还有一些是他自己在前一天多次的现场巡视中发现的或者他手下人报告的不正常的情况。

这一天，季萧像往常一样带着他的清单来到办公室。他做的第一件事是审查工厂各班次监督者呈递上来的报告。他的工厂每天24小时连续运作，每班次的监督者被要求在当班结束时提交一份报告，说明这一班次开展了什么工作、发生了什么问题。看完前一天的报告后，季萧通常要同他的几位下属开一个早会，会上他们决定对报告中所反映的各种问题采取怎样的措施。

季萧在白天也参加一些会议，会见来厂的各方人员。他们中有些是供应商或潜在供应商销售代表，有些则是工厂的客户。此外，也有一些人来自政府机构。总部的职能管理者和季萧的直接上司也会来厂考察。当陪伴这些人考察的时候，季萧常常会发现一些问题，并将它们记入他那张清单中。

他那张清单好像永远没有完结。季萧发现，自己很明显地无暇顾及长期工作规划，而这是他改进工厂的生产效率所必须做的。他似乎总是在处理某种危机，他不知道哪里出了问题。为什么他就不能以一种使自己不这么紧张的方式工作呢？

问题

1．试从管理职能的角度对季萧的工作进行分析。

2．试将工厂经理的角色分别与公司总经理和作业监督者的角色进行比较，说明管理者的工作组织层次的关系。

3．对于公司总经理、工厂经理和作业监督者这3种不同的职位，请分别回答以下问题。

（1）指出任何有可能与该职位不相关的角色，并说明理由。

（2）对于该职位对应的角色，请给出一个特定的活动事例，并说明每一角色可能在该职位工作中发挥的作用。

（3）按照该职位在每种角色上花费时间的多少，对各种角色的重要性做一个排序。

（4）以3~5个学生为一组，讨论每个人的分析结果，然后以组为单位，按上述步骤确定可能的角色及重要性顺序。

（5）每组指定一名学生作为发言人，向全班说明所在小组的分析结果，并与全班一起讨论和形成最终的结论。

（资料来源：段国春. 组织行为学[M]. 北京：高等教育出版社，2010.）

1.6.5　网上调研

找一家自己感兴趣的企业，通过通读有关文章，或者浏览企业官网，了解所选企业组织行为的一些状况。

1.6.6　推荐阅读

第 2 章
个体心理与个体行为

学习目标

- 知识目标：理解人性假设理论；理解需要—动机—行为过程；理解个体价值观、知觉、态度、工作满意度与个体行为的联系；理解个性对行为的影响。
- 技能目标：能够分析个体行为产生的原因与过程；能够据个体价值观、知觉、态度、工作满意度及个性分析个体行为的技巧。
- 能力目标：具有熟练分析个体行为的能力；具有运用归因理论解决实际问题的能力；具有分析个体的个性与职业是否匹配，适合从事何种职业类型的能力。

案例导读

荷米公司

荷米公司是一家非常与众不同的企业，它的管理者德普瑞（Depree）认为，雇员们不是牛马，也不是机器，而是有着情感、理智和才能的有血有肉的人。他下决心了解每位雇员的性格、潜质和才干。他还宣称，管理层不是一个特殊的阶层，管理应当使每个人都参与其中并为之做出贡献。

因此，荷米公司是世界上第一批提供雇员股份并采用分红激励计划的公司之一。这种方式激发了员工参与的积极性。公司还努力保持贯通整个组织的开放的沟通渠道。不管荷米公司有了怎样的发展，在公司中，"人"始终处于中心位置。例如，对新员工的评价标准是基于他的个人特质和他与他人合作的倾向，而不仅是侧重于他的技术熟练程度或资历。荷米公司的每个人都对如何处理问题有发言权，但在大多数的领域中，管理人员拥有最终的决策权。

因此，荷米公司虽然也经历了 20 世纪 80 年代的计算机销售大滑坡，但是公司的雇员没有因此而被裁减，而是和公司共渡难关。公司从困境中解脱出来后，发展得比以往更加强大了。

（资料来源：豆丁网。编者对原文有删减。）

组织中，每个员工都有自己的风格和行为方式。要使组织中的每个人发挥潜能，对组织产生积极的影响，就要理解每个人独特的心理与行为，必须对人的本质——人性有明确的认识，还要理清人的需要、动机、行为之间的因果关系，并对形成个体差异的要素——价值观、知觉、态度、满意度、个性等进行详细考察。本章就个体心理与个体行为的相关内容进行介绍。

2.1 人性假设研究

人性假设问题不仅是哲学研究的基本问题，也是管理学研究的重要问题。所谓"人性"，就是对人的本质属性的根本看法。人类对自然界的认知取得了突飞猛进的发展，但是对自身的认知经历了迂回曲折的过程。对于人的本性的研究，自古就受到重视。希腊的阿波罗神殿上刻有这样一句名言："人啊，认识你自己。"我国古代的老子也说过："知人者智，自知者明。"随着人类社会的不断进步，人类在认识自己的过程中也逐渐地形成了丰富的人性理论，如中国的"性善论""性恶论""性无善无不善论""性有善有恶论"等。美国组织行为学家埃德加·亨利·沙因（Edgar Henry Schein）在总结前人理论的基础上，将西方的人性假设理论归结为以下四种："经济人"假设、"社会人"假设、"自我实现人"假设、"复杂人"假设。以下将对这四种理论逐一进行介绍。

2.1.1 "经济人"假设

"经济人"假设是古典经济学家和古典管理学家关于人性的假设，是西方经济学理论和泰勒科学管理理论的出发点。"经济人"最早由英国经济学家亚当·斯密（Adam Smith）提出，又称"理性-经济人"、"实利人"或"唯利人"。他认为人的行为就是要争取最大的经济利益，工作的目的就是为了取得经济报酬。为此，需要运用金钱与权力、组织机构的操纵，使员工服从并为此效力。这种假设起源于享乐主义，再经 19 世纪合理主义的影响而形成。美国工业心理学家道格拉斯·麦格雷戈（Douglas McGregor）于 1960 年在其所著的《企业的人性面》（*The Human Side of Enterprise*）中提出的 X 理论和"经济人"假设内容相一致，认为人的追求就是趋利避害，用最小的成本获取最大的收益。其基本假设如下。

（1）大多数人天生是懒惰的，他们都讨厌并尽可能地逃避工作。

（2）大多数人没有雄心壮志和进取心，宁可心甘情愿受别人的领导，也不愿负任何责任。

（3）大多数人的个人目标是与组织的目标相矛盾的。

（4）大多数人缺乏理智，不能克制自己，易于盲从。

（5）大多数人从事工作是为了满足基本的生理需要和安全需要，因此，只有金钱和利益才能鼓励他们努力工作。

（6）人大致可以分为两类：多数人是符合上述假设的人；少数人是能够自己鼓励自己、能够克制感情冲动的人，这些人应负起管理的责任。

根据"经济人"假设，管理人员的管理策略应当如下。

（1）管理工作的重点在提高生产率、完成生产任务方面，而对于人在感情和道义上应负的责任，则无关紧要。换言之，重视完成任务，而不考虑人的感情。

（2）管理工作只是少数人的事，与大多数员工无关，工人的主要任务是听从管理者的指挥。

（3）强调严密的组织，制定具体的工作制度和规范，如工作定额制度、技术规程。

（4）在激励制度方面，主要用金钱来提高员工生产的积极性，同时对消极怠工者采用严厉的惩罚措施。通俗地说，就是采取"胡萝卜加大棒"的策略，也就是"泰罗制"。

> **专栏 2-1**
>
> ### 泰罗制
>
> 美国工程师弗里德里克·泰罗（Frederick Taylor）曾在20世纪初创建了科学管理理论体系。他这套体系被称为"泰罗制"。泰罗制的主要内容包括：①管理的根本目的在于提高效率；②制定工作定额；③选择最好的工人；④实施标准化管理；⑤实施刺激性的付酬制度；⑥强调雇主与工人合作的"精神革命"；⑦主张计划职能与执行职能分开；⑧实行职能工长制；⑨管理控制上实行例外原则。由于泰罗制的实施，当时的工厂管理开始从经验管理阶段过渡到科学管理阶段。泰罗认为企业管理的根本目的在于提高劳动生产率，他在《科学管理原理》（*The Principles of Scientific Management*）一书中说："科学管理如同节省劳动的机器一样，目的在于提高每一单位劳动的产量。"而提高劳动生产率的目的是增加企业的利润或实现利润最大化。泰罗的科学管理体系的特点是，从每一个工人抓起，从每一件工具、每一道工序抓起，在科学实验的基础上，设计出最佳的工位设置、最合理的劳动定额、标准化的操作方法、最适合的劳动工具。例如，他在某钢铁公司进行的搬运生铁和铲铁试验中，就具体规定了工人所铲物资的轻重不同，所用的铲子大小也应该不同。为此，他专门设立了一个工具室，存放有10种不同的铲子，供工人们在完成不同作业时使用。泰罗的科学管理体系将工人的潜能发挥到无以复加的程度。有人形容，在实行泰罗制的工厂里，找不出一个多余的工人，每个工人都像机器一样一刻不停地工作。泰罗制将整个社会的生产效率提高到前所未有的程度，但是当时遭到了来自各方面的非议。工会和社会工作者说泰罗制把工人变成了奴隶，让资本家最大限度地榨取血汗，而一些依靠经验来管理的管理人员则抱怨科学管理取代了他们，让他们面临失业。尽管有各种不同意见，泰罗制还是以不可遏制的势头在全世界推广开来。在泰罗以后，科学管理理论得到不断补充和完善，但是泰罗制的局限性也逐渐显现出来。泰罗理论的前提是把作为管理对象的"人"看作"经济人"，利益驱动是该学派用以提高效率的主要法宝。科学管理学派研究的重点是管理的科学性、严密性和纪律性，很少考虑人的因素。
>
> （资料来源：搜狐网。编者对原文有删减。）

> **小思考 2-1**
>
> 在发达的资本主义国家，一般认为"经济人"的思想影响虽然存在，但其时代已经过去。那么在发展中国家例如中国，这种理论是否也过时了？
>
> 答：没有过时，发展中国家的温饱问题尚未完全解决，所以实施刺激性的付酬制度仍然能在工作中起到驱动作用，因而"经济人"假设在发展中国家仍然会起到一定的作用。

2.1.2 "社会人"假设

乔治·埃尔顿·梅奥（George Elton Mayo）通过霍桑试验，揭示了"经济人"假设的不当之处，提出了"社会人"假设。"社会人"有时也被称为"社交人"。"社会人"假设认为，人在工作中得到的物质利益，对于调动人的生产积极性只有次要意义。人们最重视在工作中与周围的人友好相处，良好的人际关系对于调动人的生产积极性具有决定性的作用。梅奥所创立的人际关系学派就是以"社会人"假设为研究基础的。"社会人"假设基本理论内容如下。

（1）人是"社会人"，影响人的生产积极性的因素，除物质条件外，还有社会、心理因素。金钱只能满足员工的一小部分需要，而不能满足其进行社会交往、获得社会承认、归属于某一社会群体的强烈需要。因此，人在工作中与周围的人友好相处并保持良好的人际关系，比其获得物质奖励具有更大的现实意义。

（2）工业革命环境中的机械化作业方式，使得员工劳动趋于单调而毫无工作乐趣，这种工作对员工而言失去其内在意义。

（3）管理中存在许多"非正式群体"。这些"非正式群体"有其特殊的规范，影响群体成员的行为，"非正式群体"有时会发挥"正式群体"难以发挥的影响力。管理者不能只重视"正式群体"而忽视"非正式群体"。

（4）领导者要理解员工的行为，要善于倾听员工的意见，及时和员工进行沟通，照顾员工的感情，培养一种在正式群体的经济需要和非正式群体的社会需要之间维持平衡的能力，使员工在社会需要满足的前提下提高工作效率。

根据"社会人"假设，管理人员的管理策略应当如下。

（1）管理人员不应只注重工作和生产任务的完成，而应把注意的重点放在关心人、满足人的社会需要上。

（2）管理人员不能只注意指挥、监督、计划、控制和组织等工作，而应重视员工之间的关系，关心人、体贴人、爱护、尊重员工，培养与员工的良好关系。

（3）在实行奖励时，尽量倡导集体的奖励制度，而不主张个人奖励制度。

（4）管理人员的职能也应有所改变。他们不应只是单纯的监督者，而应在员工与上级之间起联络人的中介作用，要经常倾听员工的意见和了解员工的思想感情并向上级反映。

小资料 2-1

索尼公司的人性化管理

索尼公司总裁盛田昭夫教诲新入公司的员工："索尼公司是个亲密无间的大家庭，每个家庭成员的幸福靠自己的双手来创造。在这种崭新的生活开始之际，我想对大家提出一个希望，当你的生命结束的时候，你们不会因为在索尼公司度过的时光而感到遗憾。"

索尼公司的确是一个大家庭，不仅仅因为绝大多数员工要在这里度过一生。在公司里，领导同员工保持着良好的关系，把每位员工都当作索尼公司的家庭成员来对待。在有些情况下，员工与老板处于同样的地位。索尼公司的任何一位管理人员都没有个人办公室，连厂长也不例外。公司主张管理人员与下属坐在一起办公，共同使用办公用品和设备。在车间里，领班对工人表现出真诚的尊重与关心。索尼公司强调家庭式的责任感和协调精神，以此激发每个成员的主动性，激发他们参与管理的热情。盛田昭夫主张，衡量一位管理人员的工作成果，主要是看他能把一大批人组织到什么程度，以及能否有效地使每个成员做出最好的成绩，并使他们真正融为一体。索尼公司的每个员工每年平均提出 8 条建议,多数建议使得工作更省力和更可靠。

索尼公司的大家庭式文化还表现在对员工工作的关心和对其偶然过失的包容方面。如果某个员工不适应他的岗位和工种,公司领导决不会对此漠然视之。公司也从来不因为某个员工的偶然过失而解雇员工。公司认为,在出现事故时,最重要的不是把错误归罪于某人,而是找出错误的原因。如果澄清失误原因并公之于众,犯错误的人就可从中吸取教训,其他人也就不会再犯同样的错误。这种做法是以对员工的充分尊重和坚定的信任为基础的。

(资料来源:牛津管理评论。编者对原文有删减。)

有了家庭般的温暖,员工自然就能一心一意扑在工作上,内心对公司的"鱼水之情"油然而生。这样的管理成效是靠奖金、晋升无法实现的。作为个人而言,当然是对自己的家庭最负责,如果他能在公司中体会到如家庭般的气氛,那么他就会更安心,"士气"在无形中自然也就提高了。

2.1.3 "自我实现人"假设

"自我实现人"的概念是由马斯洛(Maslow)提出的。马斯洛认为,人类需要的最高层次就是自我实现。所谓自我实现,指的是人需要发挥自己的潜力,表现自己的才能。只有人的潜力充分发挥出来,人的才能才会充分表现出来,人才会感到最大的满足。阿吉里斯(Argyris)的"不成熟—成熟"理论与马斯洛的"自我实现人"理论有同样的含义。麦格雷戈总结并归结了马斯洛、阿吉里斯以及其他人的类似观点,结合管理问题,提出了 Y 理论。Y 理论认为人性基本上是积极的。该理论与"自我实现人"假设有共通之处。"自我实现人"假设基本理论内容如下。

(1)一般人都是勤奋的,并非天生厌恶工作。

(2)外来的控制和惩罚的威胁不是实现组织目标的唯一方法。人们在工作中能够实行自我指导和自我控制。

(3)只要情况合适,一般人不仅会承担责任,而且能学会争取责任,逃避责任并非是人的天性。

(4)大多数人具有高度的想象力、智慧和解决组织中存在问题的创造力。

(5)在现代工业社会中,一般人的智慧、潜力只被利用了一部分。

根据"自我实现人"假设,管理人员的管理策略应当如下。

(1)将管理的重点从人的身上转移到工作环境上,要创造一种适宜的工作环境、工作条件,使员工能够在这种条件下充分挖掘自己的潜力,充分发挥自己的才能,也就是说,使员工能够充分地自我实现。

(2)管理者的主要职能既不是生产的指导者,也不是人际关系的调节者。管理者的主要任务在于为员工充分发挥才智创造适宜的条件,减少和消除员工在自我实现过程中遇到的障碍。

(3)对人的激励可划分为两大类:一类是外在激励,如工资、升职、良好的人际关系;另一类是内在奖励,指人在工作过程中能够获得知识、增长才干,充分发挥自己的潜力等。只有内在奖励才能满足人的自尊和自我实现的需要,从而极大地调动起员工的积极性。因此,对员工的激励方式应从"以外在激励为主"转变为"以内在激励为主"。

（4）管理制度的重点不在于监督人、控制人，也不在于如何去改善人际关系，而在于如何保证员工能充分地表现自己的才能，取得自己所期望的成就。

观念应用2-1

寓言故事——"龟兔赛跑"剖析

在一次动物运动会上，组织者安排兔子和乌龟赛跑。按规定，先跑到指定终点者为冠军。夺冠者在动物界会享受很高的声誉。但当兔子被告知和乌龟赛跑时，暗想：这场比赛太轻松了，我睡一觉再跑，也能稳拿冠军。于是比赛时间到，兔子决定先打个盹儿，然后再追乌龟，而乌龟坚持爬行。结果，当兔子醒来的时候，它只能看着乌龟在它前面到达终点。

分析提示：人们在听到这个故事时，更多的是批评兔子，认为不能像兔子那样，自觉跑得快就骄傲起来；具有一定能力的人要戒骄戒躁，切不可错失良机。从管理学的观点来看，与其说这次比赛的失败者是兔子，不如说比赛的失败者是比赛的组织者。兔子之所以在比赛中还能睡着觉，一是由于比赛的组织者把两个在奔跑能力上差别很大的硬安排在了一起，根本没有考虑充分挖掘善于奔跑者的潜能；二是由于兔子看到对手是乌龟，根本感觉不到比赛有什么挑战性，更感受不到参赛者正常应有的比赛压力，所以不把比赛当回事，也就谈不上有比赛的积极性。高水平的管理者应该善于发现和挖掘员工的潜力和才能，这样才能满足员工自我实现的需要，使其在组织中扬己之长。

2.1.4 "复杂人"假设

"复杂人"假设是在20世纪60年代末70年代初提出来的。埃德加·沙因（Edgar Schein）等人认为，"经济人"假设、"社会人"假设、"自我实现人"假设是从某一个侧面来认识被管理者的本质属性的，虽都具有合理的一面，在管理发展的不同阶段也起到过一定的积极作用，但各自也有比较大的局限性。人的需要在不同的情境、不同的年龄阶段，表现形式是有差别的。人的需要和潜力随着年龄的增长、知识的增加、地位的变化以及人际关系的变化，也在不断地变化，因而不能将所有的人归为一类，在对人的管理上也没有唯一正确的管理模式。1970年，美国管理心理学家约翰·莫尔斯（John Morse）和杰伊·洛希（Jay Lorscn）根据"复杂人"假设，提出超Y理论。该理论认为，没有一成不变的、普遍适用的、最佳的管理方式，管理者必须根据组织内外环境自变量和管理思想及管理技术等因变量之间的函数关系，灵活地采取相应的管理措施，管理方式要适合工作性质、成员素质等。超Y理论内容和"复杂人"假设内容相一致。

"复杂人"假设基本内容如下。

（1）人的需要是多种多样的，随着人的自身发展和外部条件的变化而变化。

（2）人在同一时期内的各种需要和动机相互作用，并结合成一个统一的整体，形成复杂的动机模式。因此，达成激励目的的方式也要随着人的需要的变化而变化。

（3）每个人在不同的单位或不同的部门工作，会产生不同的需要。

（4）人可以依据自己的目前情况来适应各种不同的管理策略，但是，没有一种万能的管理方式适用于所有人。

根据"复杂人"假设，管理人员的管理策略应当如下。

（1）针对员工需要的多样性，在认真研究、深刻理解员工不同需要的基础上，采用相应的管理措施，以提高管理效率。

（2）在管理中不能仅注重顺应人的需要，还要根据实际情况，变"被动顺应"为"积极引导"，使管理更有成效。

（3）管理的模式不能一成不变，要根据形势的变化进行有效整合。

（4）必须针对个体的差异性，采用灵活多变的管理和激励模式。

观念应用 2-2

超 Y 理论的心理学实验

早在20世纪50年代末期，麦格雷戈就基于对人性的看法或假设，提出了X理论与Y理论。有人根据这一理论，对工作效率高的亚克龙工厂和史脱克顿研究所，与工作效率低的哈特福工厂和卡媒研究所进行了研究。研究结果表明：亚克龙工厂和卡媒研究所实施X理论，采取严密的组织，实施指令式的控制管理，结果因人员素质不同，效果并不一样——工人比例高的亚克龙工厂效率高，而研究员比例高的卡媒研究所效率则低；史脱克顿研究所和哈特福工厂实施Y理论，实验结果则相反。这说明了X理论并不一定是毫无用处的，而Y理论也不一定是普遍适用的。那么，影响管理效率的因素到底是什么？人们应如何去选择管理的方式呢？莫尔斯和洛希又进行了追踪研究，选择了两个都是高效率单位的亚克龙工厂和史脱克顿研究所进行了对比研究。亚克龙工厂和史脱克顿研究所的组织特点有许多不同之处，所处的工作环境的差异也很大，但是这两个组织都有效地完成了各自的组织任务。究其原因在于，亚克龙工厂和史脱克顿研究所都能根据各自任务和人员的特点，选择适合自身发展的组织形态。

（资料来源：百度百科。编者对原文有删减。）

分析提示：上述实验说明，组织与任务之间的契合程度关系企业的效率。这个实验的结果有力地证明了超Y理论。管理中并不存在放之四海而皆准的组织模式，管理者的正确的管理态度应该是针对不同的情况，将任务、组织、人员进行最佳的组合，以激励员工取得理想的工作绩效。

小资料 2-2

中国古代思想中的人性假设理论

关于人性的假设，中国古代思想中有深刻的认知，最具代表性的是儒家的性善论、法家的性恶论和道家的中性论。

儒家的性善论。儒家认为："无恻隐之心，非人也；无羞恶之心，非人也；无辞让之心，非人也；无是非之心，非人也。"宋代《三字经》开篇是"人之初，性本善，性相近，习相远，苟不教，性乃迁"。"性善"这一观念在中国几乎家喻户晓，性善论深深地植根于中国人的内心。

> 法家的性恶论。荀子认为："人之性恶，其善者伪也。"因为人生来爱好私利，所以为争名夺利，不知辞让；因为人生而有缺点，所以会有阴谋诡计，因此忠实守信不存；因为人生而有耳目之欲，所以好声色，因此淫乱生而礼义文理不存。如果从人之性，顺人之情，必定会相互争夺。
>
> 道家的中性论。在老子看来，人的欲海难填，人总是无止境地追逐名利财货。老子指出："五色令人目盲，五音令人耳聋，五味令人口爽，驰骋畋猎令人心发狂，难得之货令人行妨。"老子认识到，声色犬马本是人的需要，过分放纵了人性，必然会带来恶果，这说明人性有恶的一面。有恶必有善，《道德经》指出："大道废，有仁义；智慧出，有大伪；六亲不和，有孝慈；国家昏乱，有忠臣。"
>
> 由于中国古代儒家统治文化对中国社会影响最为深远，儒家文化中的人性学说对中国人的人性影响最大。中国文化中，将人分成了两类，一类是君子，另一类是小人。君子具有优秀的品质，小人则相反。如"君子之交淡如水，小人之交如鱼肉""君子坦荡荡，小人长戚戚""君子之德，风；小人之德，草；草上之风，必偃""君子求诸己，小人求诸人"。君子是人们应该追求的榜样，小人则相反。
>
> 基于中国古代传统思想对人性的假设，中国人认为管理就是做人做事的道理。做人就是如何搞好人际关系，做事就是如何提高工作绩效。搞好人际关系、提高工作绩效就是管理。只会做人、不会做事，是一团和气，是和稀泥，管理上等于零；只会做事、不会做人，常常得罪人，他的管理也等于零。因此，既要会做人，又要会做事，这才是管理。抓住人性的特点，选拔人、用好人，是管理的重中之重。
>
> （资料来源：百度百科。编者对原文有删减。）

2.2 需要、动机与行为

人的行为的原始动因是人的需要，人的行为的直接原因是人的动机。管理者要在管理工作中真正激发和调动人的积极性，提高工作效率，首先必须了解人的需要、动机和人的行为产生及发展的规律，并运用这些规律，采用适当的激励方式，为管理实践服务。因此，人的需要、动机和行为是进行科学管理的依据。

2.2.1 需要与行为

1. 需要的含义

需要是指个体缺乏某种东西时产生的一种主观心理状态，它是客观需求的反映。需要是个体活动积极性的源泉。需要与人的行为有密切关系。行为是人有意识的活动。行为科学认为，行为既是人对外界刺激做出的反应，又是人通过一连串动作实现其预定目标的过程。人的活动总是受某种需要所驱使。需要一旦被人意识到并驱使其去行动时，就以活动动机的形式表现出来。需要激发人去行动，并使人朝着一定的方向去努力追求，以得到满足。例如，为了求生存，人学会种植谷物，饲养动物；为了求安全，人建造房屋，安身纳居；为了求归属，人期盼拥有亲情、友情、爱情；为了求知识，人上天下海，探索世间的奥秘……可见，人的需要导致了人的行为动机的产生，最终导致人的行为的实现。正是由于人有了对物质和精神的需求，人才得以发展。马克思曾经指出："没有需要，就没有生产。"因此，需要是人的活动的基本动力。

2. 需要的特征

（1）对象性。需要总是指向能满足生存和发展需要的一定对象。没有对象的需要是不存在的。例如，人口渴了就要喝水；饿了就要进食；感到寂寞时就要与人交谈。需要总是和满足需要的对象联系在一起，因此具有对象性。

（2）动力性。需要是个体积极性的源泉，是人各种行为的动力。当人产生某种需要时，心理上就会产生某种程度的不安与紧张的情绪，这种情绪就构成了一种内在的驱动力量，推动人去从事某种活动。正是个体的种种需要，才推动着人积极进行不同的活动。人所体验到的需要越强烈、越迫切，由它所引起的活动就越有力，行为就越有效。

（3）社会性。动物是以周围环境中的自然物体作为满足需要的对象的。人不仅以自然界为满足需要的对象，而且在改造世界的过程中创造着满足需要的对象。人的生理需要已不是纯粹的本能驱动，而是被打上了社会文化的印记。人即使是在满足其生理需要时，满足这种需要的对象和方式也不同于动物。从这个意义上讲，人的各种需要都是社会历史的产物，由其所处的社会环境和生产条件所决定，随着社会的发展而发展，具有基础社会性。

（4）选择性。选择性具体表现为人对满足需要方式的选择。例如，饿了要吃东西，但具体吃什么东西，人则都有各自的选择，有的人随便吃块面包就行了，有的人还要求食物色、香、味俱全。一般来说，个体的经验、爱好、价值观、文化习俗等都会影响个体对满足自己需要的对象的选择。

（5）紧张性。需要往往是由于人意识到在生理或心理方面欠缺某种事物而出现的。需要一旦产生就有追求满足的心理趋向。当人力求满足需要而未达目的时，常常会产生一种特有的身心紧张感、不适感。如果需要得到满足，这种紧张状态就会消除。

3. 需要的种类

人的需要多种多样，按不同标准分为以下几种类型。

（1）自然性需要和社会性需要。

按照需要的起源，可以把需要分为自然性需要和社会性需要。自然性需要是为保存和维持有机体生命和种族延续所必需的，是任何动物所共有的。自然性需要包括：维持体内平衡的基本需要，如对饮食、运动、睡眠、排泄等的需要；回避伤害的需要，如对有害或危险的情景的回避需要等；性的需要，如繁衍后代的需要。自然性需要虽然是生而有之的，人与动物都存在，但人与动物在自然性需要上的表现是有本质区别的。马克思曾说过："饥饿总是饥饿，但是用刀叉吃熟肉来解除饥饿不同于用手、指甲和牙齿啃食生肉来解除饥饿。"可见人的自然性需要已被深深地烙上社会的痕迹，已不是纯粹的本能驱动。社会性需要是人为了提高自己的物质和文化生活水平而产生的，包括对知识、劳动、艺术创作的需要，对人际交往、尊重、道德、名誉地位、友谊和爱情的需要，以及对娱乐消遣、享受的需要等。它是人特有的在社会生活实践中产生和发展起来的高级需要。人的社会性需要因社会背景和文化意识形态的影响而有显著的个体差异。人的社会性需要如果得不到满足，虽然不至于像自然性需要那样，因得不到满足会导致死亡，但也会引起痛苦、沮丧、焦虑等的产生，严重时还可能导致疾病，危及身体健康。

（2）物质需要和精神需要。

按照需要对象的性质，可以把需要分为物质需要和精神需要。物质需要是由人的自然属性所引起的，指人对物质对象的需求，包括对衣、食、住等有关物品的需要，以及对工具和日常生活用品的需要。物质需要反映了人的活动对物质文明产品的依赖性，既包括生理需要又包括社会需要。精神需要是指人对社会精神生活及其产品的需要，包括对知识的需要、对文化艺术的需要以及对审美与道德的需要等。这种需要是人类所特有的。随着社会的不断发展，人的精神需要会不断增添新的内容。

> **小思考 2-2**
>
> 物质需要和精神需要是毫无联系、截然不同的两个层面的需要吗？
>
> 答：物质需要和精神需要虽然在性质上有所不同，但两者是不能截然分开的。对个人来说，二者缺一不可。一方面，精神需要的满足有赖于一定的物质条件；另一方面，人的精神需要又对物质需要起着调节、控制的作用。《史记·管晏列传》中记载的"仓廪实而知礼节，衣食足而知荣辱"，说的就是物质需要和精神需要的关系。要调动人的积极性，必须把两者有机地结合起来。

（3）个人需要和集体需要。

按照需要的范围，可以把人的需要分为个人需要和集体需要。个人需要是指个人不断增长的物质和文化生活的需要。集体需要是指除了个人的物质和文化生活需要以外的集体的需要，它包括团体的需要、阶级的需要、民族的需要、国家的需要等。集体需要是人类生存和发展的必要条件之一。个人需要和集体需要在根本上是一致的。例如，社会的文化、科学、艺术、教育、卫生等公共事业，对改善和提高全体人民的物质和文化生活水平有很大作用。但在现实生活中，个人需要和集体需要也存在一定的矛盾。为了有效地调动员工的生产积极性，在管理工作中，管理者要了解员工的个人需要，并进行具体分析，使个人的目标与整体目标统一起来。只有这样才能使员工把个人需要和集体需要统一起来，并自觉地完成组织的任务。

对需要的分类，只具有相对的意义。例如，人要满足求知的精神需要，就离不开对书、笔等学习工具的物质需要；对食物的需要虽然是生理需要，但其对象的性质又是物质的。组织中，员工取得较好的工作绩效之后，不仅促进集体发展，个人也会得到物质方面和精神方面的奖励。因此不同种类的需要之间是既有区别又密切联系的。

4. 马斯洛的需求层次理论

关于需要的研究有很多，也形成了很多理论流派。本文主要介绍在西方最有影响力、最典型的马斯洛需求层次理论。它是美国人本主义心理学家马斯洛在1943年提出来的。

（1）需求层次理论的基本内容。

马斯洛需求层次理论有三个基本假设。第一，所有人的需要分为五个层次；第二，这五种需要排列是有一定层次的，只有当低层次需要得到基本满足时，高层次的需要才会体现出重要性；第三，一个人有多种需要，但在不同条件下，在多种需要中总有一种是主导需要。

马斯洛把人类的需要，按其重要性和发生的先后次序分为五个层次，成阶梯状或金字塔状排列（见图2-1），分别是生理需要、安全需要、社交需要、尊重需要和自我实现需要。

```
        自我实现需要
         尊重需要
         社交需要
         安全需要
         生理需要
```

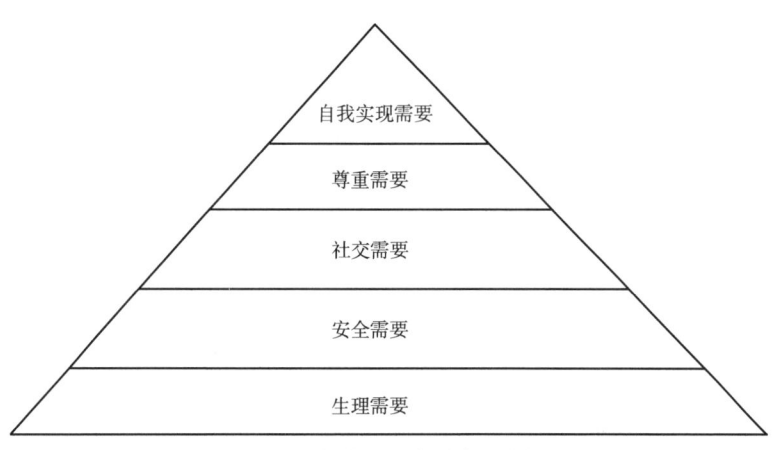

图 2-1　马斯洛的人类需求层次划分

①生理需要。凡是能够满足个体生存和种族延续所必需的一切物质需要都是生理需要，如食物、水、氧气、睡眠、穿衣、住房、性的需要等。这是人类最原始、最基本的需要。这些需要如果得不到满足，人类的生存和延续就成了问题，人的其他一切需要也会受到影响。

②安全需要。安全需要的直接含义指避免危险和使生活有保障；引申含义为要求劳动安全、职业安全，希望生活稳定，免于灾难，未来有保障，要求有劳动保护、社会保险、退休金等。人的生理需要得到基本满足以后，就会出现安全需要。马斯洛认为，人的安全需要在童年期表现得最为强烈。马斯洛还认为，在社会动乱和自然灾害时期，人的安全需要表现得更为突出。

观念应用 2-3

日立公司的"危机"激励

日本日立公司取得傲人的业绩，在 2011 年世界电气上市公司 100 强排行榜中位居第三，这和日立公司采取的特殊管理制度和激励方式是分不开的。日立公司的管理者认为，当企业处于顺境时，要居安思危，有意识地对员工施加压力。1974 年，该公司宣布"经营状况不好"，有 22 000 多名员工需要减薪，全公司所属工厂的 2/3 的员工共 67.5 万名工人，暂时离厂回家待命，公司发给每个员工工资的 97%～98%作为生活费。这项决策对日立公司来说是一项人事管理的权宜之计，虽然节约不了什么经费开支，但可以使员工产生一种危机感。1975 年 1 月，日立公司又将这项决策实施到 4000 多名管理干部身上，对他们实施了幅度更大的削减工资措施，从而使他们也产生了危机意识。同年 4 月，日立公司又将所录用的新员工的上班时间推迟了 20 天，促使新员工一进公司便产生了危机感、紧迫感，这样做的同时也使得其他老员工加深了危机意识。日立公司采取上述一系列管理决策措施之后，全公司员工都开始更加努力工作，绞尽脑汁为公司的振兴出谋划策。这样，在危机意识下，全体员工共同努力，取得了令人十分满意的成绩。1975 年 3 月，日立公司的决算利润只有 187 亿日元，比 1994 年同期减少了 1/3。而实施"危机"激励后，仅仅过了半年，它的决算利润就达到了 300 多亿日元。

分析提示：企业经营管理者有意识地制造"危机"，可以激发员工的某种安全需要，从而使他们加倍地努力工作，取得令人满意的成效。

③社交需要。社交需要又可以被称为爱和归属的需要。社交需要包括两方面的内容，一是爱的需要，即人人都有获得别人的同情、安慰与支持的需要，都希望伙伴之间、同事之间关系融洽，希望获得友谊和忠诚，希望得到爱情。爱的需要不仅是接受别人的爱，还包括给予别人爱。二是归属的需要，即人都有一种归属感，要求归属于某一群体，希望成为一定群体的一员，希望能得到群体的关心和照顾，并从中得到安慰，获得满足。社会中的人离群索居是痛苦的。

④尊重需要。尊重需要包括自尊和受他人尊重两个方面的需要。自尊是指个人对自身的一种态度，表现为有自信心，希望自己有能力、有成就。受他人尊重是指希望得到他人的承认和尊敬，要求有一定的名誉和威望，有一定的地位和权威，希望得到别人的高度评价和赏识。马斯洛认为，尊重需要得到满足，能使人对自己充满信心，对社会满腔热情，体会到自己生活在这个世界上的地位和价值；但尊重需要一旦未得到满足，人就会产生自卑感、柔弱感，以致失去生活的信心，甚至产生轻生的念头。

⑤自我实现需要。自我实现需要是最高层次的需要，是指人希望完成与自己能力相称的工作，使自己的潜在能力得到充分的发挥。其主要内容有两方面：一是胜任感，表现为出色地完成任务的欲望；二是成就感，表现为进行创造性活动并取得成就。

（2）需要的各种层次之间的相互关系。

马斯洛认为，人的这五种需要层次之间的关系主要表现为三方面：①五种需要由低到高形成一个阶梯，但这种次序不是完全固定的，可以变化，也有例外情况；②在低层次的需要得到相对满足后，就会向较高一个层次发展，这五种需要不可能完全得到满足，越是上层需要，其满足的比例越低；③人的行为是受多种需要支配的，同一时期内，可能同时存在几种需要。但是，每一时期内总有一种需要是主导需要。

（3）对马斯洛的需求层次理论的客观评价。

马斯洛的需求层次理论的科学性主要体现在四个方面：第一，心理学已经证实了人的行动开始于需要以及由需要引起的动机。因此，研究人的需要是认识人的心理和行为规律的出发点。马斯洛认为，人的需要是行为的基础，揭示了人的各种需要的特征。可以说马斯洛抓住了问题的关键，这一观点有一定的合理性。第二，马斯洛提出人的需要有一个从低级向高级发展的过程，这在一定程度上反映了人类需要发展的一般规律。他认为人的生理需要是人的最基本的需要，也是符合唯物主义的观点的。第三，马斯洛的需求层次理论为组织管理指出了调动员工积极性的工作方向和内容，如任何组织都应从物质和精神两方面去满足员工的需要。此外，人的需要按不同情况，因人、因时、因地而有所不同，为此管理者要根据不同人的不同需要，有针对性地采取不同的管理措施，才能取得良好的效果。第四，马斯洛指出，人在每一时期都有一种需要占主导地位，其他需要处于从属地位。

马斯洛的需求层次理论也有它的局限性，主要体现在三个方面：第一，马斯洛的需求层次理论只强调个人的需要，而没有论及个人应该如何对待社会需要，忽视了个人的需要是受社会条件制约的。对此，如果不正确地加以分析，往往会把人引入利己主义的歧途。第二，马斯洛认为人的需要都是本能的活动，是人的一种自然属性，否定了社会对人的成长的决定作用。他认为，人有生理需要是为了维持自己的生存；人有安全需要是出于"趋利避害"的本能；人有社交需要是为了自己享受生活的乐趣；人有尊重需要和自我实现需要是为了自己能出人头地等。但是马克思主义认为，人的需要具有社会历史性，是随社会的发展而发展的，社会意识和环境对人的需要有巨大的影响。由于阶级和时代的局限性，马斯洛的需求层次理论中没有也不可能涉及社会需要问题。第三，马斯洛认为人只有满足了低层次的需要之后，才能进入高层次的需要，这样由低到高、逐级递升的需求层次理论带有一定的机械主义色彩。他把人的需要层次看成是固定的程序，看成是一种机械的上升运动，忽视了人的主观能动性。马斯洛自己也认为他所提出的需要阶梯只不过是一个典型的模式罢了。社会现实中有许多例外，例如，人的低层次需要未满足时，高层次的需要也是可以发展的；而高层次需要得不到满足时，人会产生"回归"倾向。因此，这种模式并不能解释所有人的行为。

2.2.2 动机与行为

1. 动机的含义

动机是激发、维持和调节人从事某种活动，并引导活动朝向某一目标的内部心理过程或内在动力。人的一切行动总是从一定的动机出发，并指向一定目的。因此，动机是行为的直接动力。

动机具有以下几种功能。

（1）激活功能。动机会推动个体产生某种活动，使个体由静止状态转化为活动状态。在动机的驱使下，个体会产生某种行为并维持一定的行为强度。例如，饥饿会促使个体做出觅食的活动。生理需求产生的动机往往比较急迫，需要立即获得满足。

（2）指向功能。动机在个体进入活动状态之后，指引个体的行为指向一定的方向。例如，在成就动机支配下，人会积极地学习，主动选择有挑战性的任务去做。动机不同，个体行为的目标也不相同，这就是动机的方向性在起作用。例如，同样是努力学习的行为，有些学生可能是为了获得教师和家长的赞赏，并不十分在意是否真的掌握了知识；有些学生可能是对所学的内容本身有浓厚的兴趣；还有些学生可能是为了获得奖学金。动机的不同，导致了人的行为目标的差异性。

（3）调节与维持功能。动机会决定行为的强度，动机愈强烈，行为也随之愈强烈。动机也决定个体行为的久暂性，在没有达到目标之前，行为会一直存在。有时行为看似不存在了，但只要动机仍然存在，行为就不会完全消失，它只不过是以别的形式存在，如由外显行为改为内潜行为。

2. 动机的产生

动机的产生受内外两种因素的共同影响。人内在的某种需要是动机产生的根本原因，而外在环境则作为诱因，引导个体趋向于特定的目标。

需要是由人内部生理与心理的不平衡状态引起的，它是人活动的动力和源泉。需要一旦产生，就成为一种刺激，人便会想方设法采取某种行为以寻求满足，消除不平衡状态。当一个人渴了的时候，体内便会产生一系列与渴有关的生理不平衡状态，在这种不平衡状态的刺激下，这个人会四处寻找解渴的东西。此时，内在的生理需求成了个体寻求解渴物品这一行为的直接推动力量。因此，动机是在需要的基础上产生的。

动机产生于人的需要，它在社会生活中形成。因此，动机与需要有一定的相似之处，但二者是有区别的。需要是人的积极性的基础和根源，动机则是推动人去进行某种活动的直接原因。

只有当人的需要具有某种特定的目标时，需要才会转化为行动的动机。由此可见，动机是需要和行为的中介，即需要引起动机，动机引发行为。比如，一个人在沙漠中口渴难忍，说明他有饮水的强烈需要，但如果周围没有水源，就不能促使他进行有目的的行动，只有当他发现远处有一片绿洲时，他才会进行有目的的行动，即会迅速走向绿洲，寻找水源。

除了内部的需要外，外在的环境刺激也可能成为行为的驱动力量。环境刺激是动机产生的诱因。所谓诱因，是指能够激起个体的定向行为，并能满足某种需要的外部条件或刺激物。在一般情况下，诱因作为一种外在刺激物，能够引导人的活动。如上例中所说的绿洲是一个诱因，引导着口渴的人做出相应的行为来满足自身的需要。有些情况下，即使人没有特别强烈的内在需要，外在诱因也可能成为动机产生的一个条件，如色、香、味俱佳的食物可能会使一个本来并不饿的人产生尝一口食物的想法。

在动机中，需要与诱因是紧密相连的。需要比较内在、隐蔽，是支配人行动的内部原因；诱因是与需要相联系的外界刺激物，它引导人进行指向性活动，并有可能使需要得到满足。所以，需要推动人去行动，并使行动指向外界的诱因，从而使行动具有目的性和方向性。当人的需要得到满足后，诱因的吸引力会降低，动机的强度也随之减弱或消失。

3. 动机的种类

按照不同的标准，可以将动机划分为不同的种类。

（1）生理性动机和社会性动机。

根据需要的不同性质，可以将动机分为生理性动机和社会性动机。生理性动机是指由个体的生理需要驱动而产生的动机。它以个体的自然性需要为基础，对维持个体的生存和发展有着极其重要的作用，如饥、渴、缺氧、母性、性欲、排泄、疼痛等，这些都是保证个体生存和繁衍的最基本的生理性动机。

小资料 2-3

20 世纪 20 年代，心理学家曾用动物做实验，来验证不同驱动力的相对强度。实验者设计了一个障碍箱，把有动机的老鼠和假定的动机物如食物、水、性或子嗣用电栅分开，老鼠必须忍受一定强度的电击才能通过栅栏，以获取食物、水、性或子嗣。结果表明，母老鼠忍受的痛苦最多，越过栅栏的次数最多，这就是母性动机强有力的证据。在人类的身上，纯粹的生理性动机很少见，因为人不仅是自然的人，更是社会的人。如上述生理性动机中的母性动机，一方面，它是天生遗传的一种动机；另一方面，它也受社会文化、道德规范的影响和约束。在人类社会中，养育子女被认为是父母的义务和责任。因此人类所表现出来的母性动机已不再是纯粹的、本能的动机了。

社会性动机是人类所特有的，它以人的社会文化需要为基础。人在成长的过程中逐渐社会化，接受其所在社会文化的熏陶。为得到社会的认同，同时也满足自己的社会文化需要，人就会产生各种社会性动机，如工作动机、交往动机、成就动机、成长动机等。社会性动机是由人的某些高级需要所产生的，所以，如果社会性动机长期得不到满足，虽然不会危及人的生命，但却有可能导致其出现某种心理障碍。例如，人的交往动机长期得不到满足，会使人感觉孤独，并有可能进一步发展，出现心理障碍。另外，在个体发展的过程中，高级需要出现得比较晚，因此，社会性动机也会比生理性动机出现得晚些，如成就动机，要到个体成长到一定阶段才会出现。

（2）内在动机与外在动机。

根据动机产生的源泉不同，可以将动机区分为外在动机与内在动机。

外在动机是在外部刺激的作用下产生的，是指为了获得某种奖励而产生的动机。例如，有些小学生为了得到老师和家长的喜欢或称赞而学习，如果没有奖励，他们的学习劲头就会不足，即学习动机减弱甚至消失。在儿童动机发展的早期阶段，外在动机具有重要意义。儿童往往是先有外在动机，然后才逐渐有内在动机。

内在动机是指由个体的内部需要产生的动机。例如，一个学生认识到学习的意义，了解到学习对自己毕生发展的重要性，就会对学习产生很大的兴趣并积极主动地去学习，这时他的学习动机就转化为内部动机了。一般来说，由内在动机支配的行为更具有持久性。

内在动机与外在动机是可以相互转化的。适度的奖赏有利于巩固个体的内在动机，但过多的奖赏有可能降低个体对事物本身的兴趣，减弱其内在动机，这就是动机心理学中的德西效应。例如，一个学生原本对学习充满兴趣，但他的父母为督促他学习，不断地给予他物质上的奖励，奖励多了，这位学生的学习目的可能就转向获取父母的奖赏，学习动机由内在动机变为外在动机，一旦这种外在奖励减少，这位学生的学习劲头就会减弱甚至消失。

（3）主导动机和从属动机。

依据动机在行为中所起的作用，可将动机划分为主导动机和从属动机。

人的行为十分复杂，这种复杂性的表现之一，就是某一行为可能是由多种动机所驱使的。推动行为的各种动机所起的作用是各不相同的，有的动机表现强烈而稳定，起主导作用。在行为的发生过程中，主导动机起的作用最大，支配着行为发生的方向和强度。有的动机则处于辅助从属的地位，所起的作用偏弱，这种动机被称为从属动机。主导动机和从属动机在不同人身上或不同情况下会相互转化。人在学习活动中会有多种动机并存，有人把提升自己的能力作为学习的主导动机，而有人把获得赞赏、满足兴趣、成绩优异作为学习的主导动机。同一个人在不同的时期，其主导动机也会变化，如在竞赛前期，会把获得优异成绩作为主导动机，而提升自己可能转化为从属动机。

4. 动机与行为

只要人有了某种动机，它就会对行为产生推动作用，动机贯穿了行为的发生、加强、维持和终止的全过程。当然，动机作为一种内部刺激，有时是无法被直接观察到的，并且行为与动机的关系极为复杂：同一动机可以引起多种不同的行为；同一行为可出自不同的动机；一种行为可能为多种动机所推动；合理的动机可能引起不合理的甚至错误的行为；错误的动机有时还会被外表积极的行为所掩盖，因此很难一下就准确把握动机与行为的关系。

行为的客观效果也与动机强度密切相关。没有动机肯定不能取得一定的行为效果，但也并不是动机越强烈就越能取得好的行为效果。实践证明，动机过强或过弱都不会取得好的行为效果。

> **观念应用 2-4**
>
> **阿特金森的成就动机实验**
>
> 阿特金森（Atkinson）在实验中把 80 名大学生分成 4 组，每组 20 人，给他们一项同样的任务。对第一组学生说，只有成绩最好者才能得到奖励（PS=1/20）；对第二组学生说，成绩前 5 名者就会得到奖励（PS=1/4）；对第三组学生说，成绩前 10 名者就可以得到奖励（PS=1/2）；对第四组学生说，成绩前 15 名者都能得到奖励（PS=3/4）。（PS 表示在该项任务上将会成功的可能性，PS 值在 0 至 1 之间。PS=1，表示确信会取得成功；PS=0.5，表示估计成功的可能性是 50%；PS=0，表示确信必然失败。）实验结果表明，成功可能性适中的两个组成绩最好。第一组学生大多都认为，即便自己尽最大努力也极少有可能成为第一名；而第四组学生一般认为自己肯定在前 15 名之列。于是，这两组学生都认为无须努力了。研究表明，最佳的成功概率是 50%左右。因为大多数学生认为，如果尽自己努力，就很有希望获得成功；如果不努力的话，也有可能会失败。
>
> （资料来源：华夏心理。编者对原文有删减。）
>
> **分析提示**：这个实验表明（以抛开学习任务本身的难易问题为前提），如果学生认为不论怎样努力也肯定会不及格时，他的学习动机就会处于极低的水平。这时，需要教师适当地掌握评分标准，使学生感到要得到好成绩是可能的，但也不是轻而易举的。

心理学家的研究表明，需要、动机和行为之间存在密切的关系（见图 2-2）。当一个人产生某种需要而又未得到满足时，他会产生不安和紧张的心理，这会成为一种内在的驱动力。但是，当他找到满足他需要的途径时，这种紧张的心理状态就会转化为动机，从而推动他去从事某种活动。当他达到目的时，需要得到满足，紧张的心理状态就会消除。这时，他又会产生新的需要，引起新的行为。这是一个不断地循环往复的过程。

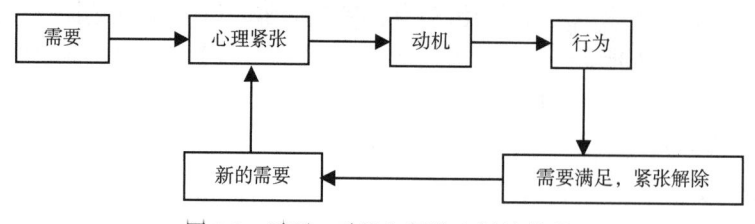

需要 → 心理紧张 → 动机 → 行为 → 需要满足，紧张解除 → 新的需要 → 心理紧张

图 2-2 需要、动机和行为之间的关系

2.3 价值观、知觉、态度、工作满意度与行为

人生活在社会中，除了形成各种不同的需要、动机外，还会在感知周围的人或事物的过程中形成不同的价值观和态度乃至工作满意度。例如，对待同一事物，有的人评价高，有的人评价低；有人对工作非常满意，工作时认真负责、一丝不苟，有人却对自己工作感到不满，工作时马马虎虎、得过且过，等等。毫无疑问，价值观、知觉、态度、工作满意度等都能影响人的行为。要想预测和引导人的行为，管理者必须及时了解员工的心理活动，并且有目的、有计划、有步骤地对员工进行正确的引导。

2.3.1 价值观与行为

每个人都生活在特定的社会环境中，对现实中的一切事物都会有一定的评价，认为某些事物是好的、可接受的、值得的，某些事物是坏的、不可接受的、不值得的，这就是价值观。价值观代表了人的最基本的信念，这种信念使得人对某些事情的认可和接受程度比对其他事情的要高。换言之，从个人或社会的角度来看，某种具体的行为模式或存在的最终状态比与之相反的行为模式或存在的状态更可取，因此，人们就会选择这种行为模式或存在的状态。

1. 价值观的含义

价值观是指一个人对周围的客观事物（包括人、事、物）的意义和重要性的总的看法和评价。或者说，价值观是指人对社会生活方式与生活目标的社会意义和价值的看法。一个人认为最有意义的、最重要的客观事物，在其心目中就是最有价值的东西。例如，自由、幸福、自尊、友谊、平等、权力等，在每个人心目中的位置不同，这就是个人价值观的不同。个人的价值观是从出生开始，在家庭和社会的影响下逐步形成的。一个人所处的社会生产方式及其所处的经济地位对其价值观的形成有决定性的影响。当然，报刊、电视和广播等宣传的观点以及父母、老师、朋友和公众名人的观点与行为，对一个人的价值观也有不可忽视的影响。个人的价值观一旦确立，便具有相对稳定性。但就社会和群体而言，由于人员更替和环境的变化，社会或群体的价值观念又是不断变化着的。传统价值观会不断地受到新价值观的挑战。

同一事物，由于价值观的不同，人们会对其产生不同的认识。有人看重权力地位，认为"做官比民强"；有人看重金钱；有人看重个人自由；有人认为自尊最有价值……这种对诸事物的看法和评价在个人心目中的主次、轻重的排列顺序，就构成了一个人的价值观体系。

小资料 2-4

著名公司的价值观

惠普公司大力颂扬的"惠普之道"包括：信任员工；提供最高质量的产品和服务；对客户需求富有激情；彼此信任和遵守职业道德；重视团队合作；创建丰富而融洽的组织。

微软公司的核心价值观是：诚实和守信；公开交流，尊重他人，与他人共同进步；勇于面对重大挑战；对客户、合作伙伴和技术充满激情；信守对客户、投资人、合作伙伴和雇员的承诺，对结果负责；善于自我批评和自我改进，永不自满；等等。

Google 公司的核心价值观是：坚决不做邪恶的事情，无论有多大的商机；专注解决用户问题，赚钱和其他问题以后再说；坚决以网络群体利益为首，无论自身利益如何；坚持"最好还不足够好"的标准，永远提升自己，寻找更好的解决方案。

（资料来源：阿里巴巴。）

---

2. 价值观的分类

价值就是对个人有用的或重要的东西。价值观有助于推动人的行为的形成。按照不同的标准，人们对价值观有各种各样的分类方法，以下介绍主要的几种。

（1）爱德华·斯普朗格尔（Edward Spranger）对价值观的分类。

斯普朗格尔指出有6种价值观：①理性价值观，以知识和真理为中心，强调以理性批判的方式发现真理；②唯美价值观，以形式、和谐为中心，强调对审美、对美的追求；③政治价值观，以权力和地位为中心，强调权力的获取和影响力；④社会价值观，以群体他人为中心，强调人与人之间的友好、博爱；⑤经济价值观，以有效实惠为中心，强调功利性和实务性，追求经济利益；⑥宗教价值观，以信仰教义为中心，强调经验的一致性以及对宇宙和自身的了解。

据调查，不同职业的群体往往有不同的价值观体系，如表2-1所示。

表2-1 不同职业群体的价值观排序

排 序	牧 师	采购代理商	工业工程师
1	宗教	经济	理性
2	社会	理性	政治
3	唯美	政治	经济
4	政治	宗教	唯美
5	理性	唯美	宗教
6	经济	社会	社会

（2）米尔顿·罗克奇（Milton Rokeach）对价值观的调查。

罗克奇于1973年编制了罗克奇价值观调查表。罗克奇价值观调查表是在国际上被广泛使用的价值观问卷。罗克奇认为，各种价值观是按一定的逻辑意义联结在一起的，它们按一定的结构层次或价值系统存在，价值系统是沿着价值观的重要性程度而形成的层次序列。

罗克奇价值观调查表提出了两种价值，如表2-2所示。

①终极性价值观（Terminal Value），指的是个人价值和社会价值，用以表示存在的理想化终极状态和结果，它是一个人希望通过一生来实现的目标。

②工具性价值观（Instrumental Value），指的是道德或能力，是达到理想化终极状态所采用的行为方式或手段。

罗克奇价值观调查表中包含18项终极性价值观和工具性价值观，每种价值观后都有一段简短的描述。施测时，让被试者按其对自身的重要性对两类价值系统进行分别排序，将最重要的排在第一位，次重要的排在第二位，依此类推，最不重要的排在第十八位。该量表可测得不同价值观在不同人的心目中所处的相对位置，或相对重要性程度。这种研究是把各种价值观放在整个系统中进行的，因而更体现了价值观的系统性和整体性的作用。

表2-2 罗克奇价值观调查表中的两种价值观

终极性价值观	工具性价值观
舒适的生活（富足的生活）	雄心勃勃（辛勤工作、奋发向上）
振奋的生活（令人兴奋的、积极的生活）	心胸开阔（开放）
成就感（持续做出贡献）	能干（有能力、有效率）
和平的世界（没有冲突和战争的世界）	欢乐（轻松愉快）
美丽的世界（自然和艺术之美）	清洁（卫生，整洁）
平等（手足之情，机会均等）	勇敢（坚持自己的信仰）

续表

终极性价值观	工具性价值观
家庭安全（照顾自己所爱的人）	宽容（愿意谅解他人）
自由（独立、自主的选择）	助人为乐（为他人的福利工作）
幸福（满足）	正直（真挚，诚实）
内在和谐（没有内心冲突）	富于想象（大胆，有创造性）
成熟的爱（亲密的性及精神生活）	独立（自立，自足）
国家的安全（免遭攻击）	智慧（有知识，善反思）
快乐（快乐的、休闲的生活）	符合逻辑（思路连贯，有理性）
救世（得到救赎，可得到永生）	爱（温情、温柔）
自尊（自重）	顺从（有责任感，尊重他人）
社会承认（得到尊重和赞赏）	礼貌（有礼，性情好）
真挚的友谊（亲密的友谊）	负责（可靠）
睿智（对生活有成熟的理解）	自我控制（自律）

注：表中只列出了部分内容。

一些研究证实了上述价值观在不同的人群中有很大的差异，相同职业或类别的人（如公司管理者、工会成员、父母、学生）倾向于拥有相同的价值观。例如，在某一研究中，研究者对公司经营者、钢铁业的工会成员和社区工作者的价值观进行了比较，结果表明，3组人的价值观有很多是重叠的，同时这3组人又存在显著的价值观差异，如表2-3所示。

表2-3　3组人的价值观差异

公司经营者		工会成员		社区工作者	
终极性价值观	工具性价值观	终极性价值观	工具性价值观	终极性价值观	工具性价值观
（1）自尊	（1）诚实	（1）家庭安全	（1）负责	（1）平等	（1）诚实
（2）家庭安全	（2）负责	（2）自由	（2）诚实	（2）世界和平	（2）助人为乐
（3）自由	（3）能干	（3）快乐	（3）勇气	（3）家庭安全	（3）勇敢
（4）成就感	（4）雄心勃勃	（4）自尊	（4）独立	（4）自尊	（4）负责
（5）快乐	（5）独立	（5）成熟的爱	（5）能干	（5）自由	（5）能干

表中，社区工作者的价值偏好与其他两种人存在很大的差异。他们认为，"平等"是最重要的终极性价值观，而公司经营者和工会成员不这样认为。社区工作者将"助人为乐"排在工具性价值观类型里的第二位，其他两组人都将它排在第五位以后。这些差异是很重要的，因为公司经营者、工会成员和社区工作者对公司所做的事情有不同的兴趣。当公司经营者与其他两类人中的股东坐在一起时，他们可能从各自所偏爱的价值观出发，谈判或讨论有关公司的经济和社会政策。在那些个人价值观相当复杂的公司里，要想就某个具体问题或政策达成一致意见可能是相当困难的。

（3）格雷夫斯（Graves）对价值观的分类。

行为学家格雷夫斯对企业组织中的各种人员做了大量的调查，分析了其价值观和生活作风，把各种各样的价值观按其表现形式分成7个等级（类型）：①反应型。这种类型的人并不能意识到自己和周围的人是作为人类而存在的。他们可根据自己基本的生理需要做出反应，而不顾及其他。这种人非常少见，实际等于婴儿。②家法式忠诚型。这种类型的个体从父母或上级那里学到自己所遵循的价值观，类似于封建家法式的忠诚。这类个体喜欢按部就班地工作，服从习俗与权势，接受一个友好而专制的监督和家庭式的和睦集体。③自我中心型。这种类型的人信仰冷酷的个人主义，自私、爱挑衅，主要服从于权力。④服从型。这个层面的个体具有传统的忠诚、努力和尽职的性格，勤勤恳恳，谨小慎微，喜欢任务明确的工作，重视安全和公平的监督方式。⑤权术型。这种类型的个体重视现实，爱好交际，目标明确，具有较高的成就感，喜欢玩弄权术，一方面逢迎有权势的上级，另一方面常常通过摆布他人、搬弄是非来达到个人的目的。⑥社会中心型。这种类型的个体重视工作集体的和谐、友好的监督和人与人之间的平等互利，把与人为善、和谐的人际关系和氛围看作自己行为的目标和追求。⑦存在主义型。这种类型的人能高度容忍模糊不清的意见和不同的观点，对制度和方针的僵化、空挂的职位、权力的强制使用等现象敢于直言。

一般来讲，企业中个体的价值观分布在上述级别的第二级到第七级之间，其中，管理人员的价值取向多表现在第六、七等级。现在组织在挑选管理者时也多对第六、七等级类型的个体持肯定态度，而对第五等级类型的个体抱否定态度。

3. 价值观在组织中的应用

价值观是一种非常重要的个体心理，它主导了个人对正确与错误的判断过程，影响个人行为，并进一步影响群体行为和整个组织行为。对于同一事物，人由于价值观的不同，会产生出不同的行为。在同一个企事业单位中，有人重视金钱报酬，注重工作成就，有人注重权力、地位，这就是价值观不同所导致的。对于同一个规章制度，如果两个人的价值观相反，那么他们就会采取完全相反的行为——认为这个规章制度是合理的人，会认真地贯彻执行；认为这个规章制度是错误的人，会拒不执行。这种截然相反的行为对组织目标的实现起着完全不同的作用。因此，为了实现组织目标，管理者必须考虑并平衡组织中各种人员的价值观，具体如下：第一，在招聘新员工时，应尽可能准确地向其传达组织的价值观，并让专业人员观察应聘者的价值观是否与组织相匹配；第二，对已经进入组织的、具有不同价值观的员工应采取不同的管理策略，如让社会中心型的员工参与管理，对权术型员工采用物质和金钱激励方式等；第三，各部门的管理者与其下属员工的价值观相互配合，发挥领导效能，如服从型的主管只能够管理自我中心型的员工，权术型的主管与服从型的员工可以配合得天衣无缝，而社会中心型的主管是大家的朋友但与存在主义型的员工格格不入；第四，制定目标必须考虑组织中群体的价值观。

2.3.2 知觉与行为

我们经常看到，对同一个人、同一件事或物，不同人的观点差别会很大。之所以会产生差别，一个原因可能是个体价值观或心理标准不同，对同一事实的看法截然相反，"道不同，不相为谋"说的就是这种情况；另一个原因可能是价值观相同，但对同一事实，每个人捕捉到的信息不一样，从而得出了不同的结论，"盲人摸象"就是这种情况。人在对客观事物的认知过程中，捕获信息是从感觉与知觉开始的，在此基础上才能产生较高级、复杂的心理活动。由于不同的人知觉过程不一样，因此人的决策和行为也有所差异。

1. 感觉和知觉

感觉是人脑对直接作用于感官的客观对象的个别属性的反映。知觉是人脑对直接作用于感官的客观事物的整体反映。知觉是各种感觉的结合，它来自感觉，但不同于感觉。感觉只反映事物的个别属性，知觉认识的是事物的整体；感觉是单一感觉器官的活动的结果，知觉是各种感觉器官协同活动的结果；感觉不依赖个人的知识和经验，知觉受个人知识和经验的影响。同一物体，不同的人对它的感觉是相同的，但对它的知觉就会有差别，知识和经验越丰富，对物体的知觉就越完善、越全面。例如，显微镜下边的血样，只要不是色盲，任何人看都是红色的，除此之外医生还能看出里边的红细胞、白细胞和血小板，而没有医学知识的人就辨别不出来。

> **小思考 2-3**
>
> 甲、乙两家鞋业公司的经理各派了一位市场调查员去某岛调查。调查员发现岛上的居民从来不穿鞋。结果甲公司的调查员向公司报告称自己发现了一个新市场，进而开拓了市场；乙公司的调查员则向公司报告说该岛没有市场，于是没有进行市场开拓，从而丧失了获利的机会。为什么不同的调查人员会得出不同的结论？
>
> 答：岛上的居民从来不穿鞋的情况是客观现实。在调查的过程中，不同的调查人员心理标准不同、营销经验不同，对同一客观事实的认知结果就会不同，所以得出了不同的调查结论。

2. 影响知觉准确性的因素

现实中，受知觉者、知觉对象和知觉情境的影响，人往往会产生不准确、不符合实际情况的知觉，甚至会产生错觉。知觉误差不仅会影响人的认识，导致决策的失误，还会误导人的行为，给工作造成损失。因此，在组织管理活动中，管理者应对这些因素有所了解，并尽量避免受这些因素的影响，减少认知误差。

影响知觉准确性的因素可以分为三个：知觉者、知觉对象和知觉情境。

（1）知觉者。

知觉者的需要动机、兴趣和爱好、知识经验等都是影响其个体认知的主要因素。一个人是否具有某种需要和动机，以及这种需要和动机的强弱，会影响他的知觉的选择。

观念应用 2-5

哈佛大学的麦克利兰（McClellan）在一个实验中，让一部分被试者在实验开始前一小时饱餐一顿，另一些被试者则 16 个小时不进食，然后让两组被试者看一些模糊不清的图片，并要求他们写下图片的内容。结果，大部分饿着肚子的被试者把图片的内容看作食物，而在实验前一小时饱餐一顿的被试者没有出现这种情况。很多学者重复了这类实验，结果都一样，而且结果显示，饥饿程度越高的人，就越倾向于把图片看成食物。

分析提示：凡是能满足人的需要、激发人的动机的刺激，都容易被人选择并纳入知觉范围。对个人有价值的东西及个人感兴趣的活动，不仅容易被选择，而且还有被夸大的倾向；相反，价值被贬低时，有被缩小的倾向。

人的兴趣爱好影响其知觉的选择和对知觉对象的理解。巴格贝（Bugbee）用速视器向被试者分别呈现同样的图片。图片的一侧绘有棒球比赛图，另一侧则绘有斗牛图。尽管所有的被试者都是左右两眼同时看着两种不同图景，结果却大不相同。美国被试者中有84%说看到了棒球比赛，而西班牙被试者中有85%说看到了斗牛。可见，一个人越感兴趣的事物就越容易被他纳入知觉范围。

个体具有的知识和经验对知觉的选择性影响也很大。另外，知觉者的态度、价值观、期望、个性特点也会对其知觉产生影响。

（2）知觉对象。

知觉对象是影响知觉的一个重要因素。知觉对象的颜色、形状、大小、声音强度、运动状态、新奇性和重复次数等因素，也会影响知觉的结果。

（3）知觉情境。

在知觉过程中，除了知觉者、知觉对象，知觉情境也对人的知觉产生重要的影响，主要原因在于人的行为是情境所要求、所规定的。例如，某一特定组织的人可能会认为可以在工厂的厂房里大声说话，但是不能在餐厅里大声说话；同一首乐曲，人们在悠闲的时候会觉得曲调悠扬，让人心旷神怡，而在专注于工作时会觉得其嘈杂无章，让人心烦意乱。

3. 社会知觉

（1）社会知觉的概念。

社会知觉的概念，最初是由美国心理学家布鲁纳（Bruner）在1947年提出的，又称社会认知。社会知觉是指认知者在与他人的交往中，根据他人的外显行为，推测他的内在心理状态、个性特点的过程。社会知觉对象还包括群体以及认知者自己。社会知觉与普通心理学的知觉的含义有所不同。社会知觉包括整个认知过程，既有对人外部特征的知觉，又有对人格特征的了解以及对其行为原因的判断与解释。普通心理学则不包括想象、判断等过程内容。社会知觉作为人的一种基本的社会心理活动，是组织行为学研究的重要内容。人的社会动机、社会态度、社会化过程、社会行为的发生都是以社会知觉为基础的。

（2）社会知觉的分类。

根据知觉的对象，社会知觉可分为对他人的知觉、人际知觉、角色知觉、自我知觉等。

①对他人的知觉。对他人的知觉，主要指通过对他人外部特征的知觉，取得对他人的动机、情感、性格等的认识，是一个由表及里的过程。它主要表现在，当人知觉别人时，并不是停留在被知觉对象的容貌、言语、风度、仪表等外部特征之上的，而是根据这些外部特征去推测和判断其内部的心理状态，从而了解被知觉对象的动机、意图和个性特征等。例如，人们看到西装笔挺、手提高级公文包进出银行大楼的人，就倾向于认为他不是银行高级职员，就是公司经理；不是来存款，就是来取款。人们一般不会想到他是来偷钱或是抢钱的。

②人际知觉。所谓人际知觉，就是对人与人之间关系的知觉。其主要特点在于有情感因素参与知觉过程。人通过互相感知和相互交往，彼此会产生一定的态度，并且在这些态度的基础上产生各种各样的情感，如个体对某些人喜爱，对某些人反感，对某些人同情，对某些人憎恨等。这些情感不仅在知觉过程中产生，而且反过来影响人际知觉，包括对人接近的距离、交往的方式以及相互之间好恶程度等的影响。

通过人际知觉，个体不仅知觉自己与他人的关系及他人与他人的关系，还根据对他人与他人关系的知觉来调整自己与他人关系的知觉。例如，在和谐亲密的人际关系下，人会主动地帮助、支持、鼓励他人，而在紧张的人际关系下，人们则会相互排斥、相互对立。因此，了解人际知觉，是一个管理者了解各种人际关系，从而做好管理工作的重要途径。

③角色知觉。角色知觉是指对人所表现的社会角色行为的知觉。每一个角色都代表一套有关行为的社会标准，这个标准规定了人在承担这一特定角色时所应有的行为。例如，某人既是他父母的儿子，又是他儿子的父亲；既是他领导的部属，又是他部属的领导；既是他学生的老师，又是他老师的学生，等等。这就要求每一个人在社会实践活动中，在不同人际交往中，把握各种角色知觉（其实是把握住主要的角色知觉），掌握各种角色的行为标准，使自己的行为合乎规范。

④自我知觉。所谓自我知觉，就是以自己作为知觉对象，通过对自己行为的观察，做出对自己心理和行为状态的判断。个体的自我知觉的主体和客体是统一的，自己既是知觉的主体，也是被知觉的客体。个体在进行自我知觉时，知觉的信息量总要比对他人知觉的信息量多一些，因为对自己要比对他人更熟悉一些，所以知觉起来更清楚、更仔细。另外，个体对自己知觉时还往往采取以人度己的方法。应当指出的是，个体的自我知觉虽然比他人的知觉更深刻、更全面，但是要做到正确地自我知觉是非常不易的。中国有句古话"知人者智，自知者明"，是指能够正确地认识他人是一种智慧的表现，而能够正确地认识自己却是具有看清事物的能力的表现。因为受到各种因素的影响，个体对自己的知觉往往得不到正确的反映，例如自负的人总是看到自己的长处，而自卑的人总是看到自己的短处。因此，人要想获得正确的自我知觉，就必须不断加强自我修养，提高自己看清自己的能力。

（2）社会知觉的若干效应。

在现实生活中，个体往往由于主客观条件的限制而不能全面、正确地看待问题，特别是在看待别人时，往往会受到各种客观因素的影响，从而使知觉与客观现实不一致，产生知觉偏差，不能做正确的归因判断。社会心理学将这些知觉偏差称为社会知觉效应。一个管理者，要想做好人的管理工作，就必须先了解社会知觉效应。以下介绍几种常见的社会知觉效应。

①首因效应和近因效应。首因效应指的是个体在对他人形成总体印象的过程中，最初获得的信息比后来获得的信息产生的影响更大的现象。美国心理学家卢钦斯（Ladins）用编撰的两段文字作为实验材料，研究了首因效应现象。他编撰的文字材料主要是描写一个名叫吉姆（Jim）的男孩的生活片段。第一段文字将吉姆描写成热情并外向的人，另一段文字则相反，把他描写成冷淡而内向的人。例如，第一段中吉姆与朋友一起去上学，走在洒满阳光的马路上，与店铺里的熟人说话，与新结识的女孩子打招呼等；第二段中说吉姆放学后一个人步行回家，他走在马路的背阴一侧，他没有与新近结识的女孩子打招呼等。在实验中，卢钦斯把两段文字加以组合：第一组，描写吉姆热情外向的文字先出现，描写吉姆冷淡内向的文字后出现；第二组，描写吉姆冷淡内向的文字先出现，描写吉姆热情外向的文字后出现；第三组，只显示描写吉姆热情外向的文字；第四组，只显示描写吉姆冷淡内向的文字。

卢钦斯让四组被试者分别阅读上述一组文字材料，然后回答一个问题——吉姆是一个什么样的人？结果发现，第一组被试者中有78%的人认为吉姆是友好的，第二组中只有18%的被试者认为吉姆是友好的，第三组中认为吉姆是友好的被试者的比例有95%，第四组中只有3%的被试者认为吉姆是友好的。

一项研究结果证明，信息呈现的顺序会对人的社会认知产生影响，先呈现的信息比后呈现的信息有更大的影响力。但是，卢钦斯进一步研究发现，如果在两段文字之间插入某些其他活动，如做数学题、听故事等，则大部分被试者会根据活动以后得到的信息对吉姆进行判断，也就是说，最近获得的信息对他们的社会知觉产生了更大的影响，这个现象叫作近因效应。

近因效应指在总体印象形成过程中，个体新近获得的信息比原来获得的信息产生的影响更大。

研究发现，近因效应一般不如首因效应明显和普遍。在印象形成过程中，当不断有足够引人注意的新信息出现，或者原来的印象已经淡忘时，新近获得的信息产生的影响就会较大，就会发生近因效应。

首因效应与近因效应带来的启示：第一，要预防两种效应的消极影响，既不能"先入为主"，也不能不究以往，只看现在；应该以联系发展的态度感知事物，把对人、对事的每一次感知都当作自己认知事物过程中的一个阶段，避免形而上学的片面性；第二，要在一定条件下，发挥两种效应的积极作用，讲话、办事、接触人、做具体工作，都要善始善终，既要注意给自己的工作对象留下良好的第一印象，奠定今后开展工作的良好基础，也要让对方不断地对自己形成更为良好的新的印象，不能使人感觉自己"无头无尾""虎头蛇尾""蛇头龙尾"。

②晕轮效应。晕轮效应又称光环效应，是指认知者对他人的某种个性特征形成好的或坏的印象之后，倾向于从这个判断推论出认知对象的其他品质。名人效应就是一种典型的光环效应。

如果认知对象被标明是"好"的，他就会被"好"的光圈笼罩着，并被赋予一切好的品质；如果认知对象被标明是"坏"的，他就会被"坏"的光圈笼罩着，他所有的品质都会被认为是坏的。

观念应用 2-6

美国心理学家凯利（Kelly）分别对麻省理工学院的两个班的学生做了一个试验。上课之前，实验者向学生宣布，临时请一位研究生来代课，接着告知学生有关这位研究生的一些情况。实验者向其中一个班的学生介绍这位研究生具有热情、勤奋、务实、果断等品质，向另一班学生介绍此人的信息时，则除了将"热情"换成了"冷漠"之外，其余各项都相同，学生们并不知道。两种介绍造成的结果的差别是：下课之后，前一班的学生与研究生一见如故，亲密攀谈；另一个班的学生对他却敬而远之，冷淡回避。

（资料来源：豆丁网。编者对原文有删减。）

分析提示：仅介绍中的一词之别，就会让学生们戴着有色眼镜去观察代课者，进而影响对这位研究生产生的整体印象，晕轮效应的作用可见一斑。

晕轮效应带来的启示是：第一，仅仅根据事物的个别特征对事物的本质或全部特征下结论，这是很片面的，个体在进行社会认知时要防止晕轮效应带来的以点带面、以偏概全的不良后果，防止"爱屋及乌""厌恶和尚，恨及袈裟"等现象的发生；第二，在人际交往中，不能以己度人，如果个体对自己的"投射倾向"不加注意，没有清醒、理智地经常进行自我反思，就很可能制造出晕轮效应，产生各种偏见。

③社会刻板效应。首先，社会刻板印象是指人们对社会上某一类事物产生的比较固定的看

法，也是一种概括而笼统的看法。人们由于地理、经济、政治、文化等原因聚集在一起，在进行社会认知的时候，往往对聚集在一起的人赋予一些相同的特征，对不同职业、地区、性别、年龄、民族等的群体形成较为固定的看法。当个体采用这些较为固定的看法去识别一个具体的人，去对他进行判断、推测和概括的时候，就有可能出现偏差，这就是社会刻板效应。例如，人们通常觉得英国人有绅士风度、聪明、因循守旧、传统、保守；美国人民主、天真、乐观、友善、热情；法国人爱好艺术、轻率、热情、开朗；等等。

社会刻板效应带来的启示是：第一，要善于用"眼见之实"去核对"偏听之辞"，有意识地重视和寻求与刻板印象不一致的信息；第二，深入群体，与群体中的成员广泛接触，并重点加强与群体中有典型性、代表性的成员的沟通，不断地验证自己原来刻板印象中与现实相悖的信息，最终克服刻板印象的负面影响而获得准确的认识。

④登门槛效应。登门槛效应又称得寸进尺效应，是指一个人一旦接受了他人的一个微不足道的要求，为了避免认知上的不协调，或想给他人前后一致的印象，就有可能接受更大的要求。这种现象，犹如人登门槛时，一级台阶一级台阶地登，逐渐登上了高处。

登门槛效应带来的启示：在要求别人或者下属做某件较难的事情而又担心他不愿意做时，可以先向他提出做一件类似的较小的事情。同样，对于一个新人，上级不要一下子对他提出过高的要求，可以先提出一个只比过去稍有难度的小要求，当新人达到这个要求后，上级再通过鼓励，向其提出更高的要求，这样逐步提高，新人也容易接受，预期目标也会容易实现。

小资料2-5

有个小和尚跟师父学武艺，可师父什么也不教他，只给他一群小猪，让他放养。庙前有一条小河，每天早上小和尚要抱着一头头小猪过河，傍晚再抱回来。就这样，小和尚在不知不觉中练就了卓越的臂力和轻功。原来，小猪一天天在长大，因此小和尚的臂力也在不断提高。小和尚这才明白师父的用意。这也是"登门槛效应"的应用。

（资料来源：京东读书。编者对原文有删减。）

⑤门面效应。门面效应与登门槛效应是心理学上两种相对应的现象。所谓门面效应，是另外一种说服别人接受自己要求的方法：当你想让对方接受的是一个小的、但一般也不会答应的条件时，不妨先向他提出一个更大的、更高的要求。对方拒绝你更大的、更高的要求后，一般会接受你再次提出的那个小的要求。门面效应就是利用了人的补偿心理。拒绝一般会让人无法扮演慷慨大方的角色，也会让人产生负疚的心理，此时，人通常会希望做一件小的、容易的事来平衡心里的内疚感，使自己能够继续扮演慷慨大方的角色。女性的同情心更强，更容易产生负疚的心理，门面效应对女性通常更有效。

门面效应带来的启示：门面效应是一面双刃剑，善加利用可以使沟通、交流事半功倍，但应切记：己所不欲，勿施于人。不要为了一己之私，轻易利用他人的心理，不要为了自己的利益而损害他人的利益。

⑥对比效应。对比效应是指人在认知的过程中，对他人的评价不是孤立进行的，而是通过和其他的人进行比较之后做出的。如果对比效应出现在绩效评定中，他人的绩效就会影响对某人的绩效评定。比如，假定评定者刚刚评定完一名绩效非常突出的员工，紧接着在评定一名绩

效一般的员工时,就很可能将这名绩效本来属于中等水平的人评为"比较差"。对比效应也是在评定中难以消除的,所以管理者在进行绩效评定时,应尽可能选用客观的指标,建立一套比较系统的指标体系对员工进行评价,尽量避免对比效应带来的不良后果。

4. 归因理论

归因理论又叫归属理论,是关于某种行为及其动机、目的、价值取向等属性或倾向性之间逻辑结合的理论,即说明和分析人的行为活动因果关系的理论。人们用它来解释、控制和预测相关环境以及随着这种环境而出现的行为。1958 年,海德(Heider)在他的著作《人际关系心理学》(The Psychology of Interpersonal Relations)中,提出了归因理论。

归因理论研究的几个问题是:①人的心理活动发生的因果关系,包括内部原因与外部原因、直接原因与间接原因的关系;②社会推论问题,即根据人的行为及其结果,对行为者稳定的个性差异做出合理推论;③行为的期望预测,即根据过去的典型行为及其结果,推断出人在某种条件下可能产生什么样的行为。

归因理论的相关理论模式主要有两种:凯利模式和韦纳模式。

①凯利模式。凯利(Kelley)认为,人对行为的归因总是涉及三个方面的因素:客观刺激物,行动者,所处的关系或情境。其中,行动者属于内部归因,客观刺激物和所处的关系或情境属于外部归因。

对上述三个因素的任何一个因素的归因都取决于下列三个方面的信息。

第一,特异性(区别性)。它是指行动者是否会对其他同类刺激做出相同的反应,是在众多场合下都表现出这种行为还是仅在某一特定情境下表现这一行为。例如,教师 T 在一个特定的情境下只批评了学生 S,而没有批评其他学生,那么,这种行为的区别性就高。

第二,共同性(一致性)。它是指其他人对同一刺激物是否也做出与行为者相同的反应。如果每个人面对相似的情境都有相同的反应,则可以说该行为表现出一致性。例如,所有的教师都批评学生 S,教师 T 也批评了学生 S。那么这种行为的一致性就高。

第三,一贯性。它是指行动者是否在任何情境和任何时候对同一刺激物做出相同的反应,即行动者的行为是否稳定持久。例如,如果教师 T 总是批评学生 S,在其他的时间和情境下也有同样的行为,那么这种行为的一贯性就高,否则一贯性就低。

凯利认为这三个方面的信息构成一个协变的立体框架。根据上述三个方面的信息与协变,可以将人的行为归因于行动者、客观刺激物或情境。如果一名员工完成目前工作的水平,与完成其他类似的工作的水平相同,即低区别性,而在完成这项工作中其他员工的水平总是和他的水平十分不同(或低或高),即低一致性,并且他的这一工作的绩效无论何时都是稳定的,即高一贯性,则他的管理者或其他任何人在判断他的工作时,就会认为他自己对这一绩效负有主要责任(内部归因)。

②韦纳模式。美国心理学家伯纳德·韦纳(Bernard Weiner)认为,行为成败的原因主要为以下四个:第一,能力,个体根据自己的能力评估对该项工作是否胜任;第二,努力,个体在工作中是否尽力而为;第三,任务难度,个体凭个人经验判定该项任务的困难程度;第四,机遇,个体自认为此次成败是否与机遇有关。这四个原因可按内外源(或内外因)、稳定性和可控制性几个维度来划分。其中能力和努力属于内因;任务难度和机遇属于外因。能力与任务难度两

项是比较稳定的因素，机遇和努力为不稳定因素。这几种因素中只有努力一项是可控的。

个体把成功和失败归因于何种因素，对其工作积极性有很大影响。韦纳的归因模式如表 2-4 所示。

表 2-4 韦纳的归因模式

成功或失败	归因类型	结　果
成功	归于内因	满意和自豪
	归于外因	惊奇和感激
失败	归于内因	无助和内疚
	归于外因	气愤和敌意
成功	归于稳定因素	提高工作积极性
	归于不稳定因素	降低（或提高）工作积极性
失败	归于稳定因素	降低工作积极性
	归于不稳定因素	提高工作积极性

韦纳认为，如果将成功归因于可控的因素，即努力，则个体以后会更加努力，信心倍增；如果将成功归因于不可控因素，如能力、机遇等，则个体会降低自己的努力程度，靠小聪明守株待兔。如果个体将成功归因于内部因素，即能力、努力等，则个体会感到满意和自豪，进一步提高取得成功的信心，提高工作的积极性；如果将成功归因于外部因素，即任务难度、机遇等，则个体会感到惊讶，以后更加关注工作的性质，坐等时机到来，降低工作积极性；如果将失败归因于内部因素，则个体可能产生自卑感和无助感，丧失工作动力；如果将失败归因于外部因素，则个体会怨天尤人，对工作失去信心。如果将成功归因于稳定因素，即能力和任务难度等，则个体将提高工作的积极性；如果将成功归因于不稳定因素，即努力、机遇等，则个体工作的积极性可能提高，也可能降低。

韦纳通过一系列的研究，得出了一些最基本的结论：第一，个体将成功归因于能力和努力时，他会感到骄傲、满意、信心十足，而将成功归因于任务容易和运气好等时，他产生的满意感则较少；如果个体将失败归因于缺乏能力或努力，则会产生羞愧和内疚；而将失败归因于任务太难或运气不好时，他产生的羞愧则较少。归因于努力比归因于能力，无论对成功还是失败均会使个体产生更强烈的情绪。努力而成功，体会到愉快；不努力而失败，体会到羞愧；努力而失败，也应受到鼓励，这种看法与我国传统的看法一致。第二，在付出同样多的努力时，能力弱的个体应得到更多的奖励。第三，能力弱而努力的个体受到最高评价，能力强而不努力的个体则受到最低评价。

总之，如果个体把工作和学习中的失败和挫折归因于能力弱、任务难等内外部原因中的稳定因素时，就会降低对成功的期望和信心，难以产生积极行为；相反，如果个体把失败归因于自己不努力、机遇不好等内外部原因中的不稳定因素，就会在今后的学习、工作中接受教训，克服不稳定因素造成的影响，增强成功的信心，坚持积极的进取行为，争取成功机会。

在组织活动中，管理者要注意对成功者和失败者的行为进行正确的引导，进行科学的归因，使成功者不骄不躁，保持清醒的头脑；使失败者有继续工作的信心，坚持不懈地努力工作，争取成功的可能。

2.3.3 态度与行为

态度是个体对某一具体对象的评价性陈述。组织行为学研究的态度主要是工作态度，特别是工作满意度。提高员工的工作满意度可以降低员工的流动率和缺勤率，有助于提高工作绩效。

1. 态度的含义与成分

在知觉的基础上，个体对观察到的客观事物如个人的行为、物体的形态等，都有一定的评价，如喜欢或者厌恶、赞成或者反对、肯定或者否定。这种评价变得持久稳定之后就会形成态度。态度是指个体对外界事物的一种较为持久而又一致的内在心理和行为倾向。例如，"我十分赞赏这种行为""我厌恶不守信用的人""我支持工会的活动"等，表达的都是个体的态度。

态度由认知、情感和行为倾向三种成分组成，态度的三个成分相互影响、相互制约。

①认知成分。它是指个人对某种事物和对象的看法、评价以及带有评价色彩的叙述，内容包括对某个对象的认识、理解，以及肯定及否定的评价，是由个人的观点、信念、知识和信息组成的，它为情感和行为倾向奠定了基础。例如，"吸烟会摄入尼古丁和焦油，而这些成分将危害健康，健康是非常宝贵的，因此我反对吸烟"，这就是个人对吸烟的认知而形成的态度。

②情感成分。它是指个人对态度对象在认知基础上产生的一种情感体验，表现为尊重或蔑视、同情或排斥、喜欢或厌恶等情感倾向，是态度的核心。例如，"别人开过火的玩笑时我会感到非常不舒服""悠扬的笛声让我心情愉快而宁静"表现的都是态度的情感成分。

③行为倾向成分。它是指个体对特定对象可能做出行为的反应的倾向。行为倾向并不是行为，而是个体内心对于行为的准备状态。例如，"张三是我最好的朋友，如果他有需要，我肯定会全力帮助。"态度当中的行为倾向成分反映态度对个体行为的指导作用。

人们常常认为态度与行为是一致的，有什么样的态度就有什么样的行为。然而，态度与行为的关系并不如此单一。目前，社会心理学家普遍认为态度与行为的关系遵循下列原则：第一，一般态度能够有效预测一般行为；第二，具体态度能够有效预测特殊行为；第三，态度测量与实际行为的间隔时间越短，态度与行为就越一致。

2. 与工作有关的态度

将态度的概念应用到组织中时，有必要特别关注那些与工作有关的态度，其中包括员工持有的对工作环境方面的积极的和消极的评价，即工作满意度、工作参与度和组织承诺。

①工作满意度。工作满意度指员工对自己的工作所抱有的一般性的满足与否的态度。一个人的工作满意度高，他对工作就可能持积极的态度；对工作不满意，就可能对工作持消极态度。当人们谈论员工的态度时，更多指的是工作满意度。事实上，这两个词可以互换使用。工作满意度会对员工的行为产生非常重要的影响，本文将在后文详细介绍。

②工作参与度。工作参与度指个体在心理上对自己工作的认同程度，认为自己的绩效水平对自我价值的重要程度。工作参与度高的员工对他们所做的工作有强烈的认同感，并且很在意自己的工作。研究发现，工作参与度与缺勤率和离职率呈负相关。

③组织承诺。组织承诺是指员工对特定组织及其目标的认同，并且希望保持组织成员身份的一种心态。研究表明，组织承诺与缺勤率和流动率呈负相关。

3. 态度的改变与认知失调理论

当考虑态度与行为的关系时，人们常常会认为，有什么样的态度就会有什么样的行为，行为反映了态度，但是事实并非完全如此。在生活当中，我们常常会遇到一些类似的情况，比如，你不喜欢某个朋友，但是，一次交往之后你发现他非常聪明并且对你十分友好，那么，现在你对他的态度会不会发生变化？又如，你的一位朋友一直认为国产汽车的质量不如进口汽车，并且他过去只买进口产品，但是，他父亲送给了他一辆最新款式的中国制造的汽车，突然间，他感到国产汽车并不那么差。心理学家发现，人在被问到对一个事物的态度时，往往依据自己过去的行为来进行判断。比如，当一个人被问到是否喜欢一项工作时，他可能会这样想："我还有很多其他的选择，但是我一直积极快乐地干着这一份工作，我肯定是喜欢它的。"可见，态度不是行为之前指导行动的工具，而是在事发之后使用态度使自己的行为更有意义。费斯廷格（Festinger）、勒温（Lewin）等心理学家注意到，积极主动的行动能够改变态度。

小资料 2-6

不受欢迎的食品

著名社会心理学家勒温（Lewin）在第二次世界大战期间，比较了两种让家庭主妇购买不受欢迎的食品（如牛心、甜面包等）的方法。第一种方法是由能言善辩的人向主妇们讲解这些食品的营养价值，以及食用这些食品对国家的贡献（当时物质极度缺乏）。第二种方法是让主妇们进行群体讨论，讨论的结果是大家一致决定购买。一段时间后，他派人调查实际购买情况。结果发现，听讲解的主妇只有3%的人购买了上述食品，而参与群体讨论的主妇有32%的人购买了原先不爱吃的食品。

（资料来源：豆丁网。编者对原文有删减。）

态度改变是指个体已有的态度在质或量上的变化。勒温提出的"参与改变态度的理论"已被广泛应用于现代管理，并取得了一定的成效。例如，厂商鼓励客户和潜在客户参加广告语征集大赛，就是期望通过客户的参与和主动的行为来使客户形成对产品的正面态度。

个体改变态度之后，需要采取各种办法进行协调，以保持态度和行为的一致。认知失调理论是认知一致性理论的一种，它最早是由费斯廷格提出来的。在费斯廷格看来，所谓的认知失调是指个体由于做了一项与态度不一致的行为而引发的不舒服的感觉。比如，你本来想帮助朋友，实际上却帮了倒忙。费斯廷格认为，在一般情况下，人的态度与行为是一致的，比如，你和你喜欢的人一起郊游或不理睬与你有过节的人。但有时候人的态度与行为也会出现不一致，比如，尽管你很不喜欢你的上司，但对他毕恭毕敬。组织行为学的研究表明，人总是寻求态度之间以及态度和行为之间的一致性。这意味着个体试图消除态度的分歧并保持态度和行为之间的协调一致，以便使自己表现出理性和一致性。当出现不一致时，个体常常会产生心理紧张，从而产生强烈的动机去努力地减少这种不一致。个体会采取措施，以回到态度和行为重新一致的平衡状态，要做到这一点，要么改变态度，要么改变行为，或者为这种不一致找一个合适的理由，来降低这种不一致的程度，去寻求一个能把失调降低到最低程度的稳定状态。

比如，你知道上课小声说话会扰乱课堂秩序，但你忍不住要和身边的同学谈论一个话题，因此你就会处于不和谐的"失调"状态，这就是认知的不一致。尤其是当一些信息暗示我们不讲理、不道德或者不明智的时候，行为和自我形象之间发生的矛盾会使个体试图通过以下三种途径来解除或减轻失调。

①改变行为，使行为与失调的认知一致。例如，学生在"上课说话不对"与"我和身边的同学上课小声讨论昨天看的电影"之间产生了不协调。学生感到不协调后停止了讲话。

②改变其中的一项认知，使之不再与另一个认知矛盾。在上述的例子中，学生会告诉自己"老师现在讲的问题原来已经提到，我和班上其他同学都不需要重复再听"，这样就不再让自己觉得对同学有负罪感，减轻了不协调。

③增加新的认知，降低不协调的强度。例如，说悄悄话的学生可能会告诉自己"我们两个真是投机啊，我找到了知己"，并告诉自己所经历的不协调是有报偿的，从而减轻了不舒服感。学生可能会这样想："不是我主动要说话，是身边的同学有话要说，我也不能显得太冷漠"，增加这样的新认知之后，学生认知失调的强度就降低了。

2.3.4 工作满意度与行为

在组织行为学中，与工作有关的态度有许多种，其中最为令人关注的是工作满意度。

1. 工作满意度的含义

工作满意度是指员工对自己的工作所抱有的一般性的满足与否的态度。工作满意度实质是一种工作态度，只不过强调了态度的感情成分，即喜不喜欢自己的工作，也就是个体对自己工作的情感反应。一个人对工作的满意度高，对工作就可能持积极的态度；相反，对工作的满意度低，就可能对工作持消极的态度。

无论是组织还是员工自身，都对工作满意度非常关注，因为工作满意度对组织和员工自身来讲都是非常重要的。从组织的角度看，员工工作满意度的高低，往往和缺勤、迟到、旷工、离职联系在一起，是影响组织业绩的重要因素；对员工来讲，对工作是否满意，是和自己的工作状态乃至身心健康联系在一起的，是影响个人职业生涯发展的重要因素。

工作满意度不仅涵盖内容广泛，还有很强的主观性。由于个人在工作之前的主观偏好和工作中的感受不同，即使对同一工作，不同的人也会有不同的满意度。

2. 工作满意度的维度和影响因素

美国学者洛克（Locker）对工作满意感的维度进行了归纳和分类，认为工作满意度的主要维度有：①工作本身，如当前的工作是否吸引人、有创造性、令人愉快、简单重复、令人厌倦等；②工资，如薪水是否优厚、公平、不稳定、足够维持日常支出等；③晋升，如机会是多是少、是否依据能力晋升等；④监督，如上司是否征求下属意见、是否内行、是否聪明等；⑤工作同伴，如同事是否懒惰、愚蠢、忠诚、有责任感等。多数研究者认为这种分类是较全面的。在我国，许多学者根据国外学者的研究进行了工作满意度的维度的本土化研究。比如，俞文钊通过对 128 名合资企业的员工进行研究发现，员工总体工作满意度的维度主要有七个，即个人因素、领导因素、工作特性、工作条件、福利待遇、报酬工资、同事关系；邢占军通过对国有大中型企业员工的研究表明，工作满意度主要由物资满意度、社会关系满意度、自身状况满意度、家庭生活满意度、社会变革满意度五个维度构成；中科院心理研究所的卢嘉、时堪认为，我国企业员工的工作满意度包括五个因素，即领导行为、管理措施、工作回报、工作协作、工作本身。

工作满意度的影响因素如下。

①富有挑战性的工作。员工在工作中都想有施展自己才能的机会，因而有一定难度、有一定的自主权和承担责任的工作易使员工在工作中获得心理满足。挑战性低的工作易使人厌倦，挑战性过高的工作则易使员工产生挫折感，失去工作积极性。因此，挑战性适度的工作会使多数员工感到满意。

②良好的工作环境。员工期望有良好的工作环境，既是为了个人舒适，也是为了更好地完成工作。工作环境太差，如燥热、阴冷、噪声、污染等直接威胁着员工的生理、心理健康，很容易使员工感到不满。研究证明，良好的工作环境能提高员工的工作满意度。员工希望安全的、舒适的工作环境，另外，大多数员工希望工作场所离家较近，办公设备现代化。

③公平的报酬。组织的报酬和晋升制度是否公正、明确，是影响员工工作满意度的一个重要因素。当员工感觉薪水和晋升能根据工作要求、个人才能、组织内部的相互比较、社会行情来拟定时，他就会感到合理而满意。对工作是否满意，关键不在于金钱的多少，而在于是否公平。对于晋升政策也是如此。晋升使人有长远发展的机会，以及获得较大的权力和地位，对人的生活至关重要。当员工认为这些方面都是以公平、公正为基础的时候，他更容易从工作中获得满足感。

④融洽的同事关系。对于许多员工来说，想从工作中获得的不只是金钱或晋升，他们还希望融入组织，在组织中获得和谐的同事关系。许多员工宁愿报酬低一些，而在一个温馨、和谐的组织中工作，也不愿意为了高报酬而在一个冷漠、敌对的群体中工作。管理者的行为也很重要，研究发现，员工与管理者的人事关系更是一个决定工作满意度的因素。如果管理者能够了解、关心员工，倾听意见，奖励成就，员工的工作满意度就会提高。

⑤个人特征与工作的匹配。当员工的个性特征及个人的知识技能与工作相匹配时，他的工作更容易获得成功、取得成绩，而事业的成功会大大增加员工对工作的满意度。

3. 工作满意度的测量

对工作满意度的测量既包括对整体工作满意度的测量，又包括对构成工作满意度的若干关键因素的测量，如薪酬、管理水平、晋升、同事与工作本身。有时可将对各个因素的单个测量合并为对整体工作满意度的综合测量。一些研究测量既评估了整体工作满意度，又评估了某些构成工作满意度的特定方面。针对工作满意度某个方面的测量能更好地反映工作条件，而对整体工作满意度的评估则有利于反映不同个体对特定项目的反应差异。由于问卷测量法最易于施测与衡量，因此衡量工作满意度大多采用问卷测量法进行。国外常用量表主要有以下3种。

①工作描述指数。它是由史密斯（Smith）等心理学家设计的，包括5个部分：工作、升迁、报酬、管理者及同事。每一部分由9个或18个项目组成，每一个项目都有具体分值，将员工所选择的描述其工作的各个项目的分值加起来，就可以得到员工对工作的满意度。

②明尼苏达工作满意度调查表。它是由明尼苏达大学维斯（Weiss）等人设计的。量表分为短式量表（问卷）及长式量表两种。短式量表包含20道题目，可测量工作者的内在满意度、外在满意度及一般满意度；长式量表（问卷）则包含120道题目，可测量工作者对20个工作方面

的满意度及一般满意度。20个大项中,每项下有5个小项。这20个大项是:个人能力的发挥;成就感;能动性;公司培训和自我发展;权力;公司政策及实施;报酬;部门和同事的团队精神;创造力;独立性;道德标准;公司对员工的奖惩;本人责任;员工工作安全;员工所享受的社会服务;员工社会地位;员工关系管理和沟通交流;公司技术发展;公司的多样化发展;公司工作条件和环境。该量表也有简单形式,即以上20个大项中,可以直接填写每项的满意等级,通过加权20项全部得分而获得总的满意度。长式量表的优点在于对工作满意度的整体性与构面皆予以完整的衡量,缺点在于有120道题目,受测者是否有耐心和细心回答完,以减小误差,值得商榷。因此,采取此套衡量工具,多半采用短式量表。

③彼得需求满意度调查表。它典型地适用于管理人员。需求满意度调查的提问集中在管理工作的具体问题上,每一项有两个问题:一个是"应该是";另一个是"现在是"。抽样中的每项得分是员工对"应该是"所选择的数值减去员工对"现在是"所选择的数值的差,离差越大,说明员工对工作中的这一方面越不满意。

卢嘉等研制出了我国的工作满意度量表。实践证明,此量表具有较好的信度、效度,它的测量结果与明尼苏达工作满意度调查表的相关性达到显著水平。除此以外,还有一些测量方法如关键事件测量法与面谈测量法等,也运用得较多。

4. 工作满意度对员工行为的影响

工作满意度会影响到员工的工作表现和工作绩效。具体来说,工作满意度对员工的影响主要包括工作绩效及缺勤率、流动率。

①工作绩效。对于工作满意度与工作绩效的关系,较早的看法是"快乐的员工就是生产效率高的员工",这代表如果员工的工作满意度高,员工会做得更好,组织也会更有效率。但二者之间的关系就是这么简单吗?研究发现,工作满意度和工作绩效的关系还会受到一些中介变量的影响。高工作满意度并不一定能产生高生产效率。也有学者指出:"生产效率导致工作满意度,而不是工作满意度导致生产效率。"他们认为,员工工作出色,自然感到满意。因为员工生产效率高,可以得到组织嘉奖,或加薪、或晋升,也就提高了对工作的满意程度。当然,工作满意度与工作绩效之间的关系还有待更深入的研究,但无论如何,组织中某个员工的高工作满意度不一定能提高他个人的生产效率,但假如组织中所有员工的工作满意度都很高,那么这个组织的生产效率就会提高。

②缺勤率。缺勤率是员工工作不满意的突出体现,工作满意度与缺勤率存在一定的负相关,但由于一些外部因素的影响,其相关度不高(相关系数为0.40左右)。工资、休假等福利制度因素都会影响二者之间的关系。

观念应用 2-7

暴风雪中上班的员工

西尔斯(Sears)和罗巴克(Roebuck)在自然条件下进行了一项实验研究。某一天,纽约市的天气良好,是正常上班的天气条件,而芝加哥市则是反常的暴风雪天气。在芝加哥市的员工完全可以因为这种恶劣的天气而不去上班,并且不会受到任何惩罚。研究者对比两个城市员工的出勤率,结果发现,这一天,纽约市的员工中,高工作满意度群体和低工作满意度群体缺勤率一样高；而在芝加哥市，高工作满意度的员工比低工作满意度的员工出勤率高得多，工作满意度与出勤率的相关系数在 0.8~0.9。

（资料来源：豆丁网。编者对原文有删减。）

分析提示：这个实验说明了工作满意度与缺勤率存在一定的消极关系，而与出勤率存在一定的积极关系。

③流动率。相比较而言，工作满意度与流动率之间的负相关程度要更大一些，但是也受到中介变量如就业市场的供需状况、新的工作机遇和工龄等的影响。不过这些变量对工作绩效不同的员工的影响程度也不同。工作绩效好的员工容易得到组织的重用和较好的待遇，因此即使对工作有所不满，也不一定会离开组织。但对于工作绩效低的员工，组织一般不会重用，甚至期望其离职，若是他们也不满意工作，则离开组织的可能性会很大。

2.4 个性差异与行为

组织中每个人都有自己的行为方式或风格，差异很大。个体的差异不仅会对人的情感、思想和行为产生影响，而且会对工作满意度、工作绩效、领导风格等产生直接影响。这些个体的差异被称为个性。个性（也称人格）源于拉丁语，原指演员在舞台上戴的面具，与今天戏剧舞台上不同角色的脸谱相似。在日常生活中，个性是一个很常用的词语，人们常用一种突出的心理特征来形容一个人的个性，如成熟稳重、心地善良、聪明伶俐、胆小懦弱等。现在，个性一般指个体的某一区别于其他个体的特殊本质，是个体在先天生理素质基础上，在一定的社会历史条件下的社会实践活动中经常表现出来的、比较稳定的、区别于他人的个体倾向和个体心理特征的总和。个性的心理结构由个体心理特征和个性品质倾向两部分构成。个性心理特征主要包括气质、性格、能力等；个性品质倾向主要包括需要、动机、态度、理想、价值观、信念等。本节主要探讨个性心理特征中的气质与性格特征。

2.4.1 气质与行为

1. 气质

气质与人的活动关系极为密切，它也是个体个性特征的重要组成部分。心理学中的"气质"的概念和人们日常生活中所说的"气质"的概念完全不同。日常生活中称赞某人有气质，实际上是指其个人的知识、修养、魅力等特征在个体行为方式上的表现，这时的"气质"和"风度"一词相当。心理学中所研究的"气质"，则是指人典型的、稳定的心理特点，是人天生的、表现在心理活动方面的个性心理特征，和日常生活中所说的"脾气""性情"等含义相近。具有某种气质的个体的心理活动的动力特征主要表现在心理活动的强度、速度、稳定性、灵活性及指向性上，如一个人反应的快慢、情绪的强弱、注意力集中的时间长短和转移的难易，以及心理活动倾向于外部事物还是内心世界等。人的气质差异是先天形成的，受神经系统的制约。例如，婴儿刚出生时，最先表现出来的差异就是气质差异，如有的孩子爱哭好动，而有的孩子表现平稳安静。这些先天的特征，在他们以后的成长过程如儿童时期的游戏、作业和交往中，都会有所表现。

气质是人的天性，无好坏之分。一个人的活泼与稳重不能决定他为人处世的态度。任何一种气质的人既可以成为品德高尚、有益于社会的人，也可以成为道德败坏、有害于社会的人。因此，气质不能决定一个人的成就，任何气质的人都有可能成为平庸无为的人，也都有可能通过自己的努力在不同实践领域取得成就。

2. 气质类型

最早提出气质类型的是古希腊医生希波克拉底（Hippocrates）。他认为人体内的体液有四种，即血液、黏液、黄胆汁和黑胆汁，并根据某一种体液在人体中所占的优势，把人的气质类型分为相应的四种，即多血质、胆汁质、黏液质和抑郁质。

（1）多血质（体液中血液占优势）。

这种气质类型的人突出的特点是热忱和有显著的工作效能，对自己的事业有着浓厚的兴趣，并能保持相当长的时间。这种人有很高的灵活性，容易适应变化了的生活条件，善于交际，在新的环境里不感到拘束。他们精神愉快、朝气蓬勃，但是一旦事业不顺利，或需要付出艰苦努力时，其工作热情就会大减，情绪容易波动。这种人大都机智敏锐，能较快地把握新事物，在从事多变和多样化的工作时成绩卓著。

（2）胆汁质（体液中黄胆汁占优势）。

这种气质类型的人最突出的特点是具有很高的兴奋性，因而在行为上表现出不均衡性。这种人脾气暴躁、好挑衅、态度直率，活动精力旺盛，能够以极大的热情投身于事业，埋头于工作，能够克服在既定目标道路上遇到的种种困难。但是，这种人一旦精力消耗殆尽，就往往对自己的能力失去信心，情绪低落下来。

（3）黏液质（体液中黏液占优势）。

这种类型的人安静、均衡，始终保持平稳、坚定和顽强。这种人能够较好地克制自己的冲动，能严格地遵守既定的生活规律和工作制度；态度持重、交际适度；不足之处是固定性有余而灵活性不足。然而，这也有积极的一面，它可以使人保持从容不迫和严肃认真的心态。对这种人，安排其从事有条理、冷静和持久性的工作为好。

（4）抑郁质（体液中黑胆汁占优势）。

这种类型的人的突出特点是具有高度的敏感性，因而最容易受到挫折。此类人比较孤僻，在困难面前优柔寡断，在面临危险情势时会感到极度的恐惧。这种人常常为微不足道的缘由而动感情。他们很好相处，能胜任别人的委托，能克服困难，意志坚定。

3. 气质在组织活动中的应用

气质对人的行为以及行为效率有很大的影响，因此对组织管理工作有重要指导意义。

（1）客观地看待不同气质类型的员工，尽量公平公正。

不同个体的气质类型在心理特征和表现形式上有区别，但总体上看无优劣之分。每一种气质类型的人都有可能在工作中取得成绩。例如，俄国的普希金（Pushkin）属胆汁质，赫尔岑（Herzen）属多血质，克雷洛夫（Krylov）属黏液质，果戈理（Gogol）属抑郁质，他们都是著名的文学家。

（2）根据气质类型特点安排员工工作，做到扬长避短。

作为管理者，必须了解员工的气质特点，以便安排适当的工作，发挥员工积极的一面，抑制其消极的一面。例如，多血质型员工可以从事多变化的工作，比如人事工作、营销工作等；黏液质型员工可以从事变化小、程序化和需要长期保持注意力不变的工作，比如统计工作、会计工作、科研工作等；抑郁质型员工则不能从事冒险的工作。

（3）合理搭配不同气质类型的员工，形成人际关系协调的团队。

组织在部门和科室的组建上，应注意不同气质类型的人的相互搭配，使不同气质类型的人能够相互取长补短，发挥积极因素，抑制消极因素，形成凝聚力。可以设想，如果一个团队全部由多血质型和胆汁质型员工构成，那么一方面团队会显得活泼有余而严肃不足，另一方面也容易产生摩擦；而如果全部由黏液质型和抑郁质型员工构成，那么团队将显得死气沉沉，没有生气。因此，只有不同的气质类型的人组合在一起，才能有助于人际关系的协调和良好氛围的形成，效率也会提高。

（4）结合气质类型，做好思想、教育工作。

气质可以影响人的情感和行为，管理者应针对员工的不同气质类型，在做思想工作时使用不同的教育方法和手段，因为不同的员工对批评、奖惩、困难等的接受能力、感悟能力是不相同的。多血质型的人豁达大度，接受能力强，对他们可采用直截了当地建议、批评的方式；胆汁质型的人积极主动，容忍力强，对他们既要开展有说服力的严厉批评，提高他们的自制力，又不能激怒他们，激化矛盾；黏液质型的人沉着冷静，情绪反应较慢，对待他们要耐心说服开导；抑郁质型的人敏感内向，脆弱、冷淡、孤僻，对待他们不能直接公开地建议、批评、训斥，应因势利导，在感情上给予关心，在工作中给予帮助，使他们自觉接受别人正确的批评或主张。

2.4.2 性格与行为

1. 性格

人的性格千差万别，在文学作品中我们更是能看到许多性格鲜明的人物，如罗贯中的《三国演义》中的诸葛亮，济世爱民、清忠耿直、谦虚谨慎；刘备，仁爱宽厚、知人善任；关羽，傲上而不悔下、恩怨分明、重信守义；曹操，奸诈残忍、生性多疑。这些人物的性格描写令人过目不忘。

性格是指个体对现实的态度和其行为方式中比较稳定的独特心理特征的总和，是个性的重要组成部分。性格也是一种典型的个性心理特征，但和个性不同，与气质也有区别。性格不是个性的全部内容，只是个性的一个侧面，它与个体的意识倾向相联系，与个体的世界观、人生观相联系，体现个体的本质属性，是个性中最具核心意义的部分。与气质相比较，性格由于更多地受到社会环境的影响，因此更倾向于反映人的社会属性，并且有好坏之分，如谦虚比骄傲好，诚实比虚伪好，勤劳比懒惰好。性格是个体在活动中，在主体与客体相互作用的过程中形成和发展的，并非一朝一夕形成的，但一经形成就比较稳固，并且贯穿在个体的全部行动之中。个体的一时性的偶然表现不能认为是其性格特征，只有经常性的、习惯性的表现才能认为是其性格特征。根据一个人的性格的稳定性倾向，管理者在了解了这个人的性格后，就可以预测其在一定条件下的行为，从而为合理培养、选择和使用人才提供科学依据。

性格具有不同的特征。

第一，性格的态度特征。个体性格的态度特征主要表现在个体处理各种社会关系上。其可以分为三类：对社会、集体和他人的态度和性格特征，如善于交际或行为孤僻，礼貌待人或粗鲁，正直坦诚或虚伪奸诈等；对待劳动、工作和学习的态度的性格特征，如认真或马虎，富于创造或墨守成规，节俭或奢侈等；对待自己的态度的性格特征，如严于律己或放任自流，自尊自重或自暴自弃等。

第二，性格的理智特征。个体在认识事物的过程和活动方式上的差异，属于性格的理智特征。其主要有以下几个方面：感知方面的性格特征，如主动观察型和被动观察型，详细罗列型和概括型，快速型和精确型等；记忆方面的性格特征，如主动记忆型和被动记忆型，直观形象记忆型和逻辑思维记忆型等；想象方面的性格特征，如主动想象型和被动想象型，幻想型和现实型，敢于想象型和想象受阻型等。

第三，性格的情绪特征。性格的情绪特征是指个体在情绪活动时，在强度、稳定性、持续性和稳定心境等方面表现出来的性格特征，表现为情绪的强烈与微弱、波动与稳定、持久与短暂等。主导心境特征则表现为不同的主导心境在一个人身上表现出的稳定程度，如有人经常处于欢乐愉快和宁静的情绪之中，有人则经常处在多愁善感、抑郁低沉的情绪之中。

第四，性格的意志特征。性格的意志特征，是指个体在对自己行为的自觉调节方式和水平方面上的性格特征，如独立性与易受暗示性、目的性与盲目性、主动性与被动性、自制力与冲动性、坚韧性与见异思迁、勇敢与怯懦、沉着镇静与惊惶失措等。

小资料 2-7

性格与星座有关吗

星座真和人的性格、命运联系在一起，能决定人的命运吗？

根据天上的星象来预测、预言人间将会发生什么事情，叫作占星术。

占星术认为：对一个人来说，他的贫穷富贵、吉凶祸福、婚姻子女、寿命长短，甚至考试成绩以及今后一辈子的命运，都和星星的位置有关。比如，属于摩羯座的人适合做科学家，属于人马座的人适合做艺术家，等等。

既然占星术总是拿星座来做文章，那么我们就来看看星座究竟是什么。人在地球上仰望天空，觉得天穹像一个球，这就叫作"天球"。天上的星星是很多的，古代人为了辨认星星，就把位置比较靠近的星星归成一组，这样一组星就叫作一个星座。古巴比伦人在公元前3000年左右已经开始划分星座，并给它们取了名字。公元前13世纪，他们把黄道附近的星座确定为12个，依次称为白羊座、金牛座、双子座、巨蟹座、狮子座、处女座、天秤座、天蝎座、人马座、摩羯座、宝瓶座和双鱼座。这些名字一直沿用到了今天。目前国际上通用的星座体系，是国际天文学联合会在1928年在古代星座的内容基础上最终确定的。它一共包含88个星座，每个星座就是天空上一个固定的范围，正如地图上每个国家都有确定的国界一般。所以，星座也没有什么神秘之处，每一个天文学家和天文爱好者都认识许多星座。

人们在地球上看到的，是太阳在群星之间不断运动，直到一年以后又重新回到老地方。"黄道"，就是指太阳在天穹上运动的轨迹。古巴比伦和希腊天文学家为了表达太阳在黄道上所处的位置，将黄道大圆划分为12段，称之为"黄道十二宫"，每宫各占30°。

古人还把黄道十二宫和黄道附近的12个星座联系起来。例如，白羊座所在的那个"宫"就称为白羊宫。黄道和天球赤道有两个交点，称为春分点和秋分点。黄道十二宫的起算点就是春分点。但是由于天文学中所说的"岁差"运动,春分点总是沿着黄道非常缓慢地往东移动。于是渐渐地,黄道十二宫就和12个黄道星座错开了。如今,白羊宫已经差不多和双鱼座重合在一起。

太阳沿着黄道运动,一年之中就会依次经过前面提到的白羊座、金牛座、双子座、巨蟹座、狮子座等12个星座,年年都是如此。天文学家可以很准确地告诉你,哪一天太阳将会到达天球上的什么地方。

占星术所说的什么人属于什么星座,或者说某某人属于某某"宫",就是指此人出生时太阳正好在这个星座或者在这个"宫"中。不必多解释就很容易明白,这种瞬间的天象怎能决定一个人今后的命运呢?世界上每秒钟都要诞生好几个婴儿,他们出生的时候天象是完全相同的,但他们的人生道路截然不同。即使是双胞胎、三胞胎、四胞胎,他们的个人志趣、经历和在社会上的遭遇也会大不相同。这样的事例可谓不胜枚举。

在漫长的岁月中,占星术拉扯到的天象变得越来越多、越来越复杂了,这样既增添了它的神秘感,又增加了占星术士们既可以这样说又可以那样说的余地,所以,占星术的"预言"似乎也有"蒙"准了的时候。但用12星座来划定人的性格,预测人的命运,纯属无稽之谈。

(资料来源:卞毓麟先生给复旦大学学生的演讲。编者对原文有删减。)

2. 性格类型

性格类型,是指在一类人身上,许多共有的性格特征的独特结合,是个体神经类型和生活环境影响的"合金"。有关性格类型分类的学说主要有机能类型说、向性说、特征类型说等。

(1)机能类型说。

机能类型说是以心理机能来确定性格类型的一种学说,最初是由英国心理学家培因(Bain)和法国心理学家里波(Ribot)提出的。根据理智、情绪和意志各自在个体性格结构中所占的优势,性格可分为以下几种性格类型:①理智型。这种人善于对周围的事物进行理性的思考、推理,能理智地、冷静地衡量一切,支配一切。②情绪型。这类人对周围发生的事物体验深刻,不善思考,言行举止受情绪左右,处理问题喜欢感情用事。③意志型。这类人在活动中总是具有明确的目标,行动自由、主动。此外,还有介于三种类型之间的中间型,如情绪—理智型、理智—意志型等。

(2)向性说。

瑞士心理学家荣格(Jung)根据心理能量活动的方向倾向于外部还是内部世界,把人的性格分为内向型性格和外向型性格两种类型。内向型性格的人,语言少、情感深沉、好幻想,内心活动丰富,待人接物小心谨慎,考虑问题沉着多思,反应慢,性情孤僻。外向型性格的人,对外部事物较关心,也易产生兴趣,性情活泼开朗,情感容易流露,独立性强,不拘泥小节。

(3)特征类型说。

特征类型说是心理学家根据人的某些典型的性格特征来划分个体性格类型的一种学说。对现在影响较大的是20世纪50年代提出的A型性格和B型性格,这是根据人的时间匆忙感、紧迫感及好胜心等特点来划分的。

A型性格的人:争强好胜,说话声音响亮,走路急促,常有时间紧迫感;动辄发火,性格急躁,没有耐心;求胜心切,追求成就,有很强的事业心;动作敏捷;时间观念强;情绪容易波动;对人有戒心;缺少运动。

B 型性格的人：心胸开朗，与人为善；性情随和，不喜欢与人争斗；生活方式悠闲自在，不争名利，对成败得失看得较淡，不太在意成就的大小，对工作生活较容易满足；工作生活从容不迫，有条有理；时间观念不强。

小测试 2-1

你是 A 型性格还是 B 型性格

快速回答下面的每个问题，不要进行太多的思考，只要按照自己平时"是怎样的"进行回答就可以。符合自己的情况就选"是"，并在选中的答案上画"√"，不符合的就选"否"。每题只选一个答案。

（1）时间宽裕的情况下，我吃饭也很快。（是，否）
（2）我很少参加消遣娱乐活动。（是，否）
（3）我很重视比赛的输赢，即使是日常生活中很小的游戏比赛。（是，否）
（4）别人对我的话语理解太慢。（是，否）
（5）排队时有人加塞，我忍不住要斥责他。（是，否）
（6）别人打扰我正在做的事情时，我会非常恼火。（是，否）
（7）周围朋友都认为我是个急性子的人。（是，否）
（8）一旦答应帮别人做事情，我从不拖延。（是，否）
（9）我是一个很敏感的人。（是，否）
（10）在周围的朋友中，令我佩服的人不是很多。（是，否）
（11）坐在公共汽车上，我常感到司机开车太慢。（是，否）
（12）我每天都会尽量抽时间学习。（是，否）
（13）把今天的工作或事情推迟到明天做，对此我是不能容忍的，也不会去这样做。（是，否）
（14）听别人讲话的时候，我总想快点知道事情的结果。（是，否）
（15）本来大家共同分担去做的事，我愿意一个人去干。（是，否）
（16）在等待的时候，我总是心情烦躁，如热锅上的蚂蚁。（是，否）
（17）与别人约会我从不迟到，如果对方迟到，我会非常恼火。（是，否）
（18）许多事情如果由我来负责，情况要比现在好得多。（是，否）
（19）生活中我总是行色匆匆。（是，否）
（20）我很难被别人说动而改变自己的主意。（是，否）
（21）我总是试图在同一时间里做更多的事。（是，否）
（22）我愿意改变以前做事情的方法。（是，否）
（23）我感到许多工作等我去做。（是，否）
（24）当被工作能力和水平很差的人领导时，我会表示出不满。（是，否）
（25）我常常为工作没有做完，一天又过去了而感到心急。（是，否）
（26）我看不惯那种办事不紧不慢的人。（是，否）
（27）大家一起出去玩，最先返回原地等候的人肯定是我。（是，否）
（28）与别人谈话的时候，我总是急于说出自己的想法，因而经常打断别人的话。（是，

否）
（29）在困境中，我总能想到解救方法。（是，否）
（30）如果在家中休息，我的罪过感就会很强。（是，否）
（31）别人对我无礼，我也会对他不客气。（是，否）
（32）我经常试图说服别人采纳我的观点。（是，否）
（33）我觉得压力是一种强大的动力。（是，否）
（34）因为该做的事情太多，我有时觉得透不过气来。（是，否）
（35）对规定的任务，我总希望"速战速决"，高质量地完成。（是，否）
（36）我觉得竞争激烈的工作才更有意思。（是，否）
（37）与别人交谈中，"我"字用得较多。（是，否）
（38）休假之前，我会努力做完预定的一切工作。（是，否）
（39）如果工作没有按计划进行，我就会非常担忧。（是，否）
（40）我觉得快节奏的生活才充实。（是，否）

计分：每题中选择"是"的记1分，选择"否"的记0分。将各题得分相加，计算出总分。

30~40分，非常典型的A型性格的人。喜欢使自己时常处于紧张、忙碌的状态；干劲十足，对自己的要求也高；说话办事特别急；情绪起伏较大。这种人办事雷厉风行，很讲求效率。

20~30分，A型性格的倾向。说话办事虽急，有时也会有意识地加以调整；会给自己制定严格的目标，但基本上较符合自己的实际水平；忙碌时也会给自己适当地放放假。

10~20分，B型性格的倾向。性子比较缓和；对自己的要求不是特别高，但该紧张的时刻，也会因外在因素的影响而加快节奏，而过后又会恢复原先状态；对他人的要求也不会太高，能过得去就行。

0~10分，很典型的B型性格的人。不喜欢与别人竞争，缺乏进取心和主动性；时间紧迫感缺乏；做事情节奏慢，即使他人想让他快起来，他也总是不慌不忙，像什么事都没发生似的。

3. 性格与组织活动

在组织管理中，管理者充分了解员工的性格特征，以利于安排工作，使员工在工作中更好地发挥长处，更有效地实现组织目标。

（1）通过各种方法，了解员工性格。

管理者可以通过观察法、谈话法、投射法、量表法等方法来了解员工的性格特点。这些方法主要是管理者通过对个体的观察，发现其性格特点；通过与个体探讨个体的现状、与环境的关系、在组织中的行为以及个体对自己和他人（组织、社会）的情感、态度和评价等发现其性格特点；通过对墨迹进行想象和描述，或根据图片编制的故事的主题、人物、情节、情调等来解释被试者的性格特征；通过一些量表如明尼苏达多相人格量表或麦尔斯—布瑞格斯类型指标测验等来了解员工性格。其中麦尔斯—布瑞格斯类型指标测验在现代组织管理中应用广泛，有关资料表明，仅美国每年就有近200万人员接受该测试。美国苹果公司、通用电气公司、3M公司、施乐公司等，一些医院、教育机构，以及美国空军都采用了这种测试，用以了解员工的性格特征，分析其行为，以便进行职业指导、人事咨询及人员评估等。

（2）安排工作时使员工性格与工作相匹配，合理利用人力资源。

大量研究和实践表明：个体的性格类型和管理活动有着特定的关系，不同的性格类型对团体的贡献不同，所适宜的管理环境也不同。各种工作岗位具有不同的特点，对从业人员的性格也会有不同要求。因而，员工能否胜任所从事的工作，管理者能否知人善任，都与其性格与工作的匹配度密切相关。

约翰·霍兰德（John Holland）对性格与工作匹配情况做了深入的研究。他将性格划分为六种类型，对其特征进行了描述，并提出了与每一种性格类型相匹配的工作（见表2-5）。

表2-5 性格类型及与之相匹配的工作

类型	性格特点	偏好	相匹配的工作
现实型	真诚、稳定、持久、实际、顺从	需要技能、力量和协调的体力活动	机械师、钻井操作工人、农民、建筑工人、装配工等
研究型	好奇、独立、有创造性、善于抽象思维	需要思考、理解和组织的智力活动	生物学家、数学家和经济学家等
社会型	社会、友好、合作、理解	能够帮助和使他人进步的活动	临床心理学家、社会工作者、教师、护士等
常规型	顺从、高效、缺乏想象力和灵活性	有序性强、清楚明确的工作	会计、财政人员、秘书、档案管理员、统计员、业务经理等
企业型	自信、进取、精力充沛、盛气凌人	能影响他人的活动	企业管理者、公关人员、法官等
艺术型	富于想象力、情绪化、不切实际、杂乱无序	创造性强而无章可循的工作	作家、音乐家、画家、雕塑家

霍兰德认为，这六种职业分类可以按照如图2-3所示的顺序排列。一般来说，在六角形中，相毗邻的职业，性格类型方面最为相似，而相对立的职业，性格类型方面是最不相似的。例如，一个现实型的人最有可能选择一个现实型的职业，而研究型和常规型的人也可能有这一方面的倾向，但是一个社会型的人员不可能选择一个现实型的职业。

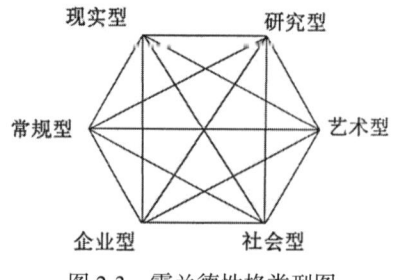

图2-3 霍兰德性格类型图

（3）性格类型互补，形成合理的组织结构。

一个群体、组织由具有不同性格特征的人组成。管理者应充分注意团队成员的性格特点，搭建合理的团队结构，使员工发挥性格中积极的一面，克服消极的一面，相互弥补、共同促进，减少团队内耗,发挥出应有的团队力量,达到管理的目标和效果。

(4)对待不同性格的人,采用不同的管理方法。

在组织中,管理者对待不同性格类型的人,需要采用不同的管理方法,才能取得良好的效果。例如,对待理智型的人要晓之以理,向其提供信息,使其通过自己的思考来改变原有的态度和行为;对待情绪型的人要动之以情,感化他,使其改变态度和行为。

2.5 本章小结

个体是群体和组织的基本构成要素,美国组织行为学家埃德加·沙因将人分为"经济人""社会人""自我实现人""复杂人"。人的行为的原始动因是需要,人的行为的直接原因是动机。个体在组织中,在对周围的人或事物感知的过程中形成不同的价值观和态度,乃至工作满意度。价值观是指一个人对周围的客观事物(包括人、事、物)的意义和重要性的总的看法和评价。斯普朗格尔指出有六种价值观类型:理性价值观、唯美价值观、政治价值观、社会价值观、经济价值观、宗教价值观。人们在对客观事物的认知过程中,捕获信息是从感觉与知觉开始的。组织中,个体的个性心理特征主要体现为个体的气质、性格、能力等。结合个体气质、能力的差异,探寻组织针对员工个性的差异化管理方式,开发具体的策略和方法,是组织行为学研究的目标之一。

2.6 思考与技能实践

2.6.1 基础训练

1. 名词解释

(1)行为。

(2)动机。

(3)需要。

(4)价值观。

(5)感觉。

(6)知觉。

(7)晕轮效应。

(8)态度。

(9)个性。

(10)性格。

2. 简答题

(1)简述影响知觉准确性的因素。

(2)归因理论所研究的基本问题有哪些?

(3)胆汁质型员工的行为特征是什么?

(4)黏液质型员工的行为特征是什么?

（5）影响个性形成的因素有哪些？

3. 单项选择题

（1）一个人经常出现的、比较稳定的心理倾向性和非倾向性特征的总和是（　　）。

A. 气质　　　　B. 个性　　　　C. 能力　　　　D. 性格

（2）决定人的心理活动的动力特征是（　　）。

A. 气质　　　　B. 能力　　　　C. 个性　　　　D. 性格

（3）个性心理特征的核心部分是（　　）。

A. 气质　　　　B. 性格　　　　C. 能力　　　　D. 知觉

（4）明确目的，自觉支配行动的性格属于（　　）性格。

A. 理智型　　　B. 情绪型　　　C. 意志型　　　D. 中间型

（5）通过社会知觉获得个体某一行为特征的突出印象，进而将此扩大为其整体行为特征，这种知觉属于（　　）。

A. 知觉防御　　B. 晕轮效应　　C. 首因效应　　D. 近因效应

（6）提出需求层次理论的是（　　）。

A. 梅奥　　　　B. 马斯洛　　　C. 赫兹伯格　　D. 泰罗

4. 多项选择题

（1）希波克拉底划分的气质类型有（　　）。

A. 多血质　　　B. 黏液质　　　C. 胆汁质

D. 黑胆汁　　　E. 抑郁质

（2）按何种心理机制占优势来划分，可把性格分为（　　）。

A. 理智型　　　B. 内倾型　　　C. 情绪型

D. 意志型　　　E. 中间型

（3）荣格按照个体心理活动的倾向，把性格划分为（　　）。

A. 理性型　　　B. 内向型　　　C. 社会型

D. 外向型　　　E. 经济型

（4）社会知觉主要包括（　　）。

A. 对他人的知觉　B. 人际知觉　　C. 角色知觉

D. 因果关系知觉　E. 自我知觉

（5）知觉偏差的主要表现有（　　）。

A. 知觉防御　　B. 晕轮效应　　C. 首因效应

D. 近因效应　　E. 对比效应

（6）需求层次理论的内容有（　　）。

A. 生理需要、安全需要、友爱和归属需要

B. 尊重需要

C. 自我实现需要

D. 工作和工作条件的需要

E. 文艺、文化娱乐生活的需要

5. 判断题

（1）动机是激发、维持、调节人们从事某种活动，并引导活动朝向某一目标的内部心理过程或内在动力。（   ）

（2）个体动机的产生受内外两种因素的共同影响。其中，个体外在的某种需要是动机产生的根本原因。（   ）

（3）研究发现，首因效应一般不如近因效应明显和普遍。（   ）

6. 论述题

（1）试分析有关人性假设的论述，研究它有何意义。

（2）试分析在管理中如何应用个性理论。

（3）试分析管理者的知觉对管理方式的影响。

2.6.2 技能训练

题目："价值观大拍卖"

1. 实验目的

通过"价值观大拍卖"实验，使学生掌握价值观的定义和常见的价值观理论，了解人格特质对行动力的影响并明晰自己的价值观。

2. 实验内容

（1）活动前，教师先制作价值观项目表，如表 2-6 所示。

表 2-6　价值观项目表

项　　目	优 先 级	预估价格	成交价格
1. 使世人对待他人的方式正如你所希望的那样			
2. 有 100 万元给世界上需要的人			
3. 有机会成为你所希望的某科目成绩最好的学生			
4. 有一年时间可以尽量做你爱做的事			
5. 有一年时间做全世界最聪明的人			
6. 有一粒使人说实话的药丸			
7. 有机会完全自主			
8. 有一屋子的钱			
9. 有机会当总统			
10. 受班上的每个人喜爱			
11. 在世界上最美的地方拥有一幢房子			
12. 有机会成为世界上最吸引人的人			
13. 有机会健康地活到 100 岁			
14. 有颗药丸可以解决你担心的问题			
15. 有座藏有你喜爱的书的图书馆			

（2）教师给每位学生发一张价值观项目表及一张 A4 纸。

①教师请学生将 A4 纸制作成总金额为 1 万元的多张"纸币"，面额包括 5000 元、2000 元、

1000 元及 500 元（亦可为其他面额，只是单位愈小，所花时间就愈多），张数不限，但总金额须为 1 万元。

②教师请学生预想：若 1 万元代表人一生的所有时间及精力，则自己会花多少钱来买价值观项目表中的哪些项目？可限时 5 分钟，让学生在价值观项目表上进行估算。

（3）教师的身份转成银行职员，承担拍卖的工作（拍卖工作也可让学生轮流负责）。

①教师说明拍卖规则（如可不可以向银行借款，可不可以将买到的物品转卖等）。

②进行拍卖。

（4）分享心得与讨论。

①拍卖活动结束后，教师可让学生分组讨论，或在班级里分享自己的活动心得。

②教师说明价值观对个人的发展与人际关系有极大的影响，认清自己的价值观可增强自己对人、事的辨别与决策能力。通过此项活动，学生可判断自己的个性是敏锐果断、眼明手快，还是优柔寡断、犹豫不决。

（5）教师带领讨论方向。

①你是否买到了自己认为最重要的价值观项目？

A. 如果是，买到时的心情如何？

B. 如果不是，原因是什么？没有买到时的心情如何？

C. 你最想买的项目是什么？其背后隐含的价值观是什么？为什么它对你那么重要？

②有些人什么都没有买到，为什么？

③参与拍卖活动时，你的心态如何？

A. 你所买的项目是自己喜欢的，还是在赌气或不得已的情况下买的？

B. 在拍卖的过程中，你是紧张的、兴奋的，还是有其他心情？

3. 实验要求

全体成员需在 50 分钟内完成"价值观大拍卖"管理游戏，并通过与小组成员讨论，分享各自的活动心得。

4. 实验组织与步骤

（1）准备及测试。要求学生预习或复习价值观的相关知识点。

（2）每位学生按要求在规定时间内完成测试。

（3）分组讨论。以 5~7 人为一个小组，开展讨论和分析，学生充分发表个人观点。

（4）小组展示。各小组在规定时间内展示小组讨论成果。

（5）实验讲评。指导教师适时讲评。

（6）总结并撰写实验报告。以小组形式撰写实验报告。实验报告成绩按优、良、中、及格与不及格五个等级评定，评定的要点为：是否客观分析了被测试者的职业价值观类型，以及提出的建议是否合理。

2.6.3 操作训练

1. 实务题

从动机理论出发，探索管理者可以采用哪些方法来实现对员工的激励。

（1）找出 3 个互联网科技企业的案例。

（2）讨论案例中的企业如何基于动机理论对员工进行激励。

2. 综合题

工作满意度是一种得到广泛认可的员工态度，是指员工由于对工作特点进行评估而产生的对工作的一般性的满意与否的态度。工作满意度可以影响员工的行为与绩效，包括工作绩效、缺勤率、离职率以及组织公民行为等。但在这个时代，组织边界日益模糊，组织该如何做才能提升员工工作满意度，留住员工呢？

3. 微成长启动

设定小到不可能失败的微目标，采取小到不可思议的微行为、微步骤、微意志，启动自我成长机制，养成微习惯，承诺坚持到底，最终达成微目标，创造心理和行为改变的奇迹。

操作方式：每人制定微目标，公开承诺，定期每周日团队打卡报告。

2.6.4 案例分析

案例 2-1

镇东初中规模不算大，生源基础参差不齐，老师业务素质总体水平不高，教学质量始终上不去，学生家长反映强烈，领导也有意见。新学期开始后，镇教育委员会针对该校情况，决定调教育部办公室李主任到该校任校长。李校长就任一周后，召开了学校领导班子会议，他谈了对提高教学质量的初步设想："要提高质量，摘掉落后帽子，就必须加强教学管理，狠抓教学工作各个环节的检查，尤其是课堂教学的检查，因为这是提高教学质量的关键。我想通过经常性突击听课，促使教师钻研教材、改进教法，提高授课水平，向45分钟要质量。过去，我们学校领导班子没有重视这项工作，致使少数责任心不强的教师混课甚至旷课，这是突出的薄弱环节。因此，我提议，从明天起，所有校长、主任按自己所学专业，分学科到班子随机听课，事先一律不与教师打招呼，希望大家不要走漏风声。"

会议后的第二天，校长、主任根据原定方案，自带凳子分头到各个班级进行不打招呼的听课。第一次听课后，部分人肯定了这种做法。有的说："这次不打招呼的听课，确实发现了不少问题，有的教师未备课，就是读读书，有的新教师根本就不会讲课。"有的说："这次听课也发现了不少教师授课能力强、水平高，以后要注意重点使用。"有的还说："这样的听课形式，今后每过一段时间实行一次，是很有好处的。"当然，也有一部分干部提出疑问，认为这种听课方式不够妥当，对教师不够尊重，易造成逆反心理。

虽说大家有不同意见，接下来仍按事先分工，继续进行这项工作。不料第三天的情况与前一天的截然不同。一位教师说："我这节课主要是让学生做作业。"另一位教师说："我这堂课主要是让学生背书。"总之，一些教师就是不愿让领导去听不打招呼的课。可想而知，这次校长、主任真的坐冷板凳了。

这样的听课活动无法进行下去了。

教师的不满，明里暗里的软抵抗行动，李校长耳闻目睹。面对这意想不到的情况，他陷入了沉思。

（资料来源：新浪网。编者有删减。）

> 问题

1．请以人性假设理论分析以上案例。
2．请你就加强教学管理、提高教学质量向校长提出建议。

案例 2-2

王某大学毕业后应聘进入了一家颇有名气的研究所工作。经过一段时间培训后，他被分到第一课题组工作。到组里上班没几天，他就发现，虽然组里连他一共只有6个人，但每个人都很有特点：组长老刘热情好客，很好与人相处；老李沉默寡言，终日坐在自己的办公桌前忙着来忙去；小车整天坐不住，进进出出个不停；老王说话慢条斯理，但幽默不断，讲起话来常会引人发笑；小陈说话像连珠炮，与他讲话，你只有听他说的份，连插个话都难。课题组员工的个体行为各不相同。

> 问题

1．试分析课题组员工的气质类型。
2．是什么原因使得课题组每个员工行为各异？

2.6.5　网上调研

1．借助互联网了解海尔集团的 OEC 管理，讨论海尔集团采用了哪些措施激励员工，以及这些措施是以哪些理论为依据的。
2．阅读《中国人人格量表的信度与效度》（王登峰，崔红，2004）、《中国人人格结构探索——人格特质六因素假说》（张建新，周明洁，2006），结合中国文化背景研究中国人的人格结构。

2.6.6　精选案例

枣树上，有枣，无枣？

摘要：本案例描述了某股份制企业领导班子成员不同的个性特征，指出其对领导班子最终决策的影响。

关键词：领导班子，个性特征，决策。
案例作者：周修亭。
案例出处：中国管理案例共享中心。

2.6.7　推荐阅读

第 3 章
群体心理与群体行为

学习目标

- 知识目标：了解群体的含义、类型和发展阶段；理解群体的特征；认识和了解团队建设理论。
- 技能目标：掌握分析群体心理的方法；掌握根据群体心理来分析群体内行为和群体间行为的技巧。
- 能力目标：具有熟练运用减少冲突的策略的能力；具有在管理中运用创建团队的理论创造高效团队的能力。

案例导读

复苏或衰败

A 公司是一个有 300 多人的小公司，主要产品是半导体收音机。公司原来经济效益不错，员工收入也不错，但是最近由于市场疲软，原来热销的收音机一下变得滞销，仓库内积压了 10 万台收音机。其他类似小公司在这种情况下往往停止生产，解决的办法是工人工资打七折或八折支付，等待市场复苏。然而，该公司并没有这样做，它提出："工人是公司的主人，应该团结一致共渡难关。"总工程师带领技术人员加紧设计，开发新产品；销售部经理领导一支 100 人的推销大军，走遍城乡各地；财务经理率 30 人的催款队伍赴各地催收欠款；剩下的人在公司领导下，从事高质量的生产工作和良好的售后服务工作。不久新产品开发出来了，新的市场打开了，该公司生产量又上了一个台阶，员工的收入也相应提高了。

B 公司本来是一家效益比较好的制造业公司。前些年，由于行业内竞争的加剧，其市场份额不断受到竞争对手的挤压，同时单件利润也不断下滑，工厂也濒临开工不足的现象。由于工作不饱和，上班时间可以随处看到工人聚集在一起闲聊。转年形势更加严峻。面对这种情况，管理层决定采取措施降低成本，提高企业的竞争力，具体包括减少年终奖金额，逐步

> 降低工人的单件效益奖金，以及将夏季的降温费由原来的按月发放改为按实际工作日发放等。管理层逐步将这些措施落实的过程中，少数的基层员工突然对管理层的措施提出了异议。很快这种异议在工人中获得广泛的支持。在管理层对这种突然的发难还没有反应过来的时候，大部分工人自行停止了工作，并出现在最高管理层的面前，集体提出了谈判的要求……由于管理层对事件缺乏必要的准备和充分的认识，因此在突发事件中陷入了孤立无援的境地，最后公司不得不做出巨大的让步。这次严重的事件，不仅在当地给公司的声誉造成了十分严重的负面影响，也使公司在经济上蒙受了巨大损失。
>
> （资料来源：豆丁网。编者对原文有删减。）

社会是有组织的，组织是由群体构成的，而群体又是由个体组成的。因此，任何生存在社会中的个体都不可能脱离群体而单独活动。在社会化大生产中，群体所发挥的作用愈来愈为人们所重视。因此，研究群体发展的内部规律，研究影响群体活动效率的因素等，已成为组织行为学研究的重要内容。这就要求管理者自觉掌握人的心理活动规律，改善对群体的管理，更好地培养员工的团体精神，使团队形成凝聚力，提高工作效率。

3.1 群体概述

人只有在与他人发生的联系中才能体现出自己的存在，现实中的个体为避免孤独而聚合为群体。人是社会性的，合群是人的天性。在群体中，个体往往会受到群体心理气氛、价值观念、行为规范的影响。

3.1.1 群体的含义、组成要素与功能

1. 群体的含义

所谓群体，是指两人或两人以上的集合体。群体内的成员遵守共同的行为规范，在情感上互相依赖，在思想上互相影响，而且有着共同的奋斗目标。群体是个体有条件的特殊组合，其特征或条件如下。

（1）有明确的成员关系。群体成员被认为具有相当于"证件"的成员资格。

（2）有持续的互动关系。群体成员彼此之间有经常的接触。

（3）有共同规范。群体在建立和发展过程中会逐步形成一定的行为规范，这一行为规范约束着群体中的每一位成员的行为，是每一位成员必须遵守的。行为规范可以使得群体的每个成员的行为都能符合群体的共同愿景，从而确保群体目标的实现。

（4）有共同的目标导向。每一个群体都有特定的目标，在特定目标的引导下，群体成员就具有了共同的行动方向，群体成员的一切努力都紧紧围绕群体目标展开。在目标实现的过程当中，每个群体成员都承担一定的工作任务，扮演一定的工作角色，并通过彼此的合作，使群体的行为不断朝着群体目标前进。

2. 群体的组成要素

社会心理学家霍曼斯（Homans）通过对群体的分析发现，在任何一个群体中都存在相互联系的三个要素，即活动、相互作用、感情，三者关系如图3-1所示。

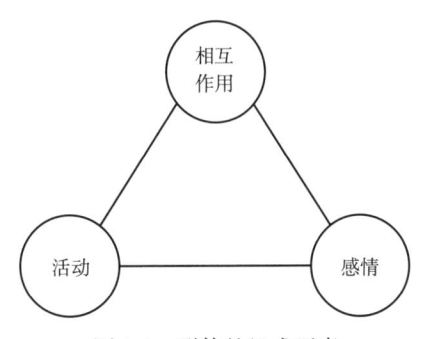

图 3-1 群体的组成要素

群体通过一定的活动表明其现实的存在。群体成员之间通过信息沟通，使彼此的行为相互影响、相互作用。在这一过程中，群体成员之间以及成员与群体之间形成一定的思想情绪和情感反应，这种情绪和情感上的反应又会反过来影响群体的活动和群体成员之间的相互作用，所以三种要素相互依赖、相互制约。

3. 群体的功能

群体之所以产生和存在，是因为它所具有的特殊的社会功能。群体的主要功能如下。

（1）把个体力量汇合成新的力量。群体的功能之一，就是使个体有机地组合成为一种新的团队力量。例如，在同一工种、同一研究领域中结成的群体，其成员在群体内相互影响、相互促进，提高工作水平。同时，群体还能把不同工种、不同行业、不同学科的人组合起来，从而可以完成依靠个人、单一工种、单一学科的力量无法完成的任务。

（2）完成组织所赋予的任务。群体的主要功能是完成组织分配下来的任务和承担所规定的职责。一个庞大的组织要想有效地达成其目标，必须通过群体间合理分工和密切合作，把任务逐层分配给较小的单位、部门去执行。群体对组织来说，主要职责就是承担、执行和完成组织所分配的任务，以保证组织目标的实现。

（3）满足群体成员的需求。群体对个人的主要功能是能满足其心理的需要，而这也正体现了个人加入群体的动机。群体成员的需求（需要）是多种多样的，其中有的可以通过工作得到满足，有的则从群体内人际之间的相互作用、相互交流中得到满足。例如，个体通过加入一个群体可减少独处时的不安全感，免于孤独、恐惧，会感到自己更有力量，从而满足心理上的安全需要；个体通过加入一个被他人认为是很重要的群体来得到他人的承认，满足被尊重的需要；群体能使其成员觉得自己活得有价值，从而满足自我实现的需要；群体还可以满足其成员的社交需要。对许多人来说，这种工作中的人际相互作用是他们满足情感需要的最基本途径。另外，只有在群体活动中，个体才可能实现其权力需要。

3.1.2 群体的分类

群体的种类具有多样性，依据不同的分类标准，可以把群体划分为以下不同的类型。

1. 假设群体和实际群体

从群体是否实际存在的角度，可以把群体分为假设群体和实际群体。假设群体又可以称为名义群体或统计群体，它是指那些名义上存在，只是为了研究和分析的需要而被人为地划分出来的群体。比如按职业划分，可以分为工人群体、农民群体、教师群体、士兵群体、商人群体等；按年龄划分，可分为儿童群体、少年群体、青年群体、中年群体、老年群体等。根据群体的定义，这些人群并不能被称为严格意义上的群体，只是为了调查的需要或统计上的方便而人为划分出来的。实际群体则是指现实生活中实际存在的群体，这类群体的成员之间有着直接的或间接的影响以及实际联系。

2. 大型群体和小型群体

按照群体规模的大小，可以把群体划分成大型群体和小型群体。大型群体的成员较多，组织结构复杂，成员与成员之间以共同的活动任务间接地发生联系。因此，相对来说，大型群体中的社会因素比心理因素的影响作用要大。小型群体中，成员彼此之间存在直接的联系，从而易于建立起情感和情绪上的相互关联。因此，在小型群体中，心理因素的影响作用要大些。

3. 共同作用群体、协作群体和协调群体

根据群体成员彼此的依靠程度，可以把群体分成共同作用群体、协作群体和协调群体三类。共同作用群体是指群体中每个成员工作任务的完成都依赖于群体的共同努力的群体。协作群体是指群体中每个成员的工作任务是由成员个人独立完成的群体。群体成员的关系是建立在分工基础上的协作关系，群体的工作目标通过分工来完成。协调群体是指为了调节群体成员在观念、思想上存在的冲突，或者为了提供某种解决问题的机会和条件而形成的群体。

4. 正式群体和非正式群体

正式群体与非正式群体是依据构成群体的原则和方式的不同而划分的群体种类。正式群体可称为工作群体，是指由正式文件明文规定的群体。正式群体有既定的目标、明确的责任分工、固定的编制、规定的权利和义务。非正式群体是指组织中没有被正式规定的群体。其成员之间的相互关系带有明显的情绪色彩。非正式群体一般是由于某种原因而自发形成的，成员之间可能是因为住得近、有共同的兴趣、能互相满足需要而结成伙伴。非正式群体中也存在一定相互关系的结构和群体规范。非正式群体虽然不是组织正式建立的群体，在组织中也不占据主导地位，但有时对群体成员的作用和影响比正式群体的大。因此，管理者要对组织中的非正式群体有足够重视。

5. 友谊群体和任务群体

友谊群体是指为了满足组织成员的个人安全感、自尊和归属需求而非正式形成的群体。任务群体则是为了实现一定的组织目标而通过组织方式形成的。

根据群体或团队成员之间的关系，任务群体可以分为三类：抵制性群体（Counteracting Group）、共同行动群体（Coacting Group）、交互群体（Interacting Group）。

（1）抵制性群体。当群体成员相互作用以解决某些类型的冲突时，就产生了抵制性群体。劳工和管理层协商群体就是典型的例子，管理层和工会代表总是认为他们之间有一些目标是相对冲突的。

（2）共同行动群体。当群体成员暂时性相对独立地完成工作时，会形成共同行动群体。在这里，"暂时性"和"相对独立"表明：没有长期意义上的相互依赖就没有任务群体。例如，大学生在相同课程的课堂讨论中，可以相对独立地参加活动，但在从事某一项团体活动时会相互依赖地行动。共同行动群体在个人不需要太多的合作和协调时有可能更有效率。例如，一个地区销售经理可能需要将销售代理召集在一起以回顾一些共同的问题、难题，但是，每位销售代理的日常工作无须相互交流和合作，另外，地区总销售和盈利是基于每位销售人员的业绩的。

（3）交互群体。当一个群体直到其所有成员已经完成各自项目的相关工作后才能实现目标时，就叫交互群体。

6. 实属群体和参照群体

实属群体（Membership Group）是指个体实际归属的群体；参照群体（Reference Group）是指个体在心理上"向往"的群体，个体把这种群体的规范、标准、价值观作为自己行动的参照和学习的榜样。参照群体不是个体实际归属的群体，它甚至可能是想象中的群体。

研究参照群体有重要的实际意义。在我国的企业管理中，树立先进集体典型是管理工作的一条重要经验。但是，要使这条经验收到更大效果，必须进一步研究如何使先进集体成为全体员工或多数员工的参照群体，即真正成为员工心目中努力达到的标准。有时我们会看到这样的情况：树典型、树标兵的活动虽然表面上搞得轰轰烈烈，但实际效果不大。其中一个重要原因就是这些典型、标兵没有真正成为全体员工或者多数员工心目中的参照群体。

3.1.3　群体的发展阶段

群体就如同个人，也经历了不同的发展阶段，因而群体有可能陷入不成熟的阶段，从而降低工作绩效。领导者应该了解群体的需要，并及时采取有助于群体走向成熟与高绩效的措施。从20世纪60年代中期起，学术界大都认为群体的发展要经过五个阶段，即形成阶段、震荡阶段、凝聚阶段、执行任务阶段、结束阶段。

第一阶段：形成阶段（Forming Stage）。群体形成阶段的一般特点是，群体的目的、结构、领导都不确定。群体成员各自摸索群体可以接受的行为规范，相互介绍、展示自己的特性和能力。有时候这个过程进行较慢，群体成员还要相互沟通从事群体任务的初步设想。一般来说，当群体成员开始把自己看成是群体的一员时，这个阶段就完成了。

第二阶段：震荡阶段（Storming Stage）。震荡阶段是群体内部冲突阶段（Conflict Stage）。此时群体成员接受了群体的存在，但对群体加给他们的约束仍然不习惯而予以抵制。并且，对于谁可以控制群体这个问题群体成员中还存在争执，在相互竞争的非正式领导者之间，可能会爆发权力斗争，在关于群体应当怎样从事群体任务的问题上，也会发生冲突。这个阶段结束时，群体的领导层次就相对明确了。

第三阶段：凝聚阶段（Cohesion Stage）。凝聚阶段［或称规范化阶段（Norming Stage）］之前，群体已经确定了自己的角色和角色关系。群体对不同成员的适当行为已经认同，成员之间也相互接受了对方，开始形成亲密关系，群体表现出一定的凝聚力。与前一阶段相比，这个阶段的冲突已经没有那么强烈了。即使有冲突，也较少集中在群体的社会结构上，而更多地集中在履行群体任务的不同方式上。群体结构基本稳定下来，群体成员产生强烈的群体身份感和友谊关系，群体对于什么是正确的成员行为达成共识。

第四阶段：执行任务阶段（Performing Stage）。在执行任务阶段［或称任务定位阶段（Task Orientation Stage）］，群体成员之间开始相互喜欢对方，而且已经接受了群体的行为规范。群体成员已经选定了自己的目标，并安排了之间的劳动分工，明确了任务，开始集中精力进行工作，完成群体任务。

第五阶段：结束阶段［或称延期终止阶段（Adjourning Termination Stage）］。对于长期性的工作群体而言，执行任务阶段是最后一个群体发展阶段；而对暂时性的委员会、团队、任务小组等工作群体而言，因为这类群体要完成的任务是有限的，所以还会有一个结束阶段。在这个阶段，群体开始准备解散，高绩效不再是压倒一切的首要任务，群体的注意力放到了群体的收尾工作上。群体成员的反应差异很大：有的很乐观，沉浸在群体的成就中；有的则很悲观，惋惜在共同的工作群体中建立起的友谊关系不能再像以前那样继续下去了。

群体发展的五阶段模型如图 3-2 所示。许多解释者支持这样的假设：随着群体从第一阶段发展到第四阶段，群体会变得越来越有效率。虽然这种假设在一般意义上可能是成立的，但使群体有效率的因素远比这五阶段所涉及的因素复杂。在某些条件下，高水平的冲突可能会导致较高的群体绩效。因此，人们也可能会发现：群体在第二阶段的绩效超过了第三或第四阶段的绩效。同样，群体并不总是明确地从一个阶段发展到下一个阶段。事实上，有时几个阶段同时进行，比如震荡和执行任务就可能同时发生。群体甚至可能回归到前一阶段。因此，即使是这个模型的最强烈支持者，也没有假设所有的群体都严格地按照五阶段模型发展，或者认为四阶段模型总是最可取的。

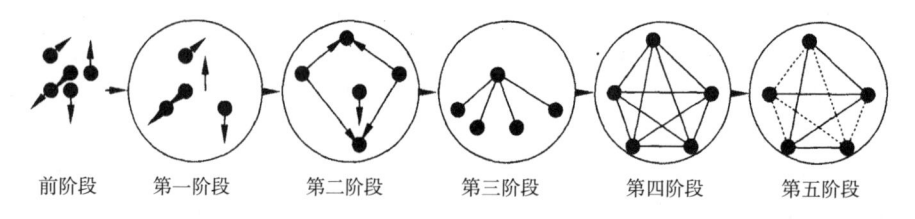

图 3-2 群体发展的五阶段模型

> **小思考 3-1**
>
> 在理解群体发展的五阶段模型中与工作有关的行为时，是否应该考虑组织环境因素？
>
> 答：应该考虑。例如，一项关于飞机驾驶员的研究发现，三个陌生人被指定同时驾驶一架飞机，他们在首次合作的 10 分钟内就会成为高绩效群体。促使这种群体高速发展成为高绩效群体的因素是环绕着飞机驾驶员的强烈的组织环境。这个环境提供了群体完成任务所需要的规则、任务的定义、信息和资源。他们不需要五阶段模型所预测的那些过程，如形成计划、分配角色、决定和分配资源、解决冲突、建立规范。

3.1.4　群体的特征

工作群体具有系列特征，群体的特征能够塑造群体成员的行为，并且帮助解释和预测群体内的个体行为及群体绩效。群体的特征主要包括角色、规范、地位和凝聚力。

1. 角色

（1）群体角色的种类。

每个成员在群体中都表现出自己特定的行为模式，我们称之为角色。几乎在任一个群体中，可以看到成员有三种典型的角色表现，即自我中心角色、任务角色和维护角色，如图 3-3 所示。这些不同的角色会对群体绩效产生不同的影响。

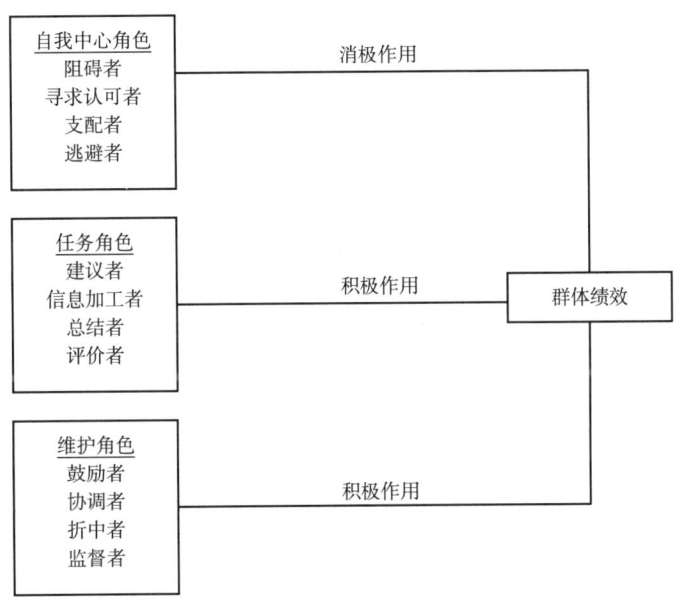

```
自我中心角色                消极作用
  阻碍者
  寻求认可者
  支配者
  逃避者

任务角色                    积极作用         群体绩效
  建议者
  信息加工者
  总结者
  评价者

维护角色                    积极作用
  鼓励者
  协调者
  折中者
  监督者
```

图 3-3　群体成员角色分类

自我中心角色是指成员处处为自己着想，只关心自己。这类人包括：①阻碍者，这类人总是在群体通往目标的道路上设置障碍；②寻求认可者，这类人努力表现个人的成绩，以引起群体注意的人；③支配者，这类人试图驾驭别人，操纵所有事务，也不顾及对群体会有什么影响；④逃避者，这类人对群体漠不关心，似乎自己与群体毫无关系，不做贡献。研究表明，这些角色人物的表现对群体绩效带来消极影响，造成绩效下降。

任务角色包括：①建议者，指给群体提建议、出谋划策的人；②信息加工者，指为群体收集有用信息的人；③总结者，指为群体整理、综合有关信息，为群体目标服务的人；④评价者，指帮助群体检验有关方案、筛选最佳决策的人。

维护角色包括：①鼓励者，热心赞赏他人对群体的贡献；②协调者，解决群体内冲突；③折中者，协调不同意见，帮助群体成员制订大家都能接受的中庸方案；④监督者，保证每人都有发表意见的机会，鼓动寡言的人而压制支配者。

任务角色和维护角色对群体绩效都起积极作用。每一个群体不仅要完成任务，而且要始终维持自己的整体性，群体中任务角色和维护角色的存在就是为了达成这两个目的。研究发现，任务角色、维护角色和群体绩效之间成正比关系。

（2）群体角色构成的群体类型模型。

一个群体要想获得高绩效，以上所说的任务角色和维护角色是很重要的。到底哪种角色更重要，则视群体发展阶段而定。在形成阶段，监督者和建议者的角色有助于群体奠定一个良好的基础。前者可以使每个成员都增强主人翁责任感，后者可以为群体提出努力方向。在震荡阶段，总结者、信息加工者、协调者和折中者的角色可以帮助群体解决不可避免的冲突，使群体顺利进入正常和发挥作用的阶段，在这其中，任务角色和维护角色也很重要。总之，一个有效的群体应激发成员扮演任务角色和维护角色的积极性，而避免自我中心角色的出现。

如果以任务角色为横轴，以维护角色为纵轴，可以把群体分为四种类型，如图3-4所示。

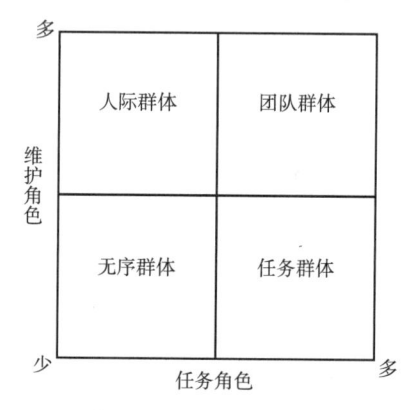

图3-4　以任务和维护角色为维度的群体类型

在团队群体中，任务角色和维护角色都很多。对于长期目标来说，团队群体是最能产生绩效的，这种群体的领导可以放心大胆地充分授权给下级。

如果群体成员扮演维护角色的多，扮演任务角色的少，则这一群体为人际群体。在这种情况下，管理者就需要扮演任务角色，以免群体成员自我陶醉、忘乎所以而耽误了任务的完成。

在无序群体中，多数成员只顾自己，而很少关心任务及人际关系。无序群体是最没有绩效的。此时管理者需要既扮演任务角色又扮演维护角色。一般是先着重任务角色，待群体有几次成功经验后，就可以削弱任务角色而更多地注意维护角色。

2. 规范

（1）规范的一般特征。

规范是指由群体成员建立的行为准则。它可以是成文的（如职业道德手册），也可以是不成文的。规范起着约束成员行为的作用。作为群体的一员，每个成员都被期望遵循大家提出的规范，任何违背规范的行为都将受到排斥。一般群体对所谓的背叛徒者会采取如下措施：开始，其他成员会苦口婆心地劝其回到集体的怀抱；但如果背叛者执迷不悟，他就会被群体拒绝，其他成员会对其不加理睬，从心理上冷落他。对背叛者的惩罚，可以使得群体的规范更加明确。任何群体都有规范，否则群体将难以存在下去。规范指导群体成员的行为朝向群体的目标前进。管理人员应该注意群体的规范是否与组织目标一致，因为规范对成员行为有着强大的影响力。

群体规范的形成受从众、顺从等心理因素的影响。群体成员彼此通过暗示、模仿、感染等相互作用，从而产生一种彼此接近、趋同的类化过程，群体规范正是在此基础上形成的。

> **小资料 3-1**
>
> ### 群体规范的形成
>
> 美国心理学家谢里夫（Sherif）的实验说明了群体规范的形成过程。实验在暗室内进行。一个被试者坐在暗室里，面前的一段距离内出现一个光点，光点出现几分钟后熄灭。然后让被试者判断光点的移动距离。实际上，光点并没有移动，但在暗室中看光点，每个人都会觉得光点在移动，这是心理学中典型的视错觉实验。这样的实验进行几次，每个被试者都建立了个人的反应模式。有的人觉得光点向右上方移动，有的人觉得光点向左下方移动，有的人认为光点向下移动等，每个人的反应都不相同。随后，实验人员让这些被试者一起在暗室内看出现的光点，大家可以互相讨论，说出自己的判断。实验反复进行，过一段时间之后，大家对光点移动方向的判断逐渐趋于一致。也就是说，群体的规范代替了个人的反应模式。这种规范的形成，显然是受了模仿、暗示等心理机制的影响。
>
> 实验继续进行，出现了一个有趣的现象。当实验人员把这些被试者重新分开，让他们单独判断时，每个人并没有恢复他原先建立的个人反应模式，也没有形成新的反应模式，而是一致保持群体形成的规范。这表明，群体的规范会形成一种无形的压力，约束着人们的行为，甚至这种约束并没有被人们意识到。
>
> （资料来源：道客巴巴。编者对原文有删减。）

（2）群体规范的功能。

一般来说，群体规范具有以下四个方面的功能。

第一，群体支柱的功能。群体规范是一切社会群体得以维持、巩固和发展的支柱。群体规范越能被群体成员一致接受，群体成员之间的关系越密切，群体也越团结。

第二，评价准则的功能。群体规范是群体成员的行动准则。因此，群体成员要以群体规范来评价自己和其他成员的行为。

第三，对群体成员的约束功能。群体规范的约束作用主要表现在群体舆论中。这种群体舆论是大多数成员对某种行为的共同评论意见。当某些成员的行为举止与群体规范相矛盾时，多数成员会根据群体规范对这种行为做出一致的判断或批评。这种带有情绪色彩的共同意见，对这些成员的个人行为具有约束作用，使其不至于违反群体规范。

第四，行为矫正功能。群体成员如果违反了规范，就会受到群体舆论的压力。这会迫使其改变行为，与群体成员保持一致，因而群体规范具有行为矫正的功能。

（3）规范的诱导与控制。

管理者应强化那些符合组织目标的规范，削弱那些不符合组织目标的规范。阿尔文·赞德（Alvin Zander）提出了一套可以达到这两个目的的指导原则。

如果要强化群体的规范，可以遵循如下原则：

第一，向群体成员解释群体的规范和他们的愿望基本一致，不需要牺牲多少东西。

第二，奖励那些遵循群体规范的成员。

第三，帮助成员了解他们是怎样为完成群体目标做贡献的。

第四，在建立规范时，给所有成员发言的机会，因为只有自己建立的规范，自己才更愿意遵守。

第五，让成员知道，不遵守群体规范将受到驱逐（但也原谅悔过的成员）。

如果要削弱群体的规范，可以采用如下手段：

第一，找出志同道合的成员，与他们联合起来。

第二，与志同道合的成员讨论你的观点和计划，与他们建立联合阵线。

第三，防止内部分歧。

第四，坦言你的所作所为，不怕压力。

第五，宣传与你合作的好处与报偿。

> **专栏 3-1**
>
> ### 群体规范分析法
>
> 20世纪60年代后期，美国学者S.皮尔尼克（S.Pilnick）认为，群体规范与企业利益有直接关系。他提出了"规范分析法"，作为改进群体工作效率的工具。这种方法包括以下三项内容。
>
> 第一，明确规范内容。要了解群体已形成的规范，特别要了解起消极作用的规范，并听取对这些规范进行改革的意见。
>
> 第二，制定规范剖面图。将规范进行分类，例如分为"组织荣誉""业务成绩"等十类，列入规范剖面图（见图3-5），每一类定出理想的给分点，这种理想的给分点与实际评分的差距，被称为规范差距。
>
> 第三，进行改革。改革从最上层的群体开始，逐级向下。确定优先改革的规范项目，主要考虑该规范对企业效率影响的大小，不一定要把规范差距大的项目列为优先改革的项目。皮尔尼克认为，这种群体规范改革的优点在于不是针对个人，而是针对整个群体，因此群体成员易于接受。美国的一些企业实行规范改革，收到了较好的效果。

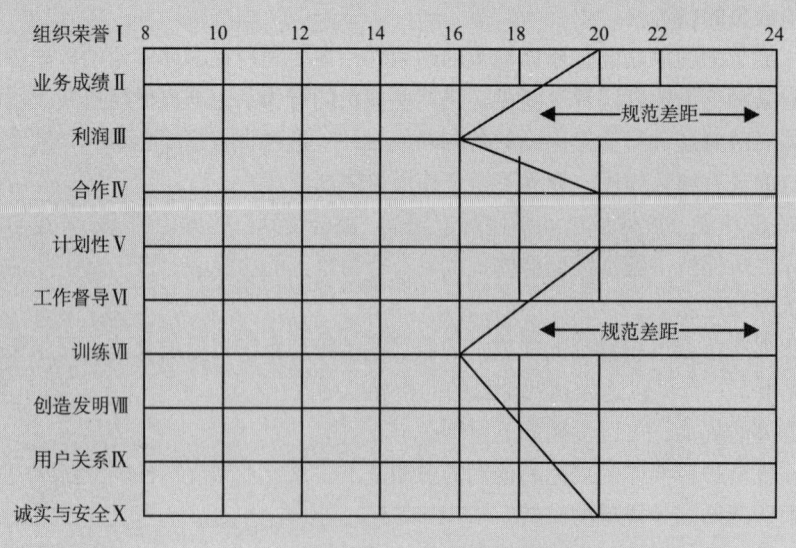

图3-5　某群体规范剖面图

3. 地位

地位是指个人在群体中所占有的社会位置。地位取决于许多因素，如工资、头衔、资历、实权等。其中一个因素的改变就可以引起个人地位的改变。例如，如果群体中的成员其他情况相似，但有一个人工龄最长，那么，他很可能享有更高的地位。当然，地位取决于什么因素还有赖于群体成员是否承认它。如果群体成员不承认资历，那么年龄大的人也未必享有更高的地位（尽管他会认为这不公平）。这主要取决于组织的内部人事晋升机制如何。如果唯以工作成绩为考核指标，那么，资历、年龄等就无法成为个体提高在群体中地位的砝码，甚至会成为个人的一种负担。

在不同的群体中，地位取决于不同的因素，这将影响到群体的绩效。一般认为，如果成员在群体中的地位取决于能力而不是资历，取决于成就而不是官衔，那么，成员就会为了争取更高的地位而充分施展自己的才能，争取取得最大成就，如此，将对整个群体的绩效产生积极的作用，使群体绩效得以提高。

4. 凝聚力

凝聚力是成员被群体吸引并愿意留在群体内的程度。顾名思义，凝聚力指的是群体成员彼此之间的"黏合力"。没有凝聚力，一群人就不能被看作一个群体。

（1）影响群体凝聚力的因素。

第一，态度和目标的一致性。当群体成员拥有相似的态度时，他们愿意在一起工作。同样，个体往往被一个与自己拥有相似目标的群体所吸引。

第二，外部的威胁。外部威胁的存在可以增强群体的凝聚力，因为这时群体成员不得不同舟共济、相依为命。与外界的竞争可以使群体的凝聚力增强，而群体内成员的竞争则会导致凝聚力下降。

第三，群体规模。小群体比大群体有更高的凝聚力，因为小群体为成员提供了更多的相互交往的机会。群体越大，异质越多，态度和价值观差异也越大，所以大群体凝聚力低。另外，在大群体中，需要更多硬性的工作标准，这也对群体成员之间形成自然的非正式的关系和成员之间的交往产生了影响。

第四，奖酬体制。以群体为单位的奖酬比起以个人为单位的奖酬，会导致更高的凝聚力。以群体为单位的奖励制度可以使成员们意识到他们的命运连在一起，因此增强合作精神。相反，鼓励群体成员之间竞争的奖励制度（如把所有奖金奖给最佳工作者）将削弱群体凝聚力。

第五，班组的组合。以人际吸引、价值观和目标的一致为基础组成的班组有较高的凝聚力。在一个经典研究中，凡·扎尔斯特（Van Zelst）根据以无记名方式选择工作伙伴的结果，把木工和砖瓦工重新编组，发现这种以人际吸引为基础的班组比随机组成的班组有更高的工作满意度。

第六，与外界的关系。一般来说，与外界隔离的群体有更高的凝聚力。这类群体往往认为自己与众不同、独一无二。隔离也使得群体成员产生同命运感以及共同抵御外界威胁的需要。

第七，群体的绩效。一个成功的群体更容易发展凝聚力。成功使得成员产生优越感受，彼此增进好感。失败则往往使成员互相埋怨，把别人当替罪羊，这种冲突将减弱凝聚力，甚至导致群体瓦解。

第八，领导作风。领导者的民主作风可以充分激发群体成员的主动精神与创造性。在民主的气氛下，领导者有意识地创造优秀的群体规范，可以大大地增强群体凝聚力。此外，不同的信息交流方式，群体成员的不同个性特征、兴趣和思想水平等，都会影响群体的凝聚力。

（2）凝聚力的作用。

第一，提高满足感。高凝聚力群体的成员可以比低凝聚力群体的成员得到更大的满足。他们认为，作为群体的一员，他们很值得也很愿意参加群体的活动，并忠诚于群体。凝聚力也使得成员更加遵守群体规范。

第二，增加沟通。高凝聚力群体成员比低凝聚力群体成员获得的沟通机会要多得多。因为凝聚力高的群体成员间往往有共同的价值观和目标，互相之间愿意交流。这样的沟通又反过来加深了群体成员间的相互关系和相互了解的程度，促使群体凝聚力增强。

第三，影响生产率。关于群体凝聚力和生产率之间关系的研究，不同的研究得出了矛盾的结果。有些研究发现，群体凝聚力高，生产率也高。另一些研究则发现，凝聚力高的群体生产率还不如凝聚力低的群体生产率。还有些研究报告表明，生产率和群体凝聚力之间没有关系。决定凝聚力对生产率产生影响的主要因素是群体的目标与组织目标是否一致。如果二者相一致，则高凝聚力群体会做出高绩效；如果二者相违背，则高凝聚力群体会做出低绩效。总的来说，高凝聚力群体比低凝聚力群体更倾向于维护他们的目标。

> **专栏 3-2**
>
> ### 群体凝聚力和对群体成员的诱导对生产率的影响
>
> 社会心理学家沙赫特（Schachter）等人在严格控制的实验条件下，检验了群体凝聚力和对群体成员的诱导（宣传）对生产率的影响。实验的自变量是凝聚力和诱导，因变量是生产率。除了设立对照组进行对比以外，沙赫特等人把实验组分成四种条件即高凝聚力、低凝聚力、积极诱导、消极诱导条件下的类型，如图3-6所示。 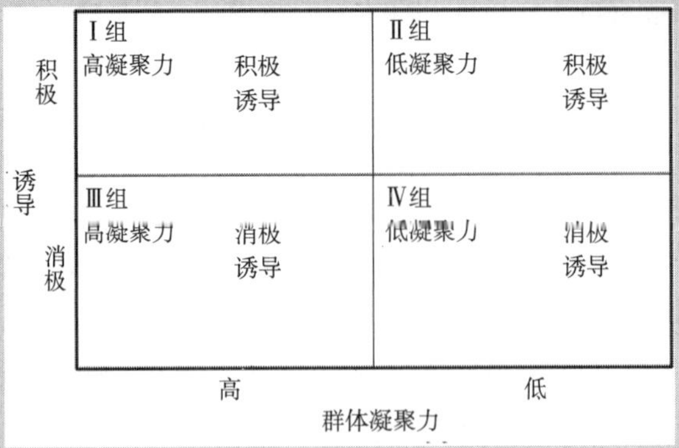
>
> | 积极诱导 | I组 高凝聚力 积极诱导 | II组 低凝聚力 积极诱导 |
> |---|---|---|
> | 消极诱导 | III组 高凝聚力 消极诱导 | IV组 低凝聚力 消极诱导 |
> | | 高 | 低 |
> | | 群体凝聚力 | |
>
> 图3-6 凝聚力与诱导关系的图解
>
> 实验结果如图3-7所示。结果说明，两种诱导产生明显异同的效应，极大影响了凝聚力与生产率的关系。无论凝聚力是高还是低，积极诱导都提高了生产率，而且高凝聚力组的生产率相对更高。消极诱导则明显降低了生产率，高凝聚力组的生产率更低。这说明高凝聚力

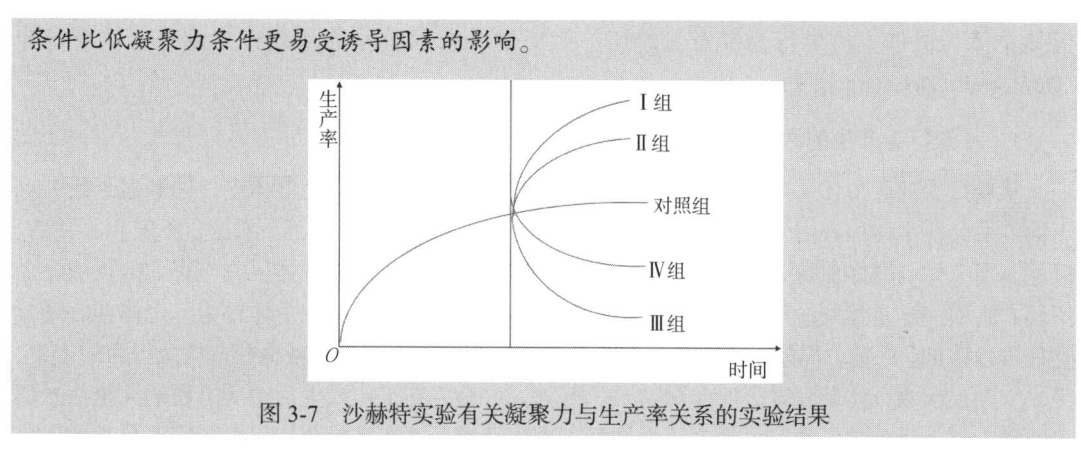

条件比低凝聚力条件更易受诱导因素的影响。

图 3-7 沙赫特实验有关凝聚力与生产率关系的实验结果

第四，群体意识。凝聚力高的群体容易形成群体意识。凝聚力过强的群体是不能容忍异议的。对这样的群体来说，最有价值的是大家一致，而不是做出高绩效。群体意识的另一个表现为高凝聚力群体成员一致对外。凝聚力使得群体成员产生优越感，这种优越感导致成员对外界的敌视和排斥。

> **观念应用 3-1**
>
> ### 女子足球队的群体凝聚力
>
> 曾桂生于 1997 年对当时我国 11 支优秀的女子足球队（国家队、上海队、大连队、山东队、北京队、广东队、河北队、解放军队、河南队、冶金队和四川队）的 214 名队员进行过群体心理气氛的测试工作。结果表明，女子足球队的群体凝聚力与其总名次显著正相关，群体凝聚力是好足球队绩效和总名次的重要预测指标，如表 3-1 所示。
>
> 表 3-1　女子足球队的群体凝聚力与总名次的关系
>
> | | 上海队 | 大连队 | 国家队 | 北京队 | 解放军队 | 广东队 | 河南队 | 冶金队 | 山东队 | 河北队 | 四川队 |
> | ---- | ---- | ---- | ---- | ---- | ---- | ---- | ---- | ---- | ---- | ---- | ---- |
> | 群体凝聚力 | 1 | 2 | 3 | 4 | 8 | 5 | 7 | 6 | 10 | 9 | 11 |
> | 总名次 | 1 | 2 | 3 | 4 | 5 | 6 | 7 | 8 | 9 | 10 | 11 |

3.2　群体内行为

群体可以通过成员之间的相互依存、相互交流和相互作用来满足成员个体的心理需求，增强成员之间的关系，增强群体的凝聚力。

3.2.1　群体压力下从众行为的一般研究

群体成员通常具有跟随群体的倾向。当一个人发觉自己的行为和意见与群体中多数人不一致时，一般会感到心理紧张，产生一种心理压力，这就是群体压力（Group Stress）。这种压力促使个体与群体主流的行为和意见趋于一致。这种行为被称为从众行为或社会从众行为（Conformity Behavior）。

1. 从众行为产生的原因

从众行为的产生，一方面是源于马斯洛指出的人的安全需要。在群体中，标新立异或与众不同往往会使个体担心由于背离群体的主流做法而丧失安全感，从而感到孤立、不安和不和谐。反之，当个体与群体保持一致时，就会产生一种安全感和舒适感。群体压力与正式的权威命令不同，它不一定是强制地影响个体行为的，而是多数人的意向在影响个体行为，个体在心理上往往难以违抗。因此，群体压力对个体行为的影响，有时并不亚于权威命令。从众行为的产生，另一方面是因为个体其他方面的实际需要。譬如，一个人在工作或生活中所需要的大量信息都是从别人那里得到的，离开了他人，个体几乎难以活动。这样就使个体逐渐形成不自觉地依赖他人的心理，从而导致从众行为的产生。此外，个体要在工作和生活上有所成功，必须依赖他人的努力和群体的力量。总之，个体生活在群体之中，任何一个群体、组织或整个社会都是一个合作系统。这就意味着，在一个群体中，个体在某些时间和场合都可能会做出某种程度的让步，不愿意犯众怒，甚至委曲求全。

小资料 3-2

阿希实验

美国心理学家阿希（Asch）于20世纪50年代设计了一个典型的实验，证明个体在群体压力下会产生从众行为。他将7~9人编成一组，让这些人对几条线的长短进行比较，判断卡片上的三条直线中，哪条直线与另一张卡片上的直线长短相等。在正常情况下，被试者都能判断出来，错误的概率小于1%。但阿希对实验预先做了布置。一个人是真正的被试者，其他几个人都是实验人员事先安排的合作者。试验用12套卡片，每套卡片有2张。实验人员每次给被试者看2张卡片（1套），看完后请他们一个一个地指出右边卡片中的哪一条直线与左边卡片中的直线同长。根据事先交代，开始的几次实验，合作者都做出正确的反应，以后就故意一致地做出错误的反应，在这种情况下观察那一位真正被试者的选择和反应受其他人一致性错误影响的程度。阿希在1951年、1956年、1958年多次重复试验，结果发现：当真正的被试者只遇到一个成员做出的错误回答时，他将坚持自己的正确意见；当组内做出错误回答的人增加到两个人时，他就会感到群体压力，这时他接受错误判断的次数，概率达13.6%；当组内做错误回答的人增加到三个人时，他接受错误判断的次数概率达31.8%。

阿希的实验结果表明，群体规范能够给群体成员形成压力，迫使成员的反应趋向一致。每个人都渴望成为群体的一员，而不愿意与众不同。

（资料来源：豆丁网。编者对原文有删减。）

2. 影响个体从众行为的因素

影响个体从众行为的因素主要包括个体特征、群体特征以及其他情境因素等。

第一，个体特征。人的从众行为倾向性在很大程度上取决于个体的特征。这些特征包括：

①智力和能力的高低，智力低者更易从众；②情绪的稳定性，焦虑且不稳定者易从众；③自尊心强弱，自尊心弱的人易从众；④社会赞誉需要的高低，社会赞誉需要高的人易从众；⑤对人际关系的敏感性，看重人际关系的人易从众；⑥态度与价值观，对社会评价和舆论敏感、重视道德与权威、墨守成规者易从众；⑦对他人的依赖性，对他人依赖性强者易接受别人的暗示而放弃己见。

第二，群体特征。这方面的因素包括：①群体的作用，一个能够满足个体愿望和需要的群体，易使个体产生从众行为；②群体的组成，当群体内多数成员的地位、能力、经验高于个体时，个体容易产生从众行为；③群体的气氛，当群体不容忍个人主见、总是对从众的人有利时，个体易产生从众行为；④群体的凝聚力，群体的凝聚力越高，个体越容易从众。

第三，其他情境因素。个体的从众行为还取决于其他情境因素：①问题的性质，如果群体针对的问题本身复杂模糊、没有标准，则个体易从众；②个体对群体的依赖度，当个体非常依赖群体来达到其目标和需要时，就会考虑群体的意见和需要；③外界对群体的支持度，当整个组织对该群体非常认同和支持时，个体也容易产生从众行为，等等。

3. 企业管理中对群体压力的运用

几乎所有研究不否认群体压力和顺从现象的存在。企业管理中应重视这种现象。

美国组织行为学家莱维特（Leavitt）提出了群体对持异议者施加压力的方式。如果在一个管理委员会中，个体的意见与群体的意见有分歧，那么群体对他施加压力的方式有四种：理智讨论、怀柔政策、铁腕政策和开除政策。也就是说，先想办法使个体顺从；如果讲不通，就用开玩笑或"和稀泥"的方式表示他与群体并无原则分歧；如果还是无法使他顺从，就公开对他施加压力，直至把这个人从群体中开除出去，或者对他的意见根本不予理睬。

在企业管理中，管理者应重视群体压力和顺从现象。一般来说，应避免采取以群体压力的方式压制群体成员的独创精神，但也不能认为群体压力只有消极作用，对于群体成员的不良行为施加适当的压力是必要的。

观念应用 3-2

从众和顺从两种控制策略并用效果更好

心理学研究证明，同时使用从众和顺从两种控制策略，比单一使用一项策略效果要好。心理学家在实验中要求美国南卡罗来纳大学的学生向心脏病协会捐款，一部分被试者在看了有 8 名捐款者的名单后，有43%的人同意要求并捐了款；另一部分被试者只被要求捐款但不知道其他人捐了款，因而只有25%的人捐了款。

（资料来源：道客巴巴。编者对原文有删减。）

3.2.2　群体决策的概念与决策群体的组成

群体决策就是由多人组成的群体进行决策。群体决策是决策行为理论的重要组成部分。

群体决策由于利于将多个人的意见汇总在一起，因此决策往往比较全面、深刻，具有正确性较高的优点。但由于多个人的意见存在分歧，通常需要讨论来获得决策结果，比较耗费时间，群体决策的平均效率比较低。国外一些学者的实验研究证实了这一结论。

群体决策要尽可能多地集中智慧，但人数又不能过多。解决这一矛盾的方法，就是决策群体的组成要坚持互补的原则，以提高群体决策的效率。具体来说，有以下几点。

（1）知识结构上的互补。一个决策群体应该尽可能包括具有不同知识背景的人员。知识背景不同的人对客观世界的理解不同，看问题的角度不同，能力结构不同，思维方式也不同，因此他们的知识结构的互补，不仅能够使得决策群体对客体的认识盲区大大减少，而且能够使决策群体中的成员相互启发，激发出创造性的思想。

（2）性格、气质和决策风格上的互补。不同性格、不同气质的人各有优缺点，在情绪、意志等方面的表现各有千秋，因此组织在组成决策群体时还应注意成员在性格、气质方面的互补。

在决策风格上，有研究者把人分为六类：

经济型——决策中更注重经济效益；

审美型——决策中更注重和谐和个性；

理论型——决策中更注重事实的确认和根源的分析；

社会型——决策中更注重人际关系；

政治型——决策中更注重权力、影响和声望；

理想型——决策中更注重理想和献身精神。

这些分类都不是绝对的。"金无足赤，人无完人"，每个人都有其独具的特色，群体决策就是要使大家相互补充，形成一个整体更优的集体，以取得更明智的决策结果。

（3）年龄、性别、所处阶层的合理分布。决策群体的组成，还应注意人员的年龄、性别、所处阶层的合理分布。这种合理分布有利于决策群体加强与不同年龄、不同性别、不同社会阶层、不同社会团队的广泛联系，随时采集各方面的意见和建议，发挥各类成员的优势，取长补短。另外，在决策群体中包含不同类型的成员，也有利于调动组织成员的积极性，提高士气。

（4）决策群体的人数。研究表明，5~11人组成的中等规模的群体决策最有效，能得出更为正确的决策；4~5人的群体较容易使成员感到满足；2~5人的较小的群体较易得到一致的意见。比较大的群体可能得到较多的意见，但意见的增多与群体人数的增加并不存在正比关系。

3.2.3　群体决策与风险心理

决策行为本身可能是有风险的。个人决策时，对决策方案的风险性偏好很大程度上取决于个体的冒险性如何。然而在群体决策过程中，情况就要复杂得多，主要是群体动力在起作用。群体决策中的风险心理性的主要表现形式为"冒险转移"现象。

一般认为，群体决策由于集思广益、博采众长，比个人决策更为合理、更为有效。但是研究表明，群体决策与个人决策相比，往往更倾向于冒险。最近几十年来，有近百项实验研究了这种情况。

这类实验研究一般都是把个人决策与群体决策的冒险水平加以比较。实验分为两组：第一组记录个人决策的冒险水平；第二组记录由3~5人组成的决策小组的冒险水平。选择最佳决策方案时，一般都要求全组做出一致同意的决策。决策的课题设计要便于数量评定。

观念应用 3-3

"冒险转移"实验

医生告诉某银行职员 B 先生,他得了心脏病,病情相当严重,请 B 先生务必改变生活方式,戒掉不良嗜好,减轻工作量,节制饮食。医生诊断,B 先生可以做外科手术,如果手术顺利,健康总体状况会大有改善。但医生不能保证手术一定成功,在某些情况下手术可能造成严重后果。

实验者请被测试者设想一下,给 B 先生提出建议。被测试者要对如下手术成功的概率做适当选择:

手术成功的概率是 90%;
手术成功的概率是 70%;
手术成功的概率是 50%;
手术成功的概率是 30%;
手术成功的概率是 10%。

对这类课题进行决策的实验发现,群体决策的冒险水平要高于个人决策的平均冒险水平。这种在群体决策中,冒险水平增加的现象就是所谓的"冒险转移"现象。这种现象可以用图 3-8 来说明。假定一个小组由 7 人组成,他们分别采用了不同的决策,其平均数 R,在经过长时期讨论之后,他们采用了冒险水平为 R_g 的决策。增量 $\triangle R = R_g - R$,就是群体决策冒险转移的数量指标。

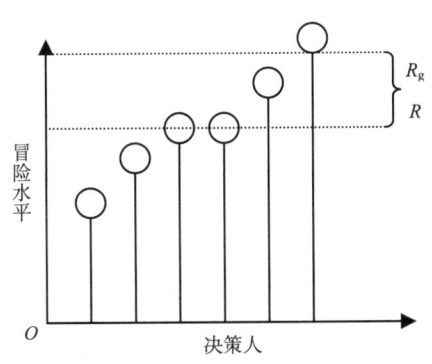

图 3-8 "冒险转移"现象

大量的研究表明,"冒险转移"现象是相当普遍的,在大学生群体以及领导群体中都可观察到这种现象。此外,几十项心理学和社会学实验也证明,法国人、美国人和波兰人在采取群体决策时都存在这种现象。

(资料来源:张德. 组织行为学[M]. 北京:高等教育出版社,1999.)

"冒险转移"现象的发现令人感到意外。在探讨"冒险转移"现象发生的原因时,各国学者提出了不同的假设,主要有下述五种。

(1)责任分摊假设。

每一种包含风险的决策都与一定的责任相联系。风险越大,失败的概率越大,决策者肩负的责任也越大。责任往往使决策人情绪紧张、焦虑不安，不敢贸然采用有较高风险的决策。群体之所以采用有更大风险的决策，是因为对决策后果的责任可由群体全体人员分摊，万一决策失败，追究责任时不至于独自承担，这样就减轻了个体的心理负担。

（2）领导人物作用假设。

在群体中，总会有领袖人物和有影响力的人物，他在群体活动中起着特殊的作用。他为了显示自己的才能与胆略，往往会大胆采用冒险水平较高的决策。同时，由于对群体成员具有较大的影响力，在决策中有较大发言权，他会用各种方式证明所采用的决策是有根据的，因而他的决策会被群体所接受，变成群体的决策。

（3）社会比较作用假设。

在许多群体内，提出有根据的冒险决策会得到好评。因此，群体中的个体提出自己的决策意见时，往往要与别人的意见进行比较。如果个人的意见在冒险水平上低于群体其他成员的平均冒险水平，个体则会感到不安，担心群体可能对他产生不良的印象。基于这种考虑，个体在参加群体决策时，提出意见的冒险水平往往要高于其单独决策时的冒险水平。也就是说，群体内各成员的相互比较可能产生"冒险转移"现象。

（4）效用改变假设。

这种假设是用效用理论的术语来解释群体决策的"冒险转移"现象的。这种假设认为，在群体中通过讨论，彼此交换意见，会影响个人选择方案的效用。同时，群体成员彼此相互影响也会改变冒险的效用，产生趋同现象。也就是说，群体中各成员对于冒险价值的主观意义会逐渐类似。但这种假设并不能全面解释"冒险转移"现象，不能解释为什么冒险会使效用增加而不是减少，或者说，为什么在大多数情况下向增大冒险的方向转移而不是向保守方向转移。

（5）"文化放大"假设。

这种假设认为，若一个国家或社会的文化中，占主导地位的价值观是崇尚冒险，则这种价值观会被"放大"，从而扩散与反映到群体决策中来。

综上所述，五种假设虽然都试图解释群体决策的"冒险转移"现象，但各自都不能解释全部。可见，这种现象相当复杂，其发生受多种因素制约，在不同的具体情况下可能有不同的因素在起主导作用。因此，这五种假设都有一定意义，但在运用中不能以偏概全，而应相互补充。群体决策中可能会有"冒险转移"现象，但不能认为群体决策向冒险方向转移是必然的。实际上，如果群体成员有较高的水平，团结一致，掌握充分的信息等，群体一般会采用适当的决策而不是冒险。特别应当指出的是，近些年来组织行为学的研究发现，群体决策也有向保守方向转移的倾向，尽管这方面的研究资料尚不多见。因此，有人提出，要两极化倾向的概念代替冒险转移，因为在某些情况下，群体决策也倾向于保守。

3.2.4 群体决策与创造心理

群体决策在组织中的应用非常广泛，组织中的许多决策是由群体、团队或委员会做出的，通过群体决策方法的正确运用，可增强群体成员的创造心理。

1. 群体决策中创造性激发的两重性

群体活动具有复杂性，其主要表现在群体决策中的创造性上。在顺利的情况下，一群人在一起比单独一个人能产生更多的创新。但也有相反的描述，美国有组织行为学家认为，群体的活动往往强求一致，扼杀了成员的个性和创造性。美国有一句谚语："马如果经过委员会的安排就会变成骆驼。"因此，重要的是充分利用群体动力积极的一面，不但发挥群体效能在力量上的"1+1>2"的优势，而且使该优势能在激发群体创造性上得以进一步发挥。

2. 激发群体创新的办法

激发群体创新的方法有很多，下文主要介绍四种。

（1）头脑风暴法。头脑风暴法（Brain Storming）最早由奥斯本（Osborne）于20世纪50年代提出。头脑风暴的原意是指精神病人的胡言乱语。头脑风暴法用于群体决策，则是指让人敞开思想、畅所欲言的一种方法。这种方法的主要特点是把有关的人员召集在一起，让他们就某一专门问题无拘束地发表意见。这种会议有一些规定，不允许对别人提出的意见进行反驳，即使是极其荒谬的意见也不允许反驳。这种会议也不发表结论，鼓励参会者大胆自由地思考问题，思路越广越受欢迎，意见提得越多越受欢迎，并且允许参会者经过协商联合提出某种意见。

采用这种方法时，人数不可过多，以十几个人为宜，时间不可过长，以半小时至一小时为宜。据统计，这种方法每小时可产生60～150项建议，比一般方法多70%。尽管其中有若干方案可能毫无意义、不切实际，甚至荒唐可笑，但其中也会有若干方案可能很有价值，很有创新性。

一般来说，采用这种方法应针对比较单一明确的问题。如果问题涉及面很广，因素很多，则应把复杂问题分解为单一性的小问题。这种方法的优点是使人解放思想，敢于大胆地想问题；缺点是整理意见、分析意见要花很多时间，会拖延决策。

从头脑风暴法中还派生出另一种方法，叫作反向头脑风暴法。它是指让人们对某个方案只提批评意见，尽量挑毛病，甚至吹毛求疵，从而根据批评意见修改这个方案，使之达到完美程度。

（2）德尔菲法。德尔菲法（Delphi Method）是一种集中各方面专家的意见，并预测未来事件的方法。这种方法的过程如下。

第一，就预测内容写成若干条含义明确的问题，规定统一的评估方法。

第二，根据情况，选择有关专家数十人，征求他们的意见。各专家互相之间不沟通，对专家的姓名要保密，避免因专家意见彼此不同而产生消极影响。

第三，将专家的意见收集起来，对每一个问题进行统计处理，找出答案中的中位数和分布情况。

第四，将统计结果再反馈给专家，每个专家根据统计结果，结合考虑其他专家的意见，对自己的建议进行修改，但全部过程需保密。

第五，将修改过的意见再寄给专家。这样经过几次反复，取得比较一致的意见。

由此可见，德尔菲法也可被称为有控制的反馈法。采用这种方法时，要求征求意见的问题明确、具体，数量不可过多，如实地反映专家意见，问题不能带有设计问题者的主观倾向性。这种方法的好处在于：一方面，被调查者彼此不见面，不了解真名实姓，避免了相互之间产生消极影响；另一方面，经过几次反馈，意见比较集中，便于决策者做决定。我国一些研究机构也曾用德尔菲法对国内的情况进行预测，效果很好。

（3）提喻法。提喻法（Synectics）是由哥顿（Gordon）提出的，故又称哥顿法。其做法是邀请5~7人参加会议并进行问题讨论，但讨论的问题与即将进行的决策没有直接关系，而是运用类比的方式进行讨论。类比的方式是多种多样的，如拟人类比、象征类比、幻想类比等。例如，如果决策的问题是研究某种夜视仪，则可邀请有关专家来讨论猫头鹰眼睛的夜视功能；如果决策的问题是某项人事任命问题，则可邀请有关专家来讨论担任某种职务的人员需要具备什么样的品质。采用这种类比的方式，把熟悉的事情变成陌生的事情，有助于人们摆脱框架的束缚，充分利用各自的想象力开拓新的思路。

（4）非交往型程式化决策术。采用此法的程序及其设计的依据如下。

第一，主持者向与会者通知开会地点与时间，但不告知议题。这是因为，根据调研经验，获通知者大多不能认真做准备，只是忙于自己的业务，想到会上见机行事。

第二，与会者到齐后，主持者宣布议题，一般每次只议一个议题，解决一个问题，会议时间通常不超过两小时。

第三，主持专家宣布全体进行"沉默准备"，给每人发放纸和笔，并规定时限（10~20分钟）。此时限内不允许互相交谈。在此条件下，与会者不得不认真思考。据统计，在同样人数条件下，就同一议题，采用传统常规决策法一般可得7~8项意见或方案，而采用此法可得17~21项意见或方案。

第四，到指定时间后，每人依次宣读自己准备好的意见，但每轮只读一条，并由记录员将发言要点记在大家可见的黑板或大白纸上。每轮发言的起点及顺序由主持者随机指定（包括他本人在内）。这样做，可使每人获得均等发言机会，不易产生个人主宰会议等弊端。记录要点的原因是方案很多，不记下则易忘。这样每人逐轮依次发言，至每人备妥的意见全部陈述完为止。

第五，大家对不明白之处提出问题，由原提议者解释澄清。但提问者不得对对方意见进行评价或批评，解答者不得鼓吹自己的意见，只能就事论事地予以补充说明。这可避免因感情对立造成对抗与僵局。相信每人都会冷静思考，并具有自己的分析判断力。

第六，每个人将各备选方案，按照各自对其质量高低的判断，列出顺序。如备选意见过多，主持者可限定选取方案数量（如共有18条方案，可限定只选10条较佳者）。

第七，记录员将每条意见的获票数写在黑板上。获票最多者即群体决策。如果是拟定解决某问题的措施，则主持者可酌情决定入选标准，如获票过半（或2/3、1/3等，视所需措施多少而定）即入选，成为群体选定的措施。

3.2.5 群体决策与群体思维

在集体讨论过程中可能会产生一些失误，影响决策的质量。有时会看到这样的现象：由一些经验丰富、知识渊博的专家组成的群体，会做出一般人凭常识也不会做出的荒谬决策。美国心理学家贾尼斯（Janis）详细地研究了这个问题。他分析了各种政治和军事决策，发现了一种称为"群体思维"（Group Think）的现象，或者称为"小集团思想"。所谓"小集团思想"，用贾尼斯的话来说，就是"参与一个统一群体中的人们的一种思想作风，这个群体认为追求思想一致比现实地评价各种可能的行动方案更为重要"。这一群体的成员认为，保持群体的统一、创造和谐的气氛有特殊意义。把这样的目的摆在首位，群体成员往往不能理智地分析各种可能的备选方案，使群体决策质量受到很大影响。

"小集团思想"有下述几个方面的特点。

（1）具有顺从性思维。

在这种群体中，顺从作风占主导地位。群体中某一成员如果不接受领袖人物或多数人的意见，就会受到孤立、嘲笑或排斥。在这种条件下，即使群体成员对采取的决策有怀疑，也不敢公开发表意见。因此，"小集团思想"会产生一批俯首帖耳的顺从者。

（2）有倾向性地选择信息。

在具有"小集团思想"的群体中，其成员往往会封锁那些怀疑群体决策正确性的信息，尤其是对群体领导人封锁这种信息，这会严重影响群体决策的质量。

（3）具有盲目乐观情绪。

这种群体往往过高估计成功的概率，过低估计失败的可能性，认为本群体的决策一定会成功。其结果却往往适得其反。

（4）相信群体无所不能。

这种群体的成员往往认为，一切都决定于他们的行动。他们过高估计自己拥有的物质手段、自己的组织和专长，而对外部条件、对方力量估计过低。

（5）产生首创精神的假象。

这种群体认为自己在解决经济或政治问题上具有首创精神，人们或社会组织的命运取决于本群体的决策。而实际上，这只不过是一种假象。

总之，"小集团思想"一方面会提高群体的凝聚力和群体成员的自我满意感，另一方面会降低决策的质量，使群体决策的效果比个人决策的效果更差。

> **小思考 3-2**
>
> 贾尼斯"小集团思想"的概念并不是以实验研究为基础提出的，而是在分析了美国历史上若干重大决策成败的案例之后得出的结论，这种研究方法是否十分可靠？请举例说明。
>
> 答：贾尼斯过分夸大"小集团思想"在群体活动中的作用，而没有充分估计其他因素的作用。例如，历史上某些战争的发生，实际上取决于政治、经济、军事等一系列因素，把它仅仅归结为"小集团思想"，则是一种把一切社会现象简单地归结为心理因素的错误做法。

尽管如此，"小集团思想"确实在某些决策群体中出现。这提醒管理者要注意这种现象，并采取适当的措施，消除和降低这种现象的不利影响。

一般来说，在组织群体活动时，组织者应鼓励参与者发表各种不同的意见，群体的领导者在做出最后决策之前应持中立态度，此外，还可以听取不属于本群体的各种专家的意见，等等。

3.3 群体间的行为

两个或两个以上的群体如果处于一个较大的系统之中，或者处于某种关系之中，就会产生群体间的行为。群体间的行为中，要解决的核心问题是协调。协调是进入群体关系的各个群体的共同需求。没有协调就没有良好的群体关系，也就不可能取得群体间行为的满意结果。因此，在实际工作中，人们为协调好群体间的关系，一直在做着不懈的努力。

3.3.1 冲突和竞争

处在组织中的人，由于相互间的交往，总要形成人与人之间，以及群体与群体间的关系。因为种种原因，人们常常会产生意见、分歧、争论、冲突和对抗，使彼此间关系出现紧张。组织行为学把它们统称为"冲突"。实质上，冲突是指两个或两个以上的社会单元在目标上互不相容或互相排斥，从而产生心理上的或行为上的矛盾。冲突的产生，不仅会使个体体验到一种过分紧张的情绪，还会影响正常的群体内人与人之间的关系，以及群体与群体之间的关系。

冲突和竞争不同。冲突的对象是目标不同的另一方，而竞争的双方则具有同一个目标，不需要发生势不两立的争夺。

如果双方都能从他们的竞争结果中获益，那么竞争就不大可能变为冲突。例如，在工作单位里，如果谁符合标准就能晋升，没有名额限制，那么员工之间就只有竞争而不会发生冲突。实质上，竞争和冲突的区别在于，一方所采取的行动是否会影响另一方目标的实现。这种区别表明，要想防止竞争演化为冲突，有效的管理策略是消除共同介入的机会。

3.3.2 冲突的来源

罗宾斯认为冲突的来源有三方面：沟通因素、结构因素和个体行为因素。

1. 沟通因素

管理者把大多数冲突归因于组织沟通不良。完善的沟通可以使受讯者把发讯者的信息理解得毫无差错，但这样的完善沟通几乎没有，因此在沟通过程中难免有许多误解。虽然，由不成功的沟通引起的冲突不同于本质上对立的冲突，但它仍然有着强大的影响力。

2. 结构因素

第一，规模。罗宾斯总结了那些有关冲突和组织规模之间关系的研究成果，发现一致的结果是，组织规模越大，冲突也越大。其原因可能是，规模越大，分工越多，层次越多，因此信息在传递过程中越易被歪曲。

第二，参与。从人际关系的角度来看，邀请下级参与，可以满足尊重和友爱的需要，因此可以使人们之间的关系更融洽。这样，下级参与越多，冲突越少。但是，有关研究表明事实恰恰相反：下级参与程度越高，冲突水平也越高。其原因可能是，参与越多，个体差异也越大。而且，仅仅参与决策并不等于所提建议必被采纳。如建议不被采纳，下级无权把自己的想法付诸实施。扩大参与所引起的冲突并非都是有害的，如果这种冲突可以提高群体的绩效，则应该鼓励其存在。

第三，直线机构和参谋机构。冲突的一个经常的来源是组织中直线机构和参谋机构之间的矛盾。直线机构的工作直接关系到组织的核心活动。在制造工厂，生产部门是直线机构；在商业单位，市场销售部门是直线机构。参谋机构的工作是辅助直线机构的，诸如研究开发部门、公共关系部门、人事部门等。由于直线机构和参谋机构的职能不同、目标不同，且成员的价值观和背景不同，因此它们之间常有冲突。直线机构更加关心经营，而参谋机构则不直接参与经营活动；直线机构的人员往往对组织很忠诚，而参谋机构则时时对组织的事务提出批评（觉得它有义务这样做）；直线机构的人员强烈地认为自己是组织的一员，参谋机构的人员则更强烈地把自己归到一个专家群体，而不是组织中的一员（例如，一个参谋人员可能认为自己是碰巧成为某公司的公共关系专家）；直线机构的人员往往关心日常的和眼前的事情，参谋机构的人员则更关心长远的问题。由于以上这些差异，不难理解直线机构和参谋机构之间会有一定程度的冲突存在。

第四，奖酬制度。如果奖酬制度是这样的形式，即一方多得报酬必然使得另一方少得报酬，就很容易引起冲突。这种冲突可以出现在个人之间、群体之间，也可以出现在组织之间。

第五，资源相依性。在使用组织的资源方面，群体之间往往发生冲突。如果有足够的奖金和其他资源（如空间、设备、材料），冲突就不会产生。但组织往往又不能拥有如此丰富的资源，因此各群体为了资源的分配而往往产生冲突，导致协作的不良。

第六，权力。组织中权力的分布也是冲突的来源。如果一个群体感到自己的权力过小，而另一个群体权力过大，则它可能会对现状提出挑战。

3. 个体行为因素

个体之间的差异也是冲突的来源。一些人的价值观或知觉方式可能导致与他人的冲突。如果管理者的价值观是"人为财死，鸟为食亡"，那么，他把这样的观念强加给别人必然引起冲突。同样，管理者如果喜欢以某种固定模式看待人（如认为留长发的都不是好青年），那么他这种知觉方式也迟早会引起冲突。另外，也有些人就是喜欢无事生非、寻衅闹事。研究表明，那些好冲突的人具有一些特质。独断专行的人爱扩大事态以攻击别人。自信心弱的人容易感到别人的威胁而先发制人。无论独断专行的人还是自卑的人，都感到需要"自我防卫"而主动与他人发生冲突。

3.3.3 群体冲突的常见后果

群体冲突的常见后果诸多，但常见于以下两方面。

1. 冲突群体内部的变化

在竞争、冲突或外部威胁下的群体，会产生同仇敌忾、摒弃前嫌、一致对外的倾向，内部凝聚力增加。在威胁严重时，大家会感到需要一个坚定的领导，即使群体领导人变得作风独断，大家也能忍耐。大家会对群体的工作任务关心和热情起来，不能容忍懒散；对群体规范的顺从变得重要起来，会强调把群体目标置于个人目标之上，以示忠诚。

2. 冲突群体之间的变化

冲突会歪曲群体成员的认识，使群体成员觉得"我们"就是比"他们"强，在单位里的作用和贡献就是比对方大——这是认识的扭曲，其实未必真的如此。当这种认识扭曲得很严重时，群体成员就会加重对别人的偏见，看"自己人"之间的差异比实际的小，看"咱们"跟"那帮家伙"的差异比实际的大。这类消极性冲突会导致群体沟通中断，进而影响整个组织的绩效。

3.3.4 减少冲突的策略

1. 设置超级目标

设置超级目标可以使对立的双方减弱冲突，这时，他们必须共同把精力集中于目标的达成上，从而缓解互相之间的对立情绪。

> **观念应用 3-4**
>
> **设置超级目标减少冲突实验**
>
> 设置超级目标可以使对立的双方减弱冲突，谢里夫（Sherif）的一个现场实验证实了这一点。他召集12岁的男孩兴办夏令营。开始，他把这些孩子分成相互独立的两个小组。这些男孩尽情玩耍并形成了群体规范。后来，谢里夫故意挑起争端，分别告诉两个小组，对方拥有特殊装备（如独木舟），所以有些活动只能让对方参加。结果，两个小组互相不满起来。当冲突明朗化后，谢里夫又试图使他们变得和睦。开始，谢里夫分别向每组说对方的好话，但结果失败，因为彼此的成见使他们拒绝接受这些信息。谢里夫又让两组的孩子一起吃饭、看电影，但仍无效果，当两组孩子接近时，互相的敌意立即就显露出来。谢里夫又让两组的领袖坐下来讲和，但也不奏效。因为领袖们不敢背叛自己的成员，以免被罢官。最后，谢里夫导演了几出小品，并给孩子们设置了更高的目标。孩子们为了使自己的群体获益，只能消除敌意，共同实现这些目标。小品之一是，谢里夫故意弄坏营地的食品运输车，使得双方孩子必须一起来推车才能把食品运回营地。由于需要一起克服困难，两个小组的孩子最终采取了友好和合作的行为。在活动结束时，其中一组还有剩余资金，于是该组用来为两个组买了点心，而不是独自享用。
>
> （资料来源：豆丁网。编者对原文有删减。）

2. 采取行政手段

（1）改变结构。可以把爱闹事的人调出去。这种方法简单，但不是处处可用，因为有些人是骨干力量，不可或缺。

（2）设置综合领导。如果两个部门（如生产部门和销售部门）之间存在冲突，一个可供选择的方法是，让他们都接受同一个既懂生产又懂销售的高级经理的领导，这个经理就起到了协调的作用。

（3）向上级申诉，由上级仲裁。这种做法的一个主要缺点是，败诉的一方未必肯轻易接受仲裁，所以要注意安抚败诉的一方，还要进一步使双方携手合作。

3. 采用二维模式

过去，社会心理学家用一维空间来表述人们冲突中的行为，这一维空间是从竞争到合作。他们认为有的人倾向合作，有的人倾向竞争，有的人则介于两者之间。近年来的大量研究表明，这种看法不能全面反映人的冲突行为。托马斯（Thomas）和他的同事们提出了二维模式。在二维模式中，处理冲突共有五种典型方式（策略），如图3-9所示。

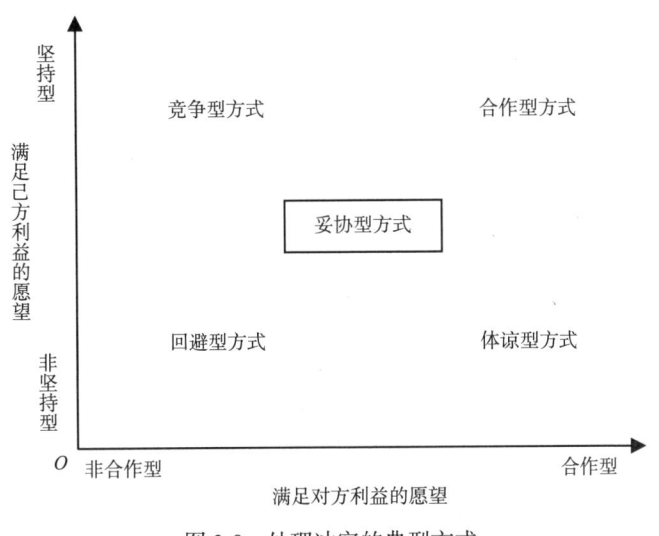

图 3-9 处理冲突的典型方式

（1）竞争型方式。

采取这种策略时，一方与对方激烈竞争，寸土不让，坚持己方利益要求。当面对紧急情况，需要采取非常行动时，觉得己方完全正确，或己方对对方有很大影响力时，运用这种策略常能奏效。

（2）回避型方式。

采取这种策略时，一方退出冲突处境，既不满足对方也不满足己方的利益。在问题为细枝末节，情况不大可能满足己方利益要求，冲突的解决很可能带来严重破坏，或对方能把问题解决得较好时，可采取这种策略。

（3）体谅型方式。

采取这种策略时，一方愿意满足对方的利益而不坚持己方利益，息事宁人。在发现自己确有不对之处，冲突的问题对对方比对己方更重要，和谐与稳定特别重要，己方输了又想尽量减少损失，或是想让己方从错误中吸取有益教训时，可采取此策略。它能使己方在今后遇到类似问题时，在公众中有较好的名声。

（4）合作型方式。

采取这种策略时，一方强调建设性地把冲突问题解决掉，目的在于最大可能地满足双方的愿望。双方表现出的行为兼有坚持与合作两种成分。基本态度是：有冲突和矛盾是很自然的，对对方表现出信任与诚恳，鼓励畅所欲言，把态度与感情都和盘托出。采用此策略的目的在于学习、利用多方面来源的信息并找到一种综合性的解决方案。

（5）妥协型方式。

这是在坚持与合作之间的一种中庸之道，双方共享对方的观点，既不偏于坚持也不偏于合作。此方式不能使任何一方的要求得到最大限度的满足。只有在目标虽然重要，但未重要到需要寸步不让，双方势均力敌，或情况紧迫、有要求速决的时间压力时，才采取此策略。

3.3.5 引起冲突的策略

对于任一情境，都存在一个最适宜的冲突水平。虽然这一最适宜的水平有时可能是零状态，但是在许多情况下，确实需要有一定程度的冲突存在。也就是说，在某些情境中，只有当冲突存在时，效率才会更高。罗宾斯认为，如果管理人员发现人员流动率低，缺乏新思想，缺乏竞争意识，对改革进行阻挠等情况，就需要挑起冲突。

关于如何引起冲突，罗宾斯提出了如下几种具体的方法。

1. 委任态度开明的管理者

在有些单位，反对意见往往被高度专制的管理者所压制，因此，选派开明的管理者，可以在一定程度上克服这种现象。

2. 鼓励竞争

通过增加工资、奖金，对个人和集体进行激励，以增进竞争。适当的竞争可以引起具有积极意义的冲突。

3. 重新编组

变换班组成员、人事调动及改变沟通路线等，都可以在组织中引起冲突。而且，重新编组后，新成员的价值观和思维方式也可能对群体原来的陈规陋习形成挑战。

3.4 团队建设与管理

要组建好的团队，就必须进行团队建设。良好的团队建设可以强化团队成员的交互作用，提高成员相互信任和接纳的程度，提高成员士气和凝聚力，增强成员对组织的认同，提高团队的工作绩效。

3.4.1 团队的概念及类型

1. 团队的概念

团队是一种特殊类型的群体。团队是由具有相互补充的技能的人组成的群体，团队中的成员彼此承诺为共同负有责任的绩效目标努力。

可以看出，团队与一般意义的群体的明显区别在于四个方面：①群体的绩效依赖群体中的每个成员，而团队的绩效不但取决于每个成员的贡献，还依赖团队共同的工作成果。②在群体中，尽管群体成员将自己的资源聚集在一起，以实现目标，但一般来讲，个体只为个人的工作结果承担责任，也就是说，群体不会为某个人承担责任，个体也不必为群体承担责任；而在团队中，工作结果的责任则被视为团队共同的责任。③团队不但像一般性的群体一样有着共同目标，还要对这个目标做出承诺。④在群体中，群体成员的技能有时是相同的，有时是不同的；而在团队中，团队成员的技能通常是互补的，他们在各自擅长的领域发挥作用，共同实现团队的目标。

专栏 3-3

团队精神的故事

有一个女孩,碰到了很多挫折,觉得没办法改变一切,便向母亲倾诉。母亲把她带到厨房,在 3 个锅里放了同量的水,然后分别放入一个红萝卜、一个鸡蛋和一把茶叶。同样的火,同样的时间,烧了十分钟后,红萝卜变软了,鸡蛋摊开了,弯曲的茶叶伸展了,而那一锅煮茶叶的水也变成了茶水。母亲通过这个故事告诉她,不要随遇而安,也不要愤世嫉俗,不要因为外力的影响而改变了自己的立场。改变环境,光靠一个人的力量是做不到的。从此,这个女孩子不再做一片孤独的茶叶,而开始组建一个团队。

(资料来源:搜狐财经。编者对原文有删减。)

2. 团队的类型

按照团队存在的目的和形态,可以将团队划分成问题解决型团队、自我管理型团队和跨职能团队。

(1)问题解决型团队。

这类团队常常是为了解决组织中的某些专门问题而设立的。团队成员通常每周利用几个小时讨论如何改进工作程序和工作方法,并提出建议。例如,团队讨论如何提高产品质量、生产效率和改善工作环境等问题。但团队成员通常没有权力依据这些建议单方面地采取行动。20 世纪 80 年代,企业中非常流行的质量控制圈(Quality Control Circle),就是典型的问题解决型团队。

专栏 3-4

美国 Transtech 公司的团队活动

美国 Transtech 公司注重团队活动。该公司根据不同的目标建立工作团队。首先,在决策人员中建立了"设计团队",其任务是确立公司在市场竞争中的目标和方向。其次,在营销业务中建立了"设计团队",其任务是了解市场、了解客户,共同研究分析、群策群力落实公司的经营目标。最后,在广大员工中建立了"工作团队",20~40 人一队。每位新上岗的人员都由团队其他成员给予指导。团队定期召开现场会议,人人提建议、谈看法,团队活动使每位员工都对未来产生共同的责任感,形成共同的思维,促使其成长。公司以团队形式把学习与工作融为一体,使"职业生涯开发"工作获得成功。公司员工的旷工率和转岗率减少到了最低限度。

(资料来源:豆丁网。编者对原文有删减。)

(2)自我管理型团队。

自我管理型团队是与传统的工作群体相对应的一种群体形式。传统的工作群体通常是由领导者来决策,群体成员遵循领导者的指令,而自我管理型团队则承担了很多过去由领导者承担的职责,如进行工作分配,决定工作节奏,决定如何评估团队的质量,甚至决定谁可以加入团队，等等。自我管理型团队与传统的工作群体的主要区别如表3-2所示。

表3-2 自我管理型团队与传统的工作群体的主要区别

自我管理型团队	传统的工作群体
客户导向	管理导向
多种技能的团队成员	一群独立的专业人员
信息得到广泛的分享	信息有限分享
管理层次少	管理层次多
覆盖完整的业务过程	覆盖整个业务的某一种功能环节
目标共享	目标割裂
看上去混乱	看上去组织有序
强调达到目标	强调解决问题
高员工承诺	高管理者承诺
自我控制	管理者控制
以价值观/原则为基础	以政策/程序为基础

自我管理型团队能够很好地提高员工的工作满意度，但是也有学者发现，与传统组织比较起来，自我管理型团队的离职率和流动率偏高。

专栏 3-5

哈尼威尔的自我管理型团队

某一日，在加拿大安大略省的哈尼威尔有限公司，10名雇员关闭了生产线。问题源于底板供热器的控制旋钮中有个细小的裂痕。这些雇员组成了装配团队。在工厂的工程师将问题根源查找到——其中一个塑料模具有问题后，团队成员开了个会，就如何从次品旋钮中拣出好的旋钮做出了决定，接着工作又继续。

几年前，这些雇员是不敢叫来一名工程师的，更不能停止装配线。然而这半小时的关闭为公司节省了几千美元的返工费用。雇员说自我管理型团队观念值得赞誉。工厂的一位20岁的熟练工说："当你管理你自己的团队时，你便学会了所有的工作，而不是一种。"她还说："你会觉得对所发生的事更清楚，而且如果有什么事情出了差错的话，你会立刻注意到。"

35个团队从该厂的各个地方吸收成员，包括工程师、有经验的销售人员、维修人员、电工、材料规划人员、购货人员及其他人员。过去的监工方式已经废弃——现在员工都是"教练"或"推进者"。这些团队自动授权每周花一个小时与其他团队的雇员、"推进者"、工程师或工厂经理见面。这不是一种特权而是一种权利。现在这些团队被培训检查自己的工作，他们在问一些过去雇员很少提出的问题。

（资料来源：MBA智库。编者对原文有删减。）

（3）跨职能团队。

组织中，有的团队是由来自组织内部同一层次、不同部门或工作领域的员工组成的，他们合作完成包含多样化任务的一个大型项目，这样的团队就是跨职能团队。跨职能团队打破了部门之间的界限，使得来自不同领域的员工能够交流沟通，从而激发出新的观点，有效解决复杂的问题。很多汽车和飞机制造业公司利用跨职能的团队来解决复杂问题。

3.4.2 创建团队的过程

创建团队的过程包括四个阶段。

阶段一：准备工作阶段。在团队正式形成之前，先要确定是否有必要建立团队。如果管理者认为相对于其他工作方式而言，团队的方式对完成某项工作是最有创造力和洞察力的，那么就应该建立团队。在这个阶段，管理者还必须确定团队的工作目标，以及需要团队人员具备哪些必备的技能以达成团队目标。此外还要确定团队的自主权程度。

阶段二：创造工作条件阶段。在这个阶段，管理者要为团队提供达成目标所需的各种资源，包括人力资源（如完成任务所需的适当的技能组合）、物质资源（如工具、设备、资金）、组织支持（如组织支持团队完成预期工作的愿望）等。如果团队不能获得必要的资源，那么它就无法达成预期的目标。

阶段三：团队形成阶段。管理者在此阶段主要完成三件事情：首先，确定团队的成员，使团队有清晰的界限，任何人加入或退出团队都需要经过正规的渠道；其次，团队成员必须理解和接受团队的使命和目标；最后，在组织中正式宣布团队的使命和职责，这样既能够使团队成员正视自己的身份，也能使团队之外的组织成员明确该团队的存在。

阶段四：提供持续的支持阶段。在团队开始运行之后，管理者也需要不断提供必要的支持，以消除前进中的障碍，使团队工作得更好。例如，对一些出现问题的团队成员做思想工作或者将其替换掉；补充团队需要的资源；解决一些事先没有预料到的新问题。但是应该注意的是，管理者应该在团队自身无法解决问题时或团队向管理者提出解决问题的请求时再着手解决，否则支持将变成一种干预。

3.4.3 如何创建成功的团队

我们可以找出很多成功团队的例子，也有很多团队在运行的过程中遇到了障碍或困难，有的甚至以失败告终的例子。

1. 阻碍团队成功的潜在障碍

阻碍团队成功的潜在障碍主要有以下四个。

（1）团队内部的冲突。造成这种情况，主要是由于团队成员没有真正分享和认同团队的使命和目标。

（2）团队得不到相应的资源。很多团队失败是由于缺少人力、财力等资源或者组织的管理层的支持。

（3）管理层过分干预团队。有时，管理层的干预影响了团队的自我管理，使团队不能按照自己的决策和节奏完成工作目标。

（4）团队与外部合作不力。组织中的一个团队应该得到团队外部的认可与支持，否则将面临孤立无援的境地，甚至受到整个环境的抵制。

2. 高效团队的特征

通常认为，高效团队具有以下特征。

（1）成员具有对共同目标的信念。
（2）成员对团队有高度的承诺与投入。
（3）团队成员有相互信任和依赖感。
（4）成员全力投入并通过协商进行决策。
（5）成员能自由畅通地进行信息沟通。
（6）成员能公开表达情感和不同意见。
（7）团队自己解决其中的冲突。
（8）团队具有较低的离职、缺席、事故、错误和抱怨的发生率。

3. 创建成功的团队应该注意的问题

（1）澄清团队使命和目标。要想成为一个成功的团队，那么团队使命与目标必须是清晰的，而且应该让团队成员清晰地理解团队的使命与目标，这样才有利于建立团队共同的信念与承诺。

（2）选择合适的团队成员。一方面，管理者要注意选择具备达成团队目标所需要技能的团队成员；另一方面，也要注意选择那些愿意参加团队的人。团队成员应该是多元化的，一方面，在技能上各有专长，形成互补；另一方面，在个性特点上具有不同的特点，如要有善于完成工作的人，也要有善于沟通协调的人。

（3）对团队成员进行培训。团队成员不一定从一开始就完全具备完成团队工作所需的各项技能，因此需要对他们实施培训。例如，让团队成员学会如何在团队中沟通，如何与不同类型的人交往，如何解决冲突等。

（4）设定适当的绩效标准。即使有了团队的使命和目标，团队的工作也还不具备可操作的控制标准，因此必须将团队的整体目标细化，制定适当的绩效标准。合理的绩效标准通常遵循 SMART 原则，即具体的（Specific）、可衡量的（Measurable）、可实现的（Attainable）、结果导向的（Result-focused）和有时限的（Time-bound）。

（5）设置合理的奖酬体系。将团队成员的报酬与团队绩效联系起来。另外，对于为团队做出重大贡献的成员，必须予以重奖。

（6）要有清晰的行为规则。团队必须建立起一套清晰的行为准则，让团队成员知道在团队中应该做什么，不应该做什么。

（7）培养团队精神和外部支持。一个成功的团队要有必胜的信念，团队成员必须相信靠自己的力量能够完成目标。在团队成员的相互支持中，团队会受到鼓舞。另外，团队还应该赢得外部力量包括管理层的支持，这样有利于取得必要的资源。

（8）创造良好的团队氛围。应该提倡的是成员之间的相互信任。团队成员只有相互信任，才能关心共同的利益与目标。管理者还应该促进团队成员的沟通与合作，鼓励团队成员参加团队活动，特别是参与重要的决策。

（9）保持团队的开放和创新。一个良好的团队不是封闭的，它必须要不断接受新的信息，与团队周围的环境进行信息交流，它也必须不断产生新的观念和想法。

> **观念应用 3-5**
>
> **户外拓展训练——团队建设的有效方法**
>
> 北京×××拓展训练有限公司近年来为惠普、IBM、葛兰素史克等跨国公司和国内众多知名企业提供户外体验式培训。该公司以自然为舞台，以活动为道具，以学员为中心，以体验的学习方式提升组织和个人的情商，在帮助学员更好地理解和信任他人、相互沟通、共同做出决策、秉承企业文化等方面取得了传统培训所难以取得的效果，在团队建设中发挥了独特的作用。这种户外拓展训练和体验式教学法目前已被国内一些知名院校采用。
>
> （资料来源：MBA智库。编者对原文有删减。）

3.5 本章小结

群体由个体组成，但是，由个体组成的群体有着个体所没有的特点。群体心理一经形成，即成员共有，是群体成员心目中的共有评价、选择、情感等，它在比个体优越得多的水平上体现群体人员的心态。一个和谐的群体会使每个成员工作起来精神焕发、士气高涨，这都是个体在孤立的状态下不会有的。总之，群体心理是成员共有的，群体心理是以群体面貌出现的心理状态。

群体是指在意识和行动上相互发生联系或影响，为着共同的目标而协同活动的一群人。个体组成群体后，其活动效果绝不是个体单独活动效果的算术和，即个体组合后的总体功能不是组合的每一个个体功能的简单的总和。群体的活动效果只能由群体成员相互作用的结果而定，而且群体成败的相互作用是多方面的。

群体凝聚力、群体规范、群体压力是群体内部影响群体动力的主要因素。

3.6 思考与技能实践

3.6.1 基础训练

1. **名词解释**

（1）群体。

（2）角色。

（3）冲突。

（4）团队。

（5）非正式群体。

（6）群体决策。

（7）群体思维。

2. **简答题**

（1）群体有哪些类型？

（2）群体规范有哪些功能？如何对群体规范进行诱导与控制？

（3）社会从众行为产生的原因是什么？

（4）冲突与竞争有什么不同？

（5）如何减少和解决冲突？

（6）怎样才能提高群体凝聚力？

3. 单项选择题

（1）社会心理学家霍曼斯通过对群体的分析，发现在任何一个群体中都存在相互联系的三个要素是（　　）。

  A. 活动、感情、规则　　　　　　B. 活动、相互作用、规则

  C. 活动、相互作用、命令　　　　D. 活动、相互作用、感情

（2）依据构成群体的原则和方式的不同，可将群体划分为（　　）。

  A. 假设群体、实际群体　　　　　B. 大型群体、小型群体

  C. 正式群体、非正式群体　　　　D. 共同作用群体、协作群体和协调群体

（3）几乎在任一群体中，都可以看到成员的三种典型的角色是（　　）。

  A. 任务角色、维护角色、群体角色

  B. 自我中心角色、维护角色、群体角色

  C. 自我中心角色、任务角色、群体角色

  D. 自我中心角色、任务角色、维护角色

（4）非正式群体的基本特征有（　　）。

  A. 稳定性、内聚性、规则性　　　B. 自发性、不稳定性、内聚性

  C. 自发性、不稳定性、耦合性　　D. 自发性、稳定性、内聚性

4. 多项选择题

（1）群体的主要功能有（　　）。

  A. 把个体力量汇合成新的力量　　B. 完成组织所赋予的任务

  C. 遵循规则　　　　　　　　　　D. 满足群体成员的需求

（2）根据群体或团队成员之间的关系，任务群体可以分为（　　）。

  A. 友谊群体　　　　　　　　　　B. 抵制性群体

  C. 共同行动群体　　　　　　　　D. 交互群体

（3）群体发展的几个阶段是（　　）。

  A. 形成阶段　　B. 震荡阶段　　C. 凝聚阶段

  D. 执行任务阶段　　　　　　　　E. 结束阶段

（4）群体可以分为（　　）。

  A. 人际群体　　B. 团队群体　　C. 无序群体　　D. 任务群体

（5）个体从众的影响因素是（　　）。

  A. 个体特征　　B. 规则　　　　C. 群体特征　　D. 其他情境因素

（6）罗宾斯认为冲突的来源有（　　）。

  A. 群体因素　　B. 沟通因素　　C. 结构因素　　D. 个体行为因素

（7）非正式群体的积极作用有（　　）。

A．可以满足员工的需要　　　　　　B．增强团队精神

C．促进组织成员的成长　　　　　　D．帮助正式群体维护正常的活动秩序

5．判断题

（1）规范是指由群体成员建立的行为准则，它必须是成文的。（　　）

（2）地位取决于许多因素，如工资、头衔、资历、实权等。（　　）

（3）在企业管理中应只重视群体压力现象，无须重视顺从现象。（　　）

（4）冲突和竞争是相同的。（　　）

（5）团队中的成员彼此承诺为他们共同负有责任的绩效目标而努力。（　　）

6．论述题

（1）分析命令型群体和任务型群体的异同。

（2）描述群体发展的五个阶段。

（3）分析正式群体和非正式群体的异同。

3.6.2　技能训练

题目一：集体智慧

1．实验目的

通过本实验，使学生认识和了解团队，理解团队的内涵，以及团队对个人成长与进步的重要意义。

2．实验内容

（1）游戏参与人数为 5~7 人。

（2）游戏时间为 10~20 分钟。

（3）游戏规则。大家一起编一个故事，每人每次只能说一个词，大家围坐在一起，以词语接龙的形式完成整个故事的编排，最后派一名代表向大家复述整个故事。每个同学说的词必须满足以下要求：通俗易懂、尽量有趣，尽可能将前面的人说的词组成完整的句子。

（4）示例。五个人一组。A 说"我"，B 接着说"早上"，C 继续说"吃了"，D 说"一个"，E 说"包子"，这样五个人说出的词就组成了一个完整的句子"我早上吃了一个包子"。之后，再从 A 开始循环，直到编出一个比较完整的故事。

3．实验要求

完成游戏，回答如下问题。

（1）在接龙的过程中，有没有人认为后面的人误解了自己所说的词的意思？在团队中，有人不理解或不同意你的想法时，你会怎么做？

（2）如果每个人都努力使他人感觉良好，为他人圆场，团队会发生什么变化？

4．实验组织与步骤

（1）实验前的准备。要求学生了解团队的相关知识。

（2）分组讨论。以 5~7 人为一个小组，开展讨论和分析，学生充分发表个人观点。

（3）小组展示。各小组在规定时间内展示小组讨论成果。
（4）实验讲评。指导教师适时讲评。

题目二：保护鸡蛋

1. 实验目的

帮助学生明白协作、沟通、计划的重要性，学会解决问题。

2. 实验内容

（1）塑料布及废纸张若干（用于垫在地面，防止鸡蛋碎了弄脏地板）。
（2）剪刀若干（每组一把），塑料胶布若干（每组一个），A4废纸，塑料绳一根（5米左右），皮尺。
（3）生鸡蛋若干（每组一个）。
（4）以4～6人为一个合作小组。
（5）游戏时间为50～60分钟。

3. 实验要求

（1）每个小组分配给一个鸡蛋。
（2）每个小组运用现有的材料将鸡蛋保护起来（包起来）。
（3）保证鸡蛋从离地2米处自由落地而不碎。
（4）在摔鸡蛋前，每组派一个成员在地上铺上塑料布或加厚的纸张。

4. 实验组织与步骤

（1）实验前的准备。要求学生了解团队合作及有效沟通的相关知识。
（2）小组讨论。小组开展讨论和分析，学生充分发表个人观点。讨论的话题包括但不限于：
①活动开始时团队是否有充分的讨论及计划；
②活动进行中团队成员是否有明确的分工和授权；
③活动过程中遇到哪些问题，是如何解决的；
④团队所有成员是否都参与了活动。
（3）小组展示。各小组在规定时间内展示小组讨论成果。
（4）实验讲评。指导教师适时讲评。

3.6.3 操作训练

1. 实务题

探讨影响群体行为的各种因素。
（1）让学生找出3个相关的企业案例。
（2）讨论案例中的企业是如何影响群体行为的。

2. 综合题

在这充满变化、充满不确定性的时代，如果你需要在短时间内产生很多想法，那么你会让一群人独自思考，还是把他们组成一个群体进行集体讨论？请解释。

3.6.4 案例分析

案例 3-1　阳贡公司员工为何对公司不满

阳贡公司是一家中外合资的高科技企业，技术在国内同行业中居于领先水平。公司拥有员工 100 人左右，其中技术、业务人员绝大部分为近几年毕业的大学生，其余为高中学历的操作人员。目前，公司员工普遍存在对公司的不满情绪，辞职率也相当高。

员工对公司的不满始于公司筹建初期。当时公司曾派遣一批技术人员出国培训，这批技术人员在培训期间结下了深厚的友谊，回国后也经常聚会。在出国期间，他们合法获得了学习补助金，但在回国后，公司领导要求他们将补助金交给公司，于是矛盾出现了。技术人员据理不交，双方僵持不下，公司领导便找这些人逐个反复谈话，言辞激烈，并采取一些行政措施给他们施加压力。少数几个人曾经出现了犹豫，遭到其他人员的强烈批评，最终这批人当中没有一个人按领导的意图行事，这导致双方的矛盾日趋激化。最后，公司领导不得不承认这些人已经形成了一个非正式群体。由于没有法律依据索取学习补助金，公司只好作罢。这件事使公司内耗相当大，公司领导因为这批技术人员"不服从"上级而非常气恼，对他们有了一些成见，而这些技术人员也知道领导对他们的看法，于是，陆续有人开始寻找机会"跳槽"。一次，公司领导得知一家同行业的公司来"挖人"，公司内部也有不少技术人员前去应聘，为了准确知道公司内部有哪些人去应聘，公司领导特意安排两个"心腹"装作应聘人员前去打探，并得到了应聘人员的名单。谁知这个秘密不胫而走，应聘人员都知道自己已经上了黑名单，于是都相继辞职。

由于人员频繁离职，公司不得不从外面招聘人员以补足空缺。为了能吸引招聘人员，公司向求职人员许诺了住房、高薪等一系列优惠条件，但被招聘人员进入公司后，发现当初的许诺难以兑现，非常不满，不少人干了不久就另谋高就了。为了留住人才，公司购买了两栋商品房分给部分骨干员工，同时规定，该住房不得出售，员工离开公司时，须将住房退给公司。这一规定的本意是想借住房留住人才，却使大家觉得没有安全感。另外，公司强调住房只分给骨干人员，剩下将近一半的房子宁肯空着也不给那些急需住房的员工，这极大地打击了其他员工的积极性，许多员工情绪低落，甚至有消极怠工的现象。在工资奖金制度方面，公司也一再进行调整，但没有多大变化。公司本想通过调整，使员工的工作绩效与收入"挂钩"，从而调动员工的积极性，但频繁的工资调整使大家越来越注重工资奖金收入，而每次的调整又没有明显的改善，于是大家产生了失望情绪。此外，大家发现在几次调整过程中，真正受益的只有领导和个别职能部门的人员，如人事部门，于是原本希望公平的措施却产生了更不公平的效果，员工们怨气颇多，认为公司调整工资奖金不过是为了使一些人得到好处，完全没有起到调动员工积极性的作用。

公司的技术、业务人员虽然素质较高，但关键职能部门如人事部门的人员素质普遍较低，部门主管缺少人力资源管理知识的系统学习，却靠逢迎上级稳居这一职位。部门主管制定的考勤制度只是针对一般员工，却给了与他同级或上级的人员以很大的自由度，如规定一般员工每天上下班必须打卡，迟到 1 分钟就要扣除全月奖金的 30%，而主管以上人员上下班却无须打卡，即使迟到也没有任何惩罚措施。普通员工对此十分不满，于是他们也想出了一些办法来对付这种严格的考勤制度，如不请假、找人代替打卡或有意制造加班机会等。公司人员岗位的安排也存在一定的问题，本可以由本科、专科毕业生做的工作却由硕士、博士来干，大家普遍觉得大材小用，工作缺乏挑战性和成就感。员工们非常关心企业的经营与发展情况，特别是近年来整个行业不景气，大家更是关心企业的下一步发展和对策，但公司领导在这方面很少与员工沟通。公司员工已经无心工作，上班时间经常聚在一起讨论公司的各种做法及前景。

（资料来源：豆丁网。编者对原文有删减。）

? 问题

1．对于公司中存在的非正式群体，阳贡公司的处理方法是否得当？如果你是公司管理者，你会怎么做？

2．可以采取什么措施来改善该企业目前的状况？

案例3-2 老而不废的"马路天使"的群体作用

我到机修车间上任时，车间员工队伍的结构已发生很大的变化。全车间不算管理人员，工人有71名，其中66名是35岁以下的青年工人。他们虽然年轻，有一定的文化知识，但技术水平普遍偏低，急需补上这一课。

怎样才能尽快提高青年工人的技术水平呢？

有一天晚上，我和车间的团支书王小云一起散步，顺便谈到这一问题。小王好像心不在焉，一直偏过头去看那些在路灯下下棋的"马路天使"。当我想提醒她时，她好像发现了什么秘密，高兴地说："主任，有了，七个，就是他们七个。"她二话没说，拉着我的胳臂来到他们的旁边，指着给我看，然后又把我推到僻静处，兴奋地说："主任，你看清了吧？刚才我指的那七个人，都是我们车间这几年退休的老师傅。"她兴奋地向我谈起了想法。

她说这些退休老工人在技术上都是内行，现在下棋的兴趣把他们结合在一起，他们现在其实都有些孤独感，每天在家里做饭、带孙子，晚上才凑在一起。单位过去由于对他们重视不够，所以他们都有点怨气，退休后压根儿就不到车间去。如果能把他们请回车间，定期给青年工人现场指导，或者聘请他们做技术顾问，向他们咨询，则对公司来说是一件大好事。

小王的一席话使我开了窍。为了把这项工作做细致、做扎实，我组织人员制订了一个计划，并由我和车间党支书负责向厂部汇报，由小王负责做好青年工人的工作。之后，我们采取了以下三个步骤。

第一，车间团支部先组织青年做好事，给每一个退休的老师傅做一个三合板的象棋盘，然后让青年工人在活动日送到各家，借此机会有意识地向他们请教一些技术问题，唤起他们对几十年工作环境的回忆，缩短新老员工间的心理距离。

第二，车间领导出面"三顾茅庐"，先拉家常，再做检讨，然后采用试探口气，让老师傅们逐步感到自己仍是归属于这个集体的，集体也认可他们。

第三，给老师傅们送去有厂长签字的烫金封面的聘书，满足他们的尊重需要和归属感。

事后，有位退休的老工人说："只要厂里还看得起我们这些人，我们就是死了，这把老骨头也要为工厂出把力。"

（资料来源：豆丁网。编者对原文有删减。）

❓ 问题

1．"马路天使"聚成小群体的目的和原因是什么？
2．工厂是怎样补救性地挖掘退休工人的智慧资源的？
3．试想，如果补救性挖掘退休工人的智慧资源的方法不当，可能会引起哪些问题？

3.6.5　网络调研

搜集资料，探讨应如何塑造高绩效团队。

3.6.6　精选案例

人工智能背后的"人工"——旷视北京研究院数据标注团队的有效管理

摘要：本案例以人工智能的基础——数据标注为切入点，阐述数据标注员作为人工智能背后的"人工"，其所提供的高质量数据对人工智能技术落地的重要意义。案例描述了旷视北京研究院组建数据标注团队的动因、历程，以及该团队如何基于数据标注这一工作的特性，从多样性与统一性的工作设计、多层次的培训、异质性的团队构成、成员间的有效沟通、部门文化的建设，以及领导者应有的特质等角度，来提升数据标注团队管理的有效性，以达到高质、高效进行数据标注，为人工智能提供更充盈、更新鲜的血液这一目标。本案例旨在总结旷视北京研究院数据标注部门的团队组建和团队管理经验，为其他企业如何基于员工及其所从事工作的特质来实现团队的有效管理提供经验与借鉴。

关键词：人工智能；数据标注；团队管理；团队的有效性
案例作者：王凯，刘文杰，陈瑾
案例出处：中国管理案例共享中心。

3.6.7　推荐阅读

第4章
群体激励理论

学习目标

- 知识目标：了解激励原理的内容和特点；了解激励理论的意义和效能；理解、认识和了解激励措施和制度。
- 技能目标：学会从群体成员间的关系以及整个群体氛围角度把握群体行为的变化过程；学会分析中外成功的激励实践；能够使用目标管理及工作的再设计方法来分析激励措施和制度；学会如何应用激励措施和制度。
- 能力目标：具有应用激励原理和激励理论熟练分析案例的能力；具有在深入研究中运用有关理论的能力；在总结中外成功激励实践经验的基础上，培养有效利用几种激励措施和制度的能力。

案例导读

瑞安航空公司低成本低价格目标

瑞安航空公司（Ryanair）CEO迈克尔·奥利里（Michael O'Leary）在设计这家英国航空公司的运营模式时，模仿了美国西南航空公司低成本和低价格的制胜模式。瑞安航空公司的票价往往只有竞争对手的一半甚至更低，最低曾经达到99便士（1便士≈0.085元人民币）。瑞安航空公司在公司网站上向应聘的员工说明了公司的总体目标："低票价和友好、高效的服务——这就是我们的追求。怎样才能做到这一点？我们靠的是严格的成本管理。"

奥利里对成本管理丝毫不放松，并将这一理念传递给员工和外部人士。瑞安航空公司董事长戴维·邦德曼（David Bonderman）指出："奥利里和他的管理团队绝对是实施制胜战略并且贯彻始终的最佳人选。"

然而，为瑞安航空公司的低成本战略做出最大贡献的还是公司的员工。与人们对低成本航空公司的员工报酬预期相反，瑞安航空公司员工的报酬基本上不低于行业平均水平，有的甚至高于该水平。在航空业萧条之年，瑞安航空公司的员工还是得到了3%的加薪，高于其竞争者的水平。

瑞安航空公司关注的不是降低工资，而是提高生产力。生产力的度量方法之一，是每一美元劳动力费用创造的收入——该比率越高，生产力水平越高。该比率在欧洲大航空公司为3.9，在美国航空公司为2.3，在瑞安航空公司高达9.5。

员工费用是航空公司最大的成本项目，前奥林匹克航空公司CEO里加斯·多加尼斯（Rigas Doganis）认为，"生产力—成本之间的关系是经营的关键"。在商业作家詹宁斯看来，瑞安航空公司高生产力的关键是基于一个特别的问题来考察每一项业务活动，即："这样做在商业上究竟有什么利益？"公司依据这一问题推进工作简单化和标准化，以提高效率和生产力。

瑞安航空公司高生产力的另一项决定因素是对绝大多数员工进行"奖励"。这家公司向高绩效团队提供的奖励包括加薪、奖金、股票期权和快速晋升。全公司大约一半的员工在公司上市时享有股票期权，从而提高了员工对组织的忠诚度。

团队工作也是高生产力的源泉之一。詹宁斯说："高生产力企业共同的特质是企业将员工组建到团队中，并舍得为此花钱。"公司制定出频繁的内部沟通机制，特别是在组织的目标和组织进步方面。

瑞安航空公司在降低成本的同时并未忽视安全问题，公司的战略陈述包括这样的内容："管理层认为，低成本运营战略不适用于安全、保养、培训或品质的领域。"

瑞安航空公司的低成本、低价格战略获得了可观的回报。这家公司是欧洲票价最低、准点率最高、航班取消次数最少、行李丢失率最低的航空公司。这家公司的网站上写道："我们与欧洲规模最大的和最强的企业竞争，每次都将它打得狼狈不堪。"

（资料来源：格里芬·摩海德，刘伟. 组织行为学[M].北京：中国市场出版社，2008：213-214.编者对原文有删减。）

4.1　激励原理及激励理论

近百年来，许多管理学家对激励理论进行了深入的研究，取得了丰富的成果，为实现高效管理奠定了坚实的理论基础。

4.1.1　激励原理

1. 什么是激励

激励（Motivation）与动机（Incentives）属于心理学的范畴，广泛应用在管理学、组织行为学以及经济学中。对激励的研究，相关学者均是围绕动机展开的。一种观点将激励等同于动机，认为激励就是动机；另一种观点认为激励与动机一方面有着内在的联系，另一方面又有着本质的区别。持后一种观点的学者认为，动机描述的是个体行为的内在动力，它与管理行为并没有必然的联系，也不依赖管理存在。而激励作为一项自我管理或群体管理的职能，属于管理行为的范畴。这种管理行为要获得成功，就必须以调动个体内在的动力为前提，因此，虽然激励与动机在内涵上有着密切的联系，但并不等同。基于这样的理解，学者将激励定义为：激发或培养人的工作动机，促使人实现既定目标，增强行为努力的过程。

激励是一种力量和状态,能起到加强、激发和推动作用,引导行为指向目标。管理者应了解什么因素最能激励员工,以及这些激励因素如何发挥作用,同时要研究如何使被管理的对象产生某种特定的动机,如何引导他们拿出自己的全部力量来为实现某一目标而努力奋斗,并把这些认识体现在管理活动中。

观念应用 4-1

"迟延满足"实验

发展心理学研究中有一个经典的实验,称为"迟延满足"实验。实验者发给 4 岁被测儿童每人一颗好吃的软糖,同时告诉孩子们:如果马上吃,只能吃一颗;如果等 20 分钟后再吃,就给两颗。有的孩子急不可待,马上把糖吃掉;另一些孩子则耐住性子,或者闭上眼睛,或者头枕双臂做睡觉状,或者用自言自语或唱歌来转移注意力,消磨时光以克制自己的欲望,最终,这些孩子吃到了两颗糖。

研究人员进行了跟踪观察,发现那些以坚韧的毅力获得两颗糖的孩子,到上中学时表现出较强的适应性。在后来的几十年的观察跟踪中,也证明了这些有耐心等待吃两块糖的孩子在商业上更容易获得成功。

(资料来源:互动百科。编者对原文有删减。)

分析提示:自我控制能力是指个体在没有外界监督的情况下,适当的控制、调节自己的行为,抑制冲动,抵制诱惑,延迟满足,坚持不懈地保证目标实现的一种综合能力。它是个体自我意识的重要组成部分,是个体走向成功所要具备的重要心理素质。

2. 激励的作用

(1)对组织的作用。

有效的组织激励对员工某种符合组织期望的行为具有反复强化、不断增强的作用。在这种作用下,组织会不断发展壮大、不断成长。具体表现在以下几个方面。

首先,有利于员工目标与组织目标的一致。由于对员工激励的最终目的是实现组织的目标,而激励的效果取决于激励措施对员工个人需求的满足程度,所以,在组织的激励过程中就必须考虑使员工个人目标与组织整体目标相一致,调整并引导员工个人目标,从而实现员工个人目标与组织整体目标的统一。

其次,有利于提高工作效率,提高组织的经济效益。在有效的激励下,员工的积极性和工作热情会大大提高,从而有利于提高组织的工作效率和经济效益。

再次,有利于提高员工的满意度,降低人才流失。员工的满意度增加,进而提高员工对组织的忠诚度;有效的激励能满足员工的需求,减少人才流失,从而降低组织的人力成本。

最后,有利于避免组织的人力资源浪费。一般情况下,人的潜能只是得到了小部分的发挥。美国哈佛大学威廉·詹姆士(William James)教授的研究表明,一个计时工只要发挥个人潜力的 20%~30%即可保住饭碗,但通过恰当的激励,这些工人的个人潜力可以发挥出 80%~90%。显然,组织通过激励可以显著地提高员工的劳动生产率,达到避免人力资源浪费的目的。

（2）对员工的作用。

第一，有效的激励要求管理者准确识别员工的需求，并采取相应的措施来满足这种需求，这就有利于员工个人目标的实现。

第二，有效的激励要求组织与员工之间能有效沟通，这种沟通有利于员工产生被重视的感觉，或被尊重的感觉，从而利于员工产生良好的工作心情。

第三，有效的激励制度和措施有利于员工对行为结果有清晰的认识，从而增强对自己行为结果的安全感，增强对自己行为收益估计的信心。

4.1.2 激励理论

由于人的需要的多样性，组织结构和外部环境的不同，组织行为学家在探索激励的本质以及激励手段时，提出了诸多的激励理论。本节介绍几种重要的激励理论。

1. 激励因素—保健因素理论

美国心理学家 F.赫茨伯格（F.Herzberg）于 20 世纪 50 年代末期在一些工厂、企业进行调查研究，当时他设计了许多问题，如"什么时候你对工作特别满意？""什么时候你对工作特别不满意？""满意和不满意的原因是什么？"等，并请被调查人写出自己做过的"最佳工作"和"最糟糕的工作"以及个人评价。

赫茨伯格研究发现，造成员工非常不满意的主要原因，是公司在公司政策、行政管理、监督、与主管的关系、工作条件、与下级的关系、地位、安全等方面处理不当。改善这些方面，也只能够消除员工的不满，不能从根本上使员工满意，也不能激发其积极性，进而促进生产率的增长。赫茨伯格把这一类因素称为保健因素（Hygiene Factor），意思是只能防止疾病，不能医治疾病。

另外，使员工感到非常满意的主要原因是工作富有成就感、工作成绩能得到社会承认、工作本身具有挑战性、能够承担重大的责任、在职业上得到发展和成长等。这类方面的改善能够激发员工的工作积极性和热情，提高生产率。赫茨伯格把这一因素称为激励因素（Motivation Factor）。他于 1950 年提出了激励—保健因素理论，即双因素理论（见表 4-1）。

表 4-1 保健因素—激励因素理论

保健因素（外在因素、与环境有关）	激励因素（内在因素、与工作有关）
企业政策与行政管理	工作上的成就感
技术监督系统	工作中得到认可和赞赏
工作环境或条件	工作本身的挑战性和兴趣
上下左右的人事关系	工作上的责任感
薪金	工作的发展前途
个人生活	个人成长、晋升的机会
职务、地位	奖金
工作的安全感	

赫茨伯格认为，满意的反面是不满意，这是不正确的。不满意的对立面应该是无不满（见图 4-1）。

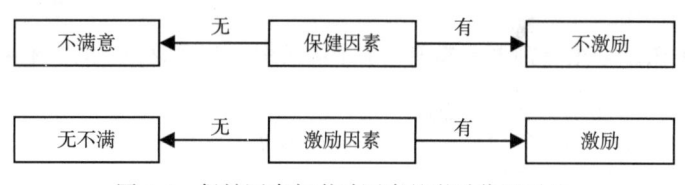

```
不满意 ←—无—— 保健因素 ——有—→ 不激励

无不满 ←—无—— 激励因素 ——有—→ 激励
```

图 4-1　保健因素与激励因素的激励作用对比

赫茨伯格认为，只有靠激励因素来调动员工的生产积极性，才能提高生产率。

（1）对于激励因素来说，它的满足能给员工带来工作满足感，它的不满足并不导致员工的不满意，而是没有满意。

（2）对于保健因素来说，它的欠缺给员工带来不满意，它的满足并不导致员工的满意，而是没有不满意。

（3）激励因素可以由工作本身产生，工作对员工的吸引力才是主要的激励因素。通过工作本身来调动员工的内在积极性，当员工受到很大的激励时，会具有很强的耐受力。员工从事具有潜在激励因素的工作，这本身就有激励作用。

（4）在两类因素中，如果把某些激励因素（如奖金）变为保健因素（如工资），那么会降低员工从工作中得到的内在满足感，即外部动机的扩大会引起内部动机的萎缩，从而导致员工积极性的降低。

（5）要调动人的积极性，不仅要注意物质利益和工作条件等外部因素，还要注意工作的安排，注意对人进行精神激励，更为重要的是人的发展与晋升的机会，这样的内在激励作用更大。给予员工表扬和认可，给予其成长、发展、晋升，则员工的积极性的维持时间更长。

从科学管理开始，管理者的注意力往往集中在保健因素方面，用提高薪金、津贴、改善工作条件等来激励员工。实践表明，这种简单的办法有时难以见效，赫茨伯格的研究提醒管理者必须充分注意工作本身的激励作用，给管理的激励手段提供了新的内容和方法。

双因素理论在企业管理上的另一项应用是"工作丰富化"，通过工作丰富化，提高工作的意义和工作本身的挑战性，以激发员工的积极性。双因素理论还用于指导对工资和奖金的管理，如果金钱与绩效没有联系，那么发钱再多，也起不了激励作用，而一旦停发或少发钱，则会造成员工的不满。金钱作为工资就成了保健因素。如果金钱作为奖金，与工人的绩效挂钩，那么金钱就可以发挥激励作用，也就成了激励因素。

2. ERG 理论

ERG 理论是克雷顿·奥尔德弗（Clayton Alderfer）提出来的。他把人的需求分为三个等级，即生存需求、相互关系需求和发展需求。

（1）生存需求。这是指人通过获得食物、空气、水、工资、养老金及工作条件而得到满足。

（2）相互关系需求。这是指人通过与同事、上下级、朋友和家庭建立并维持人际关系而得到满足。

（3）发展需求。这是指人在工作中做出创造性和建设性的贡献，寻找个人独特发展的机会。

这种对需求等级的分类与马斯洛需求层次理论非常接近（见表 4-2）。虽然 ERG 理论的需求分类与马斯洛需求层次理论的需求分类非常相似，但在对待满足不同需求的方式上，这两种理论有差别。马斯洛需求层次理论认为，需求得到满足即构成动因，在前一较低层次的需求得到满足之前，后一较高层次的需求不会得到唤醒。这样，人们从满足较低层次的需求开始，逐层往上进步。

表 4-2　ERG 理论与马斯洛需求层次理论

ERG 理论的需求等级	马斯洛需求层次理论
发展需求	自我实现需求
	尊重需求
相互关系需求	归属需求
生存需求	安全需求
	生理需求

ERG 理论则认为，除了这种满足的进步过程外，还有受挫退步过程，即某人如果在满足需求的努力中连续受挫，相互关系需求就可能作为具有重要意义的刺激出现，他会折回去设法满足较低层次的需求，而不再试图满足高层次的需求，即遭受挫折会导致倒退。

3. 成就需要理论

哈佛大学心理学教授戴维·麦克利兰（David C.McClelland）认为，组织中，人最重要的需要有三种：成就需要、权力需要和归属需要。

（1）成就需要。

成就需要是指对事业成功的需要。高成就需要者有以下特征：追求个人成就、工作的成功而非报酬本身，从工作完成中得到很大的满足，喜欢表现自己；不喜欢靠运气成功，设置中等挑战性的目标，成功的概率为 50% 时绩效最高；乐意从事挑战性的工作，为自己树立有一定难度而又不是高不可攀的目标；喜欢长时间地工作，很少休息，即使失败也不会过分沮丧；愿意承担责任，渴望及时获得工作绩效反馈；全神贯注完成自己的任务，只管自己做好，在经营自己的事业或独当一面时更易成功。

麦克利兰认为，具有高度成就需要的人对企业、对国家都有重要的价值。一个企业拥有这种人越多，劳动生产率越高，企业发展和成功就越有保障。一个国家拥有这样的人越多，就越兴旺发达。

麦克利兰还认为，成就需要是较稳定的。他采用主题统觉测验（Thematic Apperception Test，TAT）的投射技术，让人根据含义模糊的图片编故事，从而可以了解某人的成就需要强度，进而预测他的工作行为。具有高度成就需要的人会编出各种取得成功或顺利达到目标的故事。

一般来说，较高的成就激励者总是比较低的成就激励者工作得更好，进步也较快。麦克利兰发现，小公司的总经理通常具有很高的成就需要，而大公司的总经理只有一般的成就需要，他们往往更多地追求权力和社交需要，因为后一种需要对与人共事、合作相处是十分重要的。

（2）权力需要。

权力需要是指影响和控制别人的愿望。高权力需要者喜欢影响和控制别人，喜欢承担责任，喜欢竞争性的环境，重视地位与威望，总是追求领导者的地位。他们常喜欢争辩，健谈，乐于讲演，直率而头脑冷静，善于提出问题和要求，喜欢教训别人。低权力需要者则恰恰相反。

（3）归属需要。

归属需要就是相互交往、友爱的愿望。高归属需要者寻求友谊，喜欢合作而非竞争。他们喜欢与别人保持一种融洽的关系，享受亲密无间和相互谅解的乐趣。最优秀的管理者有着高权力需要与低归属需要。

三种需要有不同的思维特征和行为特征，如表4-3所示。

表4-3 三种需要的比较

典 型	典型的思维特征	典型的行为特征
成就型	经常琢磨如何把事情做好，超过别人； 经常干些与众不同、独特的事情； 经常想要达到或超过某个标准； 经常考虑个人事业的前途、发展等问题	愿做冒险性适中的事情； 树立的目标虽较实际，但有一定难度； 想方设法了解自己的工作成绩或过程； 做事积极、主动，力求创新； 更愿与专家而非朋友共事
权力型	经常想采取果断而有力的行动； 经常考虑支持和忠告别人； 经常考虑如何提高自己对别人的影响力及控制整个局面的能力； 经常考虑行动的后果、别人的评价或反映； 经常评价自己的社会地位、名望和名誉等	参与组织的决策； 搜集和炫耀带有较高地位标志的物件； 通过说服、帮助或支持来影响他人； 追求官位； 千方百计搜集、掌握而且运用那些能控制别人的材料和信息
归属型	经常考虑如何与人建立和保持深厚、牢固的友谊； 经常考虑如何取悦别人； 视集体活动为社交的好机会； 经常担心别人与自己闹矛盾	广交朋友； 经常与人谈知心话、给人写信或打电话等； 愿与人共事而非独自一人； 更愿与朋友而非专家共事； 喜欢获得别人表扬； 经常附和或迎合别人的需要，同时也愿意给人以同情和安慰

4. 强化理论

专栏4-1

强化实验

美国心理学家斯金纳（Skinner）做过一个实验，他把饥饿的白鼠放入木箱，让它自由活动。他在木箱内安装了一个与传递食物球的装置相连的小杠杆。当杠杆被压动时，一粒食物球即滚进食盘。如果白鼠偶然踏上杠杆，就会得到一个食物球；再次踏到杠杆时，就会得到第二粒食物球，如此反复几次，白鼠的条件反射就很快形成了，按压杠杆和获得食物暂时联系起来，白鼠将主动持续地按压杠杆，取得食物，直到吃饱为止。当停止供应食物时，白鼠按压杠杆的条件反射由于停止供应食物球而逐步消退。

（资料来源：豆丁网。编者对原文有删减。）

（1）行为定律。

斯金纳由强化实验得出结论：一个行为后跟随一个有利的刺激，会增加这个行为重复发生的可能性，即行为（B）是结果（R）的函数：

$$B=f(R)$$

个体在行为结果得到奖励后会继续保持这种行为，奖励会强化在类似情况下再次进行这种行为的可能性；个体在行为结果受到惩罚后会回避这种行为，惩罚会降低以后再次发生这种行为的可能性；个体在行为结果既无奖励又无惩罚之后，最终会停止这种行为，即得到中性结果的行为将逐渐消失；个体进行的符合要求的每一次行为出现之后立即给予强化，会使个体的行为得到巩固。

（2）强化的类型。

强化可以分为积极强化、消极强化、惩罚和消退。积极强化是在行为之后伴随一个有利的结果。消极强化是在行为之后不再伴有不利的结果，它是事前警告，如"杀鸡给猴看"等，对鸡是惩罚，对猴是消极强化。惩罚是在行为之后伴随一个不利的结果。消退是在行为之后不再伴有有利的结果。例如，如果员工每次主动加班都能得到领导的表扬，加班就得到了积极强化，员工愿意经常加班；如果领导不再表扬，久而久之员工就不再愿意加班。

为了提高组织的工作效率，管理者就要鼓励对组织有积极意义的行为，消除有负面作用的行为，可以运用强化原理来矫正行为。矫正方式应视具体情况而定，一般应以积极强化为主，辅以惩罚和消退。例如，矫正员工经常迟到的行为，管理者可以采用奖励全勤的积极强化方式，也可以采用惩罚迟到的方式。

（3）强化的频率。

根据强化的频率，强化可以分为连续性强化和间断性强化。连续性强化是每次特定行为之后均给予奖励，而间断性强化则相反，并不是每次特定行为之后都给予奖励。

按时间间隔，间断性强化可以分为固定时距强化和可变时距强化。

固定时距强化指每隔一定时间就施行强化。时间间隔越短，强化效率越好。可变时距强化与固定时距强化的区别是强化的时间是随机的而不是固定的，如不定期发放奖金。

按强化程序是否变化，间断性强化可以分为固定比率强化与可变比率强化。

固定比率强化指在特定反应次数达到一定比率时就给予一次强化。可变比率强化与前者的区别是比率可变，如购买折扣，买一本书打9折，买10本书打8.5折，买100本书打8折。

运用到实际上，如企业实行计件付酬制，按时间间隔划分，则以出现一定的次数为标准；按比率划分，则不以做出正确反应为标准，而是随机安排的强化（见表4-4）。

表4-4　间断性强化的四种类型的对比

程　序	报酬形式	绩效影响	行为影响
固定时距	根据固定时间付酬，如月薪、年薪	导致平均绩效	行为迅速消退
固定比率	根据具体反应数量付酬，如计件工资	导致很高的稳定绩效	行为中速消退
可变时距	多种时间段后付酬，如不定期发奖金	导致中高的绩效	行为缓慢消退
可变比率	仅给某些反应付酬，如奖励时不严格依据销量	导致很高的绩效	行为极慢消退

根据强化理论，在组织中，管理者可以采用渐进法进行行为强化，把一个复杂的目标分解成许多小的目标，把一个复杂的行为过程分解成许多小的阶段性行为过程，逐步加以完成。这样，可以使员工树立完成复杂目标或行为的自信心，增加工作的计划性，并适时了解自己的工作进展。此外，管理者还要及时反馈工作信息，让员工适时了解自己的行为结果，针对出现的

问题分析原因，及时改进，否则，当行为偏离太远时才调整，会造成很大损失。

5. 期望理论

期望理论是由维克托·弗鲁姆（Victor Vroom）提出的。弗鲁姆认为，当预期到某一行为能给个体带来既定结果，且这种结果对个体具有吸引力时，个体才会采取这一特定行动。它包括以下三项变量。

（1）努力与绩效的联系。个体感觉到的通过一定程度的努力而达到工作绩效水平的可能性，即我必须付出多大的努力才能达到某一工作绩效水平？我付出努力后能达到该绩效水平吗？

（2）绩效与奖赏的联系。个体对于达到一定工作绩效水平后即可获得理想的奖励结果的信任程度，即当我达到该绩效水平后会得到什么奖赏？

（3）吸引力。个体所获得的奖赏对个体的重要程度，即该奖励是否有我期望的那么高？该奖赏能否有利于实现我的目标？

弗鲁姆在分析了期望理论的简化模式后，进一步建立了激励模型。在模型中引入了三个参数：激励力、效价和期望率。弗鲁姆对三个参数做了以下解释：激励力是指一个人受到激励的强度；效价是指这个体对某种成果的偏好程度；期望率是指个体通过特定的努力达到预期成果的可能性或概率。因此，弗鲁姆建立的期望理论模型为：

$$激励力 = 效价 \times 期望率$$

弗鲁姆认为，当个体认为实现某个目标是无足轻重的时，则效价为零；当个体认为目标实现反而对自己不利时，则效价为负。这两种结果都不会对个体产生激励力。同样，如果期望率为零时，也不会激励个体去实现目标。因此，促使个体做某事的激励力将依赖效价和期望率，只有效价和期望率都很高时，才会产生巨大的激励力。

小资料 4-1

大学毕业生的激励

一个刚大学毕业，分配到公司的员工，很希望将来会升职，升职被他视为个人目标，具有较高的效价。他想通过努力工作去实现这个个人目标，当然，他认为公司的大学生很少，所以目标实现的可能性也比较大，因而他具有较大的激励力去努力工作。经过一段时期的努力工作，如果他的工作成绩很突出，经常得到上司的夸奖，深受赏识，这时他会觉得升职的希望大增，他会更加努力，决心干出漂亮的成绩给大家瞧瞧。如果他并未干出成绩，也得不到上司的赏识，他会感到升职的希望渺茫，因而失去激励力，工作得过且过，不求有功、但求无过。对于一个不看重晋升的人，即使有望得到晋升，他也不会去努力。

（资料来源：豆丁网。编者对原文有删减。）

从期望理论可以看到，弗鲁姆强调个体的复杂的需要与激励问题，马斯洛、麦格雷戈、赫茨伯格研究的是人类的共同特征，而弗鲁姆研究的是个体特征，尤其是他的理论是以个人的价值观为基础的，这种因人、因时、因地而异的价值观假设比较符合现实生活。但是，这种个体价值观假设所形成的激励理论，给管理中的实际应用带来了困难。

6. 公平理论

公平理论是由斯达西·亚当斯（Stacey Adams）提出的。亚当斯认为，员工在一个组织中很注重自己是不是受到公平对待，常常以此来决定自己的行为。亚当斯认为，员工在评价自己是否被公平对待时，会先评价收入与付出的比率，然后将自己的收入—付出比率与他人的收入—付出比率进行比较。如果员工感觉自己的比率与他人的相等，则认为是公平的；如果员工感到两者比率不相同，则会产生不公平感。除了与他人进行比较之外，员工还常常将自己的目前情况与自己的过去情况进行比较，由此产生不同的心理。由此可以看出，个体通常通过横向与纵向两个方面的比较来判断其所获报酬是否公平。

（1）横向比较。

横向比较是与"其他人"的比较。"其他人"包括在本组织中从事相似工作的其他人或同一级别的组织中与自己能力相当的同类人，包括朋友、同事、学生甚至自己的配偶等。

公平理论可以广泛应用于现实生活中。例如，一个大学刚毕业的人，进了一家公司，年薪为4万元，他可能很满意，会很努力去工作。可是工作3个月后，又来一个与他同等条件的大学生，年薪为4.5万元，这时他会感到不公平，会降低他努力的程度。再如，当他发现一个工作能力明显不如他的人得到与他同样的报酬，或一个能力与他相当（或不如他）的人获得晋升而他没有时，他也会感到不公平。

员工通过比较自己的收入—付出比率与别人的收入—付出比率，可能会发现三种不同的关系，员工会根据自己所处的状态来决定自己的行为。

当 $O_P/I_P < O_X/I_X$ 时，即自己的收入/自己的付出 < 别人的收入/别人的付出时，员工认为显然不公平，自己获得的收入过低，会产生不满情绪。这种不满情绪促使他去摆脱这种状态。他可以有三种选择：找上司理论，争取增加自己的收入而达到公平；减少自己的生产数量、时间或其他投入，从而减少付出而达到公平；离开这个组织，到新的组织中去寻求公平。

当 $O_P/I_P = O_X/I_X$ 时，即自己的收入/自己的付出 = 别人的收入/别人的付出时，员工认为是公平的。这样，他既不希望改变收入，又不希望改变付出，还是按以往的努力程度去工作。

当 $O_P/I_P > O_X/I_X$ 时，即自己的收入/自己的付出 > 别人的收入/别人的付出时，员工会认为不公平，这是因为收入过高而引起的不公平。但这种不公平不会产生不满情绪，反而会给员工带来紧张感，促使员工去改变不公平状态。这时，员工采取的方法通常是增加自己的付出以达到公平。

（2）纵向比较。

个体除了进行横向比较外，还存在在纵向上把自己目前的情况与过去的情况进行比较的情况，结果仍然有三种。假设 O_{PP} 为自己目前所获报酬，O_{PL} 为自己过去所获报酬，I_{PP} 为自己目前的投入量，I_{PL} 为自己过去的投入量，则：

当 $O_{PP}/I_{PP} < O_{PL}/I_{PL}$ 时，员工会觉得很不公平，工作积极性会下降，除非管理者给他增加报酬。

当 $O_{PP}/I_{PP} = O_{PL}/I_{PL}$ 时，员工会认为激励措施基本公平，积极性和努力程度可能会保持不变。

当 $O_{PP}/I_{PP} > O_{PL}/I_{PL}$ 时，一般来讲员工不会觉得所获报酬过高，因为他可能会认为自己的能力和经验有了进一步的提高，其工作积极性不会因此而提高多少。

（3）管理启示。

人生活在社会中，天性就是相互攀比，所以，公平对一个组织特别重要。有时不公平的现象也许是在不经意中产生的。作为一个组织的管理者，对待员工应一视同仁。例如，当管理者在偶然中遇到两位员工，无意中表现出对其中一位更亲切，而忽略了另一方时，被忽略的一方就会感到不公平。管理者应善于发现组织中的不公平，及时纠正不公平。

但组织中存在不公平时，人们的表现方式有很多，如向管理者直接说明、与人吵闹、消极对抗等。有时个体表面上可能很平静，因为不公平感可以忍受一段时间，其实内心反应很强烈，最终可能会通过一些极小的事情而爆发。因此，只有管理者深入了解，才能发现不公平，形成一个具有凝聚力的、高效率的组织。

当然公平理论也存在一定的缺陷，在于公平与否主要取决于个体的主观判断。在一般人的观念里，往往可能对自己的付出和别人所得的收入估计过高，结果本来实际上公平的状态，在个体的主观判断上变得不公平，从而影响其努力程度。因而管理者按公平理论激励员工也会出现偏差。

尽管如此，公平理论还是一个非常有影响力、能在很大程度上反映实际的理论，对激励员工具有重要意义。

4.2 激励与制度设计

股权激励是一种长期的激励方法，公司通过授予经营者部分股权，使其享受一定的经济权利。拥有公司股权的经营者不再是单纯的代理人，能够以股东的身份参与企业的经营决策，并且在享受公司经营利润的同时与股东一起承担风险。这种方式可以激励其为公司的长期利益奋斗。

4.2.1 员工持股和经理人期股及期权

由于技术的进步和社会的发展，组织的各个方面都发生了重大变化。为了缓和劳资双方的矛盾，激发员工的工作热情，尤其是为了适应知识经济的需要，体现知识型员工和管理人员在价值创造中的重要作用，知识型员工直接参与决策和分配生产剩余，这就形成了员工持股和经理人期股及期权制度。

1. 员工持股

（1）员工持股计划的提出。

组织让员工持股，是为了激发员工的工作热情，提高生产效率并有效地缓和劳资双方的关系。在20世纪50年代，美国著名律师路易斯·凯尔索（Louis Kelso）提出了员工持股的概念和员工持股计划。

员工持股计划（Employee Stock Ownership Plan，ESOP）是指企业内部员工出资认购本企业的部分股权，委托员工持股会（或持股公司、托管中心）作为社团法人托管企业运作的制度。

目前，员工持股计划已经在现代企业中占主导地位。根据20世纪80年代的统计，实行员工持股计划的企业的利润比其他企业利润高50%，倒闭率低10%，提供就业机会多2至3倍。全球500家最大的企业中，至少有89%的企业对经营者或者员工实行了期股期权制度。英国、日本等国家在国有企业民营过程中，要求必须实行员工持股计划。

我国从20世纪90年代开始引进这一企业制度。经过近几十年的探索和发展，其逐步成为我国国有企业改制的主要模式。在发挥国有企业主导地位的同时，通过员工持股，将企业利益与员工利益高度结合起来，极大地提高和激发了员工的积极性和创造性，同时又为企业发展筹集了资金。

（2）员工持股计划的实施。

从国外的通常做法看，员工持股计划一般可分为非杠杆型的ESOP与杠杆型的ESOP。

非杠杆型ESOP又称非杠杆型的员工持股计划，是指由公司每年向该计划贡献一定数额的公司股票或用于购买股票的现金。这个数额一般为参与者工资总额的25%，当这种类型的计划与现金购买退休金计划相结合时，贡献的数额比例可达到参与者工资总额的25%。这种类型计划的要点是：

①由公司每年向该计划提供股票或用于购买股票的现金，员工不需任何支出；

②由员工持股计划信托基金会持有员工的股票，并定期向员工通报股票数额及其价值；

③当员工退休或因故离开公司时，将根据一定年限的要求相应取得股票或现金。

杠杆型ESOP又称杠杆型的员工持股计划，主要是利用信贷杠杆来实现的。这种做法涉及员工持股计划信托基金会、公司、公司股东和贷款银行四个方面。首先，成立一个员工持股计划信托基金会；其次，由公司担保，由该基金会出面，以实行员工持股计划为名，向银行贷款购买公司股东手中的部分股票，购入的股票由该信托基金会掌握，并利用因此分得的公司利润及由公司其他福利计划（如员工养老金计划等）转来的资金归还银行贷款的利息和本金。随着贷款的归还，按事先确定的比例将股票逐步转入员工账户，贷款全部还清后，股票即全部归员工所有。

这种类型计划的要点是：

①银行贷款给公司，再由公司借款给员工持股计划信托基金会，或者由公司做担保，由银行直接贷款给员工持股计划信托基金会；

②该信托基金会用借款从公司或现有的股票持有者手中购买股票；

③该公司每年向该信托基金会提供一定的免税的贡献份额；

④该信托基金会每年从公司取得利润和其他资金，归还公司或银行的贷款；

⑤该当员工退休或离开公司时，按照一定条件获得股票或现金。

2. 经理人期股和期权

（1）"代理人问题"。

在现代企业中，伴随着所有权与经营权的分离，所有者与经营者成为不同的利益者。为追求自身效用最大化，经营者可能会冒"道德风险"，做出偏离甚至损害所有者利益的行为，这就是所谓的"代理人问题"。尤其是在所有权极其分散，即所谓"所有权空壳化"的"内部人控制"企业，或者在"出资人虚位"的国有企业中，这一现象显得尤为突出。

如何规范经营者行为才能够使经营者最大限度地为所有者工作，又降低代理成本呢？传统的制度设计主要表现在两个方面。一是内部的约束机制，如企业内部董事会、监事会；二是外部产品市场的激烈竞争。然而，随着经营者逐渐采取相应的适应性对策，如在企业内部成功构筑起关系网，在产品市场上确立起暂时的优势等，这些压力会逐渐减轻直至消失，于是所有者不得不寻求其他制度。

（2）经理人期股和期权制度。

事实上，这种以股权为基础的激励工具（Stock-based Incentive）确实为企业激励创新开辟了新的道路。

首先，对所有者来讲，降低了监督成本。因为监督经营者行为的最大困难来自所有者与经营者的信息不对称，所有者不能捕捉到所需要的所有信息，无法监督并约束经营者行为。授予经营者期权、期股则部分地解决了这个难题。因为按照有效市场理论的一般假设，股票价格反映了市场和企业的所有信息，观察股票价格水平和变化轨迹就可以大致了解企业的经营状况和发展趋势。因此，所有者将期权与期股授予经营者，可以减少收集信息的种种困难，降低监督成本。

其次，相对于其他激励工具（如固定薪金、奖金和职位的提升），期权与期股将对经营者外在的约束转化为内在的动力，从而给经营者一个较为稳定的、有效的激励刺激。期股和期权不仅在一定程度上改善了所有者与经营者的利益矛盾关系，而且使得经理人在很大程度上开始为自己工作，无须其他外在的干预，会自觉地努力工作，尽心地对企业进行管理和经营。

（3）经理人期股和期权制度的实施（以武汉模式为例）。

武汉国有资产经营有限公司对下属控股、全资企业的法人代表全部实行年薪制，年薪由基薪收入、风险收入、年功收入和特别年薪奖励四部分组成。其中，风险收入根据企业完成利润情况核定，武汉市国资公司将其中的30%以现金形式当年兑付，其余70%转化为股票期股，期股由武汉市国资公司从二级市场上按该企业年报公布后一个月的股票均价购入，期股按每隔一年返还上年度风险收入总额的30%的方法向企业法人代表支付。期股到期前，股票由武汉市人民政府国有资产监督管理委员会代管并由国资公司行使表决权。未到期期股虽不能上市流通，但企业法定代表人作为所有者仍享有分红、增配股的权利。

若公司为非上市公司，则武汉国有资产经营有限公司武汉市人民政府国有资产监督管理委员会国资公司将其风险收入的30%以现金形式兑付，其余70%按审计确定的当年企业净资产折算成法定代表人的持股份额（股份期权）。

武汉模式的特点如下："股票期权"对象是企业的法定代表人，母公司既是激励的主体，又是"股票期权"的运作者和管理者。"股票期权"实际上是通过股票表现出的一种延期兑现的奖金，它不是真正意义上的股票期权，而是一种被锁定在一段时间的股票。

4.2.2 工作设计与再设计

1. 工作设计的背景

早在200多年前，亚当·斯密在《国富论》中就提出了专业分工的概念。19世纪末20世纪初，致力于提高工作效率的泰勒学派继承和发展了亚当·斯密的专业分工的思想，方法是：仔细研究某一具体工作，将其分解为一个个的具体动作，并明确每个动作的要领和标准，确定完成这个动作的时间，然后一遍遍地训练员工，直至其熟练掌握并能在规定的时间内完成。这些是在工作设计方面最早的探索，目的是选择最佳的过程、方式、工作流程。该方式由于剔除了工作中的多余动作而提高了效率，同时由于员工只需掌握几个简单的动作，企业可以雇用低成本的员工，企业的培训费用也降到了最低。因此，该方式得到了企业的普遍采用，流水线、生产线作业就是典型代表。

随着分工越来越细，员工工作时产生的枯燥感、乏味感增强，工作时很难长时间保持注意力集中，废品率上升，生产效率下降。组织如果想要达到原来的效率，就要实施更多的激励和监督，于是管理成本上升；同时，由于员工在工作中没有成就感，个人的知识技能无法提高，很难有所发展，于是出勤率降低，辞职率升高。

在这种情况下，学者开始寻求对工作和岗位的再设计。在20世纪80年代，海克曼（Hackman）和欧海姆（Oldham）发表了一系列的研究成果，比较全面地提出了工作再设计的理论和方法。

海克曼和欧海姆认为，一个工作或者一个岗位是否对员工具有激励作用，可以从以下五个方面来测量。

第一，技能的多样性。这是指岗位职责的履行是否需要经过多项活动，是否需要员工运用多种技能才能完成。比如，办公室主任需要面对各种各样的工作，完成这些工作就需要具有多种技能，如文字处理技能，接待来宾、协调各方面关系的技能等。相比而言，打字员和接线员的工作就比较单一，不需要更多的技能。

第二，任务的完整性。这是指岗位工作在一项完整的任务中的比重大小，即工作的宽度。例如，一个裁缝，如果他完成了从选择布料、裁减、缝纫到销售的所有工作，那么他就完成了做一件成衣的所有任务（宽度很大），因此，他的工作的完整性就是最高的；如果他只完成了缝纫工作，显然任务的完整性就大大降低了。

第三，任务的重要性。这是指某岗位工作对其他人或者其他岗位工作的影响程度。

第四，自主性。这是指员工在其岗位工作，从决策至实施整个过程中具有多大程度的自主决定权。一般来讲，决策属于上级管理者的职能，而执行则属于下级的工作。因此，这是从纵向说明一个工作的岗位特点，有时也称为工作的深度。

第五，反馈。这是指某个岗位的员工对整个工作绩效的了解程度。比如，产品的销售人员对其工作的绩效非常清楚，可是对于一名在生产线上的工人来讲，对产品的整体性能、市场的反应等就不甚了解。

海克曼和欧海姆认为，上述五个方面中，任何一方面的提高都可以提高工作对员工的吸引力，对员工形成激励。这五个方面对员工心理上起到的作用如图4-2所示。

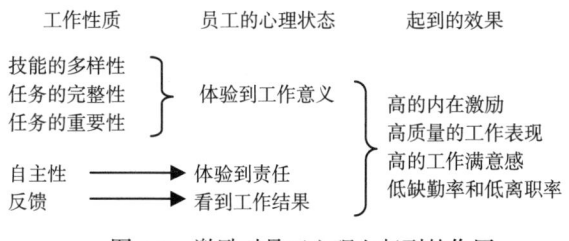

图 4-2 激励对员工心理上起到的作用

2. 工作再设计的方法

工作再设计是指通过改变岗位职责的宽度和深度，或者员工的工作时间和方式，来改变原来分工过细带来的单调、程式化的工作方式，提高工作对员工的激励作用，提高员工效率。多年来，许多管理专家和资深的管理者进行了多次尝试，获得了可喜的效果，以下是经过实践证明比较有效的几个方法。

（1）岗位扩大化。

这是指适当地将一些过于细分的岗位合并起来，在水平方向上增加工作的宽度，即将一项任务的多项工作设计在同一岗位之内。这样同一岗位就需要完成多个工作，可使员工产生"这项工作归属于我"的感觉，降低了枯燥感，从而提高工作的成就感和责任感。在上述裁缝的例子中，原来的裁缝都有具体的分工，有的负责采购布匹，有的只管裁剪，而另一部分负责缝纫，现在可以将原来按职能分工的工作方式改为项目负责制的工作方式，即给每一个师傅配一个徒弟，让每个师傅负责一部分客户衣服制作的全部过程，即从采购布匹直到缝纫和销售。

（2）职务丰富化。

这是指使工作人员或多或少地参与到该岗位工作的决策中去，而不仅仅是执行上级的指令，即从纵向增加工作的深度。这要求管理者适当地授权，给予员工更大的自主权，让员工较为独立地、充满责任感地去从事一项较完整的活动，这里的完整是指从决策到执行的过程。

（3）岗位轮换。

如果员工从事过于单调且程式化的工作，天长日久就会对工作失去激情。一般来讲，如果员工在一个岗位工作中失去激情，此时管理者不妨定期将其从这个岗位轮换到另一个岗位。一般来讲，同层级的岗位中，岗位对员工的要求差距不大，这也为轮岗提供了可能性。在上述裁缝的例子中，可以将原来的剪裁工轮换到缝纫岗位。

（4）弹性工作制。

在岗位设计之外，管理者还可以对工作的时间和地点实施弹性管理，从而从更多的方面改变单调且程式化的管理方式。

观念应用 4-2

弹性工作制

第一，弹性工时，即员工在决定他们的工作时间方面具有更大的自由度。其特征是在不改变整个工作时间的前提下，除要求员工在"关键时段"必须在岗外，员工可以自由选择上下班的时间。实践证明，绝大多数员工对此表示欢迎，虽然并不一定能提高生产率，但满足了一些员工的特殊需要。第二，压缩工作周。这一方法也称为"4/40"工作制。在这种情况下，员工每周只工作4天，每天工作10小时，虽然每周的工作时间相同，但是员工每周有了三天的休息时间。该工作制有两个推动力，一是公司希望获得更高的产量和效率，二是员工希望有更多的闲暇时间。该方法可以在不改变工艺技术的条件下，满足以上两方面的要求。第三，远程办公。随着信息技术的发展，员工借助传真、电话（含移动电话）、移动电脑随时与公司联系。因此，借助当代先进的通信技术，组织完全可以在满足员工个性需要的同时，保持甚至提高员工的工作效率。第四，建立反馈机制，使员工能够直接看到自己的工作效果，尽量接触到客户。

4.2.3 目标管理

1. 目标管理的基本思想

根据期望理论，一个人受激发的力量等于目标价值乘以实现目标的可能性。如果目标不明确的话，目标的价值也就无法确定，也就无从产生驱动力。目标管理的目的在于将组织的目标转换为部门、科室和个人的具体目标,从而最终激发个体的工作热情。目标分解是目标管理的起点,也是其中的一个关键性的环节。

组织要实施目标管理,必须先明确工作目标(组织的总体目标,部门和个人的具体目标),这就产生一个如何将总体目标转化成具体目标的问题(见图 4-3)。

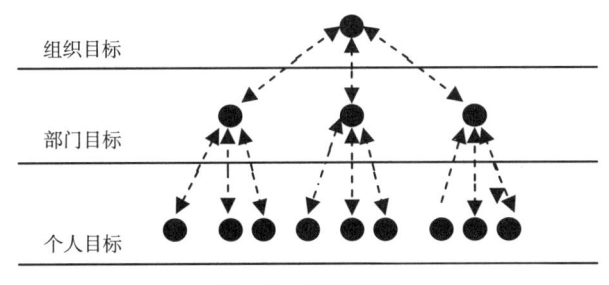

图 4-3　目标分解

要确定具体目标,必须先清晰定义组织的总体目标。组织的决策层在充分进行环境分析和组织内部资源分析后,找出组织面临的机遇和挑战,以及自身的优势和劣势,然后确定组织的总体目标。

在明确定义组织的总体目标之后,决策部门通过上下级的协商,共同将组织的总体目标分解为部门目标,如确定生产部门的生产目标和任务时,决策者需要与生产部门的主管进行协商,同时还需要与辅助生产部门的部门主管进行沟通,以保证各部门的目标和进度协调一致。

在目标分解的整个过程中,管理者自始至终应坚持与目标完成人沟通与协商、共同确定具体目标的原则。也就是说,目标分解是一个自上而下、自下而上的多次反复的过程。

2. 目标管理的过程

目标管理的实施大体上可分为四个阶段:共同建立目标、个体行动、共同评估结果并奖惩、反馈(见图 4-4)。

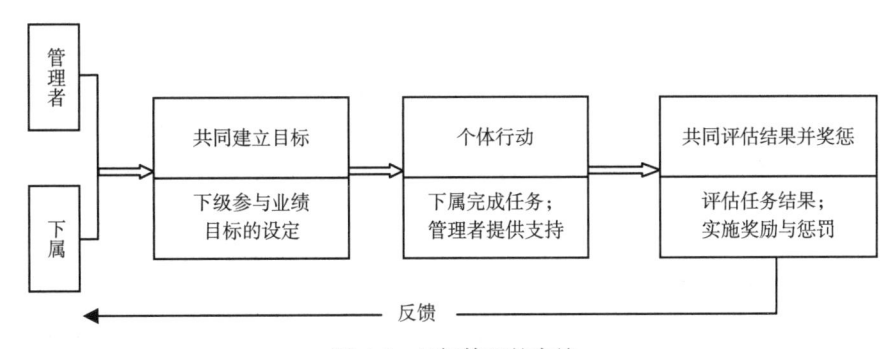

图 4-4　目标管理的实施

从图中可以看出,任务完成后,管理者必须对个体的绩效及时进行评估,对达到规定目标的要给予奖励,对达不到目标的要给予必要的惩戒。

考核和奖惩过后,并不意味着这个循环已经结束,管理者还必须对总体效果和个体工作绩效进行深入分析,并反馈给各个部门和有关个体,好的方法和制度要坚持,效果不理想的要查出原因并加以改进,从而使下一个循环在更高的水平和层次上进行。

3. 实施目标时应坚持的四项原则

（1）目标要清晰明确。

为了便于操作和考核，目标一定要使用清晰、明确的语言来表达。比如，不能用"提高产品质量""达到客户满意"等定性的语言，要用诸如"废品率降低50%""客户的投诉率降低60%"等明确的、定量的语言。

目标明确还要求有一个明确的时间期限，即必须在什么时间之前完成。这个时间段可以是一个月、一个季度、半年度或者一年。

（2）目标的难易程度要适当。

根据弗鲁姆理论，制定目标时要掌握其实现的难易程度，太容易不具有挑战性，同时也不能提高工作效率；太难则实现的可能性很小，不能起到激励作用。因此，应将目标难度程度定在经过努力或者艰苦努力后能够实现的程度。

（3）共同参与。

下级参与目标的制定有以下几方面的好处：便于下属理解上级的意图，加深对全局形势的把握，减少贯彻实施组织决策时的阻力；由于上下级的沟通，使得制定的目标更加符合实际；有利于满足员工的尊重需要和自我实现的需要，起到激励作用。

（4）反馈。

反馈是目标管理的一个重要环节。如果可能的话，最好是经常、甚至是时时刻刻进行反馈，使员工能够及时看到自己的工作结果，发现问题并及时改进。

4.2.4 负激励制度

小资料4-2

一个西班牙清洁工的故事

在2009年，笔者作为访问学者到巴塞罗那自治大学研修。刚开始的时候，笔者住在大学村的M座102房，后来笔者搬到了X座104房。当时大使馆每天给我们公派留学人员寄一份《人民日报》海外版，可是有一段时间笔者收不到报纸，原因是投递员把笔者的报纸放进信箱时，总有一部分报纸露在信箱的外面，导致被人拿走。于是笔者就写了一个条子，贴在笔者的信箱上，上面写道：

尊敬的女士/先生：

请将报纸放得更深一点，以免丢失。

等中午下班后，笔者发现纸条不见了，打开信箱一看，纸条在信箱中，背面写道：

张先生：

我叫爱娃，我会将您的报纸完全放在信箱中，请放心。

自此以后，笔者的报纸再也没有丢过。后来，笔者搬到X座后，由于给有关部门和朋友留的通信地址是M座，所以笔者经常要到原来的房间去看有没有寄给笔者的信，可是那个房子的新主人有时在、有时不在，很不方便，于是笔者就按原来的方法，给爱娃写一个条子，请她将发到那个信箱的信给笔者转发到现在笔者的信箱，并附上了有关的证明材料，证明笔者原来确实在那里住过。下班后，笔者发现贴的纸条不见了。笔者想一定是爱娃拿走了，从此，笔者的信函就发到了现在的信箱。

笔者当时想，这个大学共有留学生和外教1800多人，笔者仅仅是其中普普通通的一个，她与笔者素不相识，为什么能够将笔者的要求总是放在心上呢？是什么原因使她如此敬业呢？后来笔者就这个问题请教了当地人和一些管理学教授，他们告诉笔者，失业压力所致。她应该知道，找一份工作不容易，只有让客户满意，她才能保住已有的饭碗。

在负激励制度下，通过对个体的既得利益形成威胁，迫使个体为了摆脱威胁、维护既得利益而努力工作，它可以对员工的消极行为起约束作用（见图4-5）。负激励与正激励配合使用，相得益彰。同时，负激励还可以解决正激励中存在的"激励失灵"现象。因此，作为管理者，要对此进行深入的研究，并加以应用。在管理实践中，对一些受教育程度不高，没有任何特殊技能的员工来讲，其事业要有大的发展是非常困难的，内在的激励因素不会起很大的作用，这也是管理学中的一个难题，而建立一个负激励的机制，让这些人时刻面临被淘汰的危险，不失为一个有效的办法，虽然听起来有些冷酷。

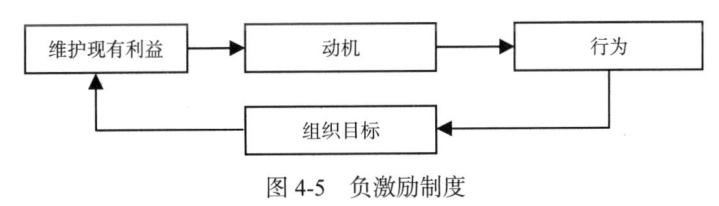

图4-5 负激励制度

1. 应用负激励措施应具备的条件

负激励制度作用的有效发挥有赖于下列条件的存在。

（1）组织目标要清晰明确。

目标是组织在未来活动中应达到的目的，它是衡量组织活动有效性的基本"尺度"。目标明确，可以对员工的行为起到导向作用，同时也明确定义了什么是"反目标"的行为，负激励制度的约束对象也就明确了，方便了负激励策略的设计和实施。

（2）负激励制度的实施要通过制度和环境来实现。

负激励并不是某位主管发现某位员工在工作中存在的问题而随即采取的措施，它的实施必须要有一系列的制度来保证，如员工的作业规范、绩效考核制度和相应的奖惩制度，同时最好还要具有相应的企业文化支撑，从而保证对事不对人，并减小实施过程中的阻力。

（3）负激励制度威胁的对象必须与个体的需求高度相关。

如果不能高度相关，将会导致激励效果不理想，甚至"激励失灵"，无法达到激励的应有效果。

（4）科学的绩效考评制度。

不论是正激励还是负激励，考评结果都是激励制度实施的依据。因此，只有科学的绩效考评制度，保证考核结果客观公正，才能使负激励制度发挥应有的作用。

2. 负激励制度的形式

管理实践的多样性决定了负激励制度不可能具有完全固定的标准形式。事实上，负激励制度可以是由市场因素激发形成的，如产品市场的激励竞争和人力资源市场的巨大压力等，也可以是企业内部设计的，如近些年来在我国出现的企业员工的优化组合、干部考核中的末位淘汰制等。因此，负激励制度应根据管理实践的要求灵活运用，根据环境的变化不断创新。常用的负激励措施有以下几种。

（1）风险薪酬制度。

一般来讲，员工的薪酬可分为固定薪酬和风险薪酬两部分。固定薪酬部分在员工履行基本岗位职责的情况下，可以一次性获取；风险薪酬与员工业绩直接挂钩，并形成一种阶梯回报模式，高业绩高报酬。

目前，很多营利性企业都采用了风险薪酬为主、固定薪酬为辅的薪酬制度。事实上，这个制度是将产品市场的激烈竞争引入了企业的内部管理之中，如果员工能够适应激烈竞争的市场，就会有良好的业绩，也就有了丰厚的薪水；相反，如果员工不能在激励竞争的市场中表现出自己的能力，业绩很差，薪水就会非常低，甚至连维持自己的生活和生存都困难，此时不需要企业辞退，员工也会自动离职。

（2）职位降级制度。

人们对更高职位的追求是一种自我价值实现的需要，是一种自我成就感的满足需要。因此，对于那些未完成规定任务、在规定任期内业绩不突出或在工作中存在严重失误的人，降低职位职级是一种应有的负激励。在组织内部必须要创造一种"能者安其位、能者上，庸者危其位、庸者下"的良好氛围，以形成"职、能、薪"三位相称、"人尽其才，才尽其用"的用人环境氛围。

（3）末位淘汰制度。

这个制度是指对员工过去一段时间的业绩进行综合考评，然后对同一类员工进行排序，淘汰最后一位或者几位的制度。目前，这个制度在许多组织中得到普遍应用。但是，组织在实施这一制度时必须做到考核指标统一，考核结果具有可比性。

末位淘汰制并不是在有排名的情况下就必须使用。只要是排名，就有先后，但是如果在全体员工都完成业绩时，对末位者一律淘汰就显得有失公正，容易形成群体悲观情绪和其他负面效应。员工有时没有完成业绩是因为不可抗拒的客观原因，如果仍然进行淘汰，就不能使人心服。总之，平庸和不合格才是末位淘汰的充分必要条件。

（4）优化组合。

在我国，很多国有企业为了减员增效，经常使用优化组合的方法，先对各个部门的工作进行分析，确定编制。然后，根据自由竞聘的原则选择部门负责人，由部门负责人选择自己部门的员工。事实上，这种方法是对员工以往工作表现、工作态度和人品的总考查，只有上述几个方面都优秀的人员才会被部门负责人选中，如果某个员工过去的表现证明其不符合要求，他就不会被选中。因此，一旦选中，员工还必须继续表现出这种优秀的能力和品德，才可能在下次优化组合中再次被选中，而不是被裁掉。

3. 应注意的问题

（1）负激励制度约束的对象必须要明确。

在实施负激励之前，组织必须要明确，通过这个制度遏制、弱化的行为究竟是什么，并把这些全面地介绍给员工，不能无缘由、无目标地实行负激励制度。

（2）掌握好负激励的尺度，注意员工的承受能力。

管理者在进行制度设计时，必须进行充分调研，力争使负激励制度具有很强的威胁性，从而保证制度的有效性，同时又要考虑员工的承受能力和制度实施的可行性。考核期要相对固定，最好对应员工的工作周期，不能过于频繁，更不能由管理者主观决定，否则，不仅会影响人员的相对稳定性，还会使员工缺乏安全感，无所适从。

（3）负激励必须与正激励配合使用。

在我们习惯运用正激励的情况下，负激励策略的应用更值得研究和探讨。尤其在具有东方文化背景的场合下，管理者切不可在实施过程中简单化、情绪化、片面化。总的来看，还是应以正激励为主，负激励为辅。

4.3 本章小结

激励是一种力量和状态，能起到加强、激发和推动作用。在有效的激励下，组织会不断发展壮大，不断成长。组织行为学家在探索激励的本质以及激励手段时，提出了诸多的激励理论，如需求层次理论、激励因素—保健因素理论、奥尔德弗 ERG 理论、成就需要理论、强化理论、期望理论、公平理论等。组织通过进行股权激励制度设计、工作设计及再设计、目标管理、负激励等，激发员工的工作积极性，使得员工及经营者为公司的长期利益而奋斗。

4.4 思考与技能实践

4.4.1 基础训练

1. 名词解释

（1）激励。

（2）成就需要。

（3）目标管理。

（4）工作再设计。

（5）员工持股计划。

2. 简答题

（1）什么是激励？激励和动机的区别是什么？

（2）简述目标管理的过程分为哪几个阶段。

3. 单项选择题

（1）激励进程的起点是（　　）。

A. 目标　　　　B. 行为　　　　C. 动机　　　　D. 需要

（2）下列因素中不属于激励因素的是（　　）。

A. 期望　　　　B. 成就感　　　C. 责任感　　　D. 人际关系

（3）管理者激发员工的工作热情，使他们产生满意情绪，要使用（　　）。
A. 保健因素　　　B. 维持因素　　　C. 激励因素　　　D. 薪酬

（4）为了防止员工产生不满情绪，维护员工工作积极性，管理者要注意（　　）。
A. 公平　　　　　B. 保健因素　　　C. 满足需要　　　D. 满意度

（5）公平理论认为，影响员工工作努力程度的因素是（　　）。
A. 薪酬　　　　　B 比较的结果　　 C. 工作条件　　　D. 晋升机会

（6）某公司今年超额完成利润指标，公司决定按员工个人工资的50%一次性发放年终奖金，结果花钱买来的却是怨声载道，此现象可用（　　）理论来解释。
A. 期望理论　　　B. 公平理论　　　C. 双因素理论　　D. 需求层次理论

4. 判断题

（1）亚当斯公平理论的基础在于，员工不是在真空中工作，他们总是在进行比较，比较的结果影响他们工作的努力程度。（　　）

（2）公平理论的不足在于，员工本身对公平的判断是极其主观的。因为人们总是倾向于过高地估计自我付出，过低地估计所得薪酬。（　　）

5. 论述题

（1）一个人是否会被过度激励，以致他的绩效水平会因过于努力而降低？请加以讨论。

（2）论述亚当斯公平理论的内容及其在薪酬设计中的应用。

4.4.2　技能训练

题目：情绪认同实验

测定集体中存在积极行动的情绪认同的实验。

在中国某学校进行实验，使用一种仪器，仪器上有5个摇手，由5个人协同操作，使一根铁针沿S形的沟槽滑动，如果5个人的操作不协调，就会使铁针碰到沟槽边缘，产生刺耳的响声，以示操作错误。

实验对象是一个共青团小组和一个工读学校学生小组。

实验分为两阶段。第一阶段，如果操作发生错误，则对小组全体成员给予惩罚；第二阶段，如果操作发生错误，则只对小组的一名成员给予惩罚。实验结果表明，在第一阶段，两个实验组的操作速度都很缓慢，没有显著差别。在第二阶段，共青团小组的操作速度大大快于工读学校学生小组的速度。这是由于共青团小组作为一个集体，有着强烈的积极行动的情绪认同，而工读学校的学生小组作为一个临时组成的松散群体，没有这种积极行动的情绪认同。因此，积极行动的情绪认同是集体团结性的重要标志。

问题：

（1）你认为这个实验的理论根据是什么？

（2）从激励与机动关系的角度看，怎样做到情绪认同呢？

实践要求：某大学学生社团组织一次晚会，请你参照上述样本，提出一个晚会前的学生团体动员会方案。

4.4.3 操作训练

1. 实务题

找到并复制多则关于优秀管理者管理经验的内容，研究它们的共同点，总结优秀的管理者是如何进行群体士气的激励从而加快公司发展的。

（1）让10个学生按他们的喜好列出相关案例。

（2）让10个学生讨论交流优秀管理者群体士气激励的经验。你能得出什么结论？

2. 综合题

群体激励理论在启发人们考察和研究群体行为的产生和发展规律的过程中，教会人们从群体成员间的关系和整个群体氛围的角度去把握群体行为的变化过程；使个体、群体和社会三位一体的关系得到逐渐认识；促进了小群体研究重点的转化；在心理学和社会学之间架起了一座桥梁。请你为某营销团队设计一个运用群体动力的早会，让其员工充满斗志。

4.4.4 案例分析

以人为本的管理思想

深圳某科技有限公司是在 2001 年初注册成立的高科技民营企业，是豪恩实业有限公司（简称豪恩实业，成立于 1993 年）的衍生企业。该公司在豪恩实业的传声器业务单元升级注册为一家独立法人企业之前，致力专业从事传声器等电声技术产品的研究、开发和生产，因此，一经成立便一跃成为业界的领导者，在中国的电声科技领域中扮演着重要的角色。经过近 10 年不断的技术创新和持续改进，该公司成为中国电声行业中最早获得 ISO 9001：2000 认证的企业之一。

在中国，该公司拥有电声行业最为洁净的生产场地。公司产品销往欧美日本等 20 多个国家和地区。2001 年，公司总销售额达到 4 000 万元人民币，其中，出口销售额占了 50%以上。公司正朝着国际化公司的方向迈进，并致力于成为世界一流的电声元器件生产厂家。

一直以来，豪恩实业的员工流失率很低，创立 9 年，公司"元老级"员工不乏其人，有些甚至由于各种原因离开之后，又返回公司，这成为豪恩实业不同于其他私营企业的特别之处。那么这个公司是如何成为业界领导者，又是如何能够保持低员工流失率的呢？带着一系列的疑问，本刊编辑专程前往该公司，希望揭开这个谜团。

1．企业环境要以人为本

新成立的公司位于深圳龙华区一个比较偏远的村子，周边处于百废待兴的状态，基础设施尚不完善，但走进公司的大门，就会发现内外完全是两个不同的世界：一尘不染的工作环境，员工整齐而干净的服装，井井有条的流水线。办公室和生产工具车间秩序井然，大家一丝不苟，一派紧张而繁忙的景象。在谈到工作环境时，该公司总经理王女士毫不掩饰最初是来自买家的压力。豪恩实业生产的电声元器件本身对作业环境就有较高的要求，公司在这方面也下了不少的功夫。在拓展国际市场的过程中，公司结识了不少欧美和日本的大买家，其中包括奥林巴斯、索尼、BIRD 等国际知名买家。这些国际大买家在考察供应商时，对生产环境提出了很高的要求，包括室内温度、空气污染指数、噪声大小和车间清洁度。买家还非常关注员工的感受。他们认为，良好的作业环境能使员工身心愉悦，才能生产出高质量的产品。企业管理水平的高低，从员工状态和工厂面貌上能略见一斑。

"我们最初在工作环境上就花了较大的人力物力，但和国际标准相比还有距离。大买家的到来成为及时雨，他们是最好的老师，给我们上了深刻的一课，达不到他们的要求，就不可能有合作机会，所以说最初的压力主要是来自买家，后来压力转移到自身"，王女士坦言。创立自己的公司之前，王女士自己曾是流水线上的操作工，对打工者的心态深有体会。她认为，目前众多私营企业面临的问题就是打工者没有一种归属感，是一种"你付钱、我工作"的心态，无法产生主人翁的责任心，更谈不上创造力。在实际的工作中，她认识到员工凝聚力对企业的重要性，所以，在营造企业环境方面投入了大量的人力物力。

2．提升员工凝聚力

企业环境分软硬环境两类，除了看得见、摸得着的硬环境外，企业的软环境和文化也是关键。公司力求使管理上档次，以提高员工的归属感和安全感，进行ISO认证就是一个例子。

豪恩实业在1998年就导入ISO 9002质量认证体系。在决定是否实施ISO认证时，公司高层曾进行过激烈的讨论。反对的原因是很多企业开展ISO认证，只是取得一张证书而已，并没有在管理上真正上台阶，实际的效果如何还不确定。最终支持方占了上风，大家认为，质量体系认证可以使公司的管理和作业环境上一个台阶，但有两点是至关重要的：一是一家权威的质量认证机构，二是公司自己的密切配合。因此，他们毅然选择了全球知名的德国TUV作为合作伙伴。ISO认证不仅使公司的质量管理得到提升，还使公司显得更正规，除了满足买家的要求外，还稳定了员工的情绪。"员工都希望到一家正规的企业而不是家庭作坊工作，这样更有一种安全感。"在提高员工凝聚力和忠诚度方面，业界有一种说法是："金钱具有吸引力，事业具有凝聚力，文化具有持久力。"王女士认为，员工需要先认可企业的远景，对企业所处的行业和管理水平有足够的信心，才能主动融入团队，将自己的职业规划和企业发展结合在一起。公司领导如同一个布道者，其沟通能力至关重要。

企业文化需要多年的沉淀，在豪恩实业员工身上体现出一种积极进取的精神风貌。只有高中毕业却成为老板的王女士，本身就是一个通过个人奋斗获得成功的典范。公司刻意营造一种学习气氛，对积极上进的员工给予各方面的奖励。10多年前，王女士为没能考上大学而伤心不已，即使是今天，她仍为未能进入高等学府进行系统学习而遗憾，但这反而成为她努力进取的原动力。除了打理公司的日常事务外，王女士经常参加各种培训班，自学英语。不仅如此，她还组织中高层管理队伍接受管理、销售和专业等方面的培训。对于专业技术人员和营销骨干，她会不定期带领他们参加国内外的研讨会和展览会，了解并追踪最新的技术，并及时应用在公司的研发中。

3．给员工更大的发挥空间

在任何出口企业中，从事外贸的员工始终是企业最活跃、最不稳定的因素。他们在熟悉了产品和客户之后，常常另起炉灶，甚至成为公司的对手。"让制度而不是人来管理"，这是王女士的管理理念。公司在和买家打交道时，强调企业形象，主动邀请买家来厂考察，各种商务活动也是以公司名义来做，客户看重的是企业实力，而不是业务人员本身。这样，即使业务员离开，客户也不会因此转向其他厂家。另外，出口业务部门的成绩和自己收入挂钩，业绩突出的人员收入不菲，他们自己感觉也很有奔头。正因为如此，豪恩实业的出口业务团队一直比较稳定，对公司发展起到了至关重要的作用。

为了留住核心员工，公司发挥了自身机制灵活的特点，不惜以股权相送，公司副总经理就是从打工者最后变成了股东。现任总经理助理李峰是国内某知名大学毕业的MBA，应聘到该公司。当初看到公司位于偏远的郊区时，他也非常犹豫，不知自己到底能做多久。但一段时间之后，他发现公司对他的吸引力越来越大。他说，公司对人才尤其是高素质的人才非常尊重，得到重视是一种美好的感觉。豪恩实业规模不大，企业管理尚不正规，各方面正亟待提高，正因为如此，他才有更大的发挥空间，能够将所学的知识和经验应用于此，这对个人和公司都是一件好事。

问题

1．什么是以人为本的管理思想？总结在中国文化背景下的激励特点。
2．企业应该靠什么留住人才？

4.4.5 网上调研

搜集以激励理论研究为主题的文献，讨论如何开展激励理论的实践应用。

4.4.6 精选案例

秦智虞愚，以人为大——铁骑力士集团的人才生态系统"活化"之道

摘要：本案例围绕着铁骑力士集团筹备召开人力资源变革会议这一关键事件展开，描述了集团激活人才的各种做法。首先，介绍了铁骑力士集团的发展历程以及饲料行业人力资源的现状，引导学习者思考激励机制对于企业激活人才的作用和意义。其次，通过"民主评议会""冯光德实验室""何健方程式""基层员工创新"以及"5S红牌制度"等故事的穿插，帮助学习者理解掌握激励机制的构成要素和侧重于解释不同要素层次的激励理论体系。再次，通过几个故事的对比，引导学习者思考激活人才的不同认知态度，掌握不同认知态度下的制度性和非制度性激励手段。最后，通过集团董事长对召开人力资源变革会议、推进企业孵化人才工作的情节描述，引导学习者辩证地思考，类似铁骑力士集团这样从中小企业发展而来的集团公司，如何依据企业的内外部环境条件，更为有效地激活人才。

关键词：铁骑力士集团；人才激活；激励机制；认知态度。
案例作者：张宏亮，何波等。
案例出处：中国管理案例共享中心。

4.4.7 推荐阅读

第5章
组织结构设计

学习目标

- 知识目标：了解组织结构设计的内涵；了解现代组织结构的主要形式。
- 技能目标：能够分析现代组织结构设计；能够根据组织结构的情况来分析其内在特点和进行组织结构设计。
- 能力目标：具有熟练分析组织结构的能力；具有在组织管理和组织职能发挥中运用现代组织结构设计的有关理论的能力。

案例导读

安捷伦公司——人性化的组织结构

安捷伦公司是1999年从惠普公司分割出来的，主要产品是一般消费者所不熟悉的科技产品。其CEO纳德·巴恩荷特（Ned Barnholt）沿袭惠普公司追求长期价值的做法，在做重大决策时，最常问的一个问题是："如果是两位创办人，会怎么做？" 2000年市场景气时，安捷伦公司的员工人数大幅增长，一年之内增长了12%。然而，2001年，安捷伦公司高层发现业务开展得并不顺利。

让员工充分了解公司营运状况，是员工充分配合的关键。安捷伦公司高层主管通过电子报、会议不断和员工说明节省成本的重要性，让员工知道省下的钱对公司会有多少帮助。公司并没有硬性规定该砍掉哪些项目、省多少钱，但员工沉浸在这种氛围中，会主动勒紧腰带，不到几个月，公司差旅费就省了50%。

让员工感受到公司希望保住员工的努力，也是始终维持团队高向心力的原因。尽管安捷伦公司大幅节省成本，仍抵不过像溜滑梯一样下滑的市场形势，CEO巴恩荷特仍然坚持先全面减薪，直到不得已，才进行裁员。

在裁员过程中，巴恩荷特非常强调同情心。他在向员工宣布裁员消息时，非常详细地告诉员工为什么需要裁员，接下来，清楚地公布裁员标准。巴恩荷特要求所有主管确保所有被裁撤员工都从直属主管那里得知消息。他让 3000 名主管接受一天的训练，通过角色扮演，来学习如何不伤感情地请员工离开。

安捷伦公司在上一年不但先减薪 10%，而且两度宣布裁员。第一次裁减 4000 名员工，第二次裁减 8000 名员工，相当于总人数的 1/4。但是，被裁员者没有怨恨，留下来的员工也依然气势旺盛，努力提高生产力。公司的这些努力并没有白费。

《财星》杂志每年会选出百个最受员工欢迎的公司。在 2002 年，安捷伦公司仍然被选为最受欢迎的公司。过去市场景气时期，企业为了争抢人才，榜上有名的企业常常提供优厚福利，包括替员工遛狗、送衣服干洗等，只希望员工能够留下来。在市场不景气的时候，《财星》杂志发现很多公司之所以名列前茅，原因却跟以往不太一样。

（资料来源：新浪财经。）

思考：
1. 为什么安捷伦公司大幅度裁员减薪，却仍然被选为最受欢迎的公司？
2. 安捷伦公司的例子说明了什么？

5.1 组织结构设计的内涵

组织发展是指组织进行的一种长期的、系统的、约定俗成的、有计划的组织变革，目的是适应内外环境的变化，改进和更新组织，以求达到最佳化和高效化。为此，组织必须加强组织结构的设计。

5.1.1 组织结构及组织结构设计的含义

1. 组织结构

组织结构是指组织内部各机构组合及其组合形式，即基本架构，是组织对完成组织目标的人员、工作、技术和信息所做的制度性安排，是组织内关于职务及权力关系的一套形式化系统，它阐明各项工作如何分配，谁向谁负责及内部协调的机制。

组织结构可以用复杂性、正规化和集权化三个基本特性来描述。

（1）复杂性：指组织内部结构的分化程度。

（2）正规化：指组织依靠制定的工作程序、规章制度、规则来引导员工行为的程度。

（3）集权化：指组织在决策时正式权力在管理层级中的分布与集中的程度。

2. 组织结构设计

组织结构设计就是指对一个组织的结构进行规划、构造、创新或再构造，以便从组织结构上确保组织目标的有效实现，也就是对组织的结构和活动进行创构、变革和再设计。管理者建立和改进一个组织结构时，就是将上述三大特性相互结合，以便创造出各式各样的组织结构。一般来说，个体劳动者和作坊式手工业组织不存在组织结构设计的问题，现代化的大型组织需要进行细致的组织结构设计，因为管理者能力和精力有限，根本无法直接安排组织内部所有的活动，无法安排组织中每一个人的每一项具体工作。

组织理论对组织结构设计的讨论，主要围绕六个基本要素（见表 5-1）。这些基本要素包括工作专门化（Job Specialization）、部门化（Departmentalization）、控制幅度（Span of Control）、命令链（Chain of Command）、集权与分权（Centralization and Decentralization）、正规化（Formalization）。

表 5-1 组织理论对组织结构设计的讨论

关键问题	基本要素
（1）各自独立的工作应分解细化到什么程度	工作专门化
（2）对工作进行分类的基础是什么	部门化
（3）一位管理者可以有效地指导多少个员工	控制幅度
（4）员工个人和工作群体向谁汇报工作	命令链
（5）决策权应该放在哪一级	集权与分权
（6）应该在多大程度上利用规章制度	正规化

5.1.2　组织结构设计的内容

组织结构设计的内容主要如下。
（1）确定目标。
（2）确定实现目标所需的各项活动、业务，并且分类、归并。
（3）建立组织机构：层次划分、部门划分；明确各层次、各部门间的关系。
①职能与职务的分析与设计。
以职能分析为核心，研究确定职能结构，为管理组织提供客观依据。
职能设计的工作内容包括：第一，列出职能清单；第二，明确各职能之间的关系；第三，分清主要职能和辅助职能；第四，落实各职能的职责。
②部门设计。
对企业各种职能加以分类后所组成的专业化单位就是部门。部门设计主要有两个工作：一是确定企业应设置哪些部门，二是规定这些部门间相互的联系。
③层次设计。
这是指组织内部的纵向分工的形式，包括管理幅度和管理层次两个问题。
（4）划分职责和权力：明确职责和相应的职权范围。
（5）形成信息沟通渠道。
（6）调配各种资源：保证资源的合理配置。

5.1.3　组织结构设计的原因与任务

为什么非得设计出一套组织结构？为什么不能由一个首长来管理一个组织？人们经常会提出这些问题。实际上，在一个较大的组织内，成员可以感受管理对象的复杂性与个人能力的有限性。面对全球化的经济形势，面对变幻莫测的市场，面对日新月异的科学技术，面对需要层次各不相同的员工，面对日趋激烈的竞争，任何组织的领导都会发现自己的知识面太窄，需要决策的事情太多，时间不够用、能力不够大。在这种情况下，唯一的选择就是由一群人来管理组织。这就存在权力和责任划分的问题、分工与协调的问题,所以,必须设计出相应的组织结构。组织结构设计的基本任务就是发挥管理者的群体作用,有效地管理复杂多变的对象。

5.1.4 组织结构设计的目的

借用系统论的观点,"组织结构设计的目的就是发挥整体大于部分之和的优势,使有限的人力资源形成最佳的综合效果。"

系统功能大于部分功能之和,这是系统论揭露的普遍规律。同样,比如,对2000名员工采用不同的组织结构进行组合分工,就会得到完全不同的组织效应。一个优秀的组织结构,能够做到机构精简、高效,职能分工合理而明确,既发挥了个人的积极性、创造性,又能保持高度的和谐统一,甚至发挥出"以一当十"的作用。

5.1.5 组织结构设计的步骤

组织结构设计通常可分为以下几个步骤。

1. 工作划分

根据目标一致和效率优先的原则,把达成组织目标所需要的总任务划分为一系列既不相同又相互联系的具体工作任务。

2. 建立部门

把相近的工作归为一类,在每一类的基础之上建立相应的部门。这样,在组织内根据工作分工建立了职能各异的组织部门。

3. 决定管理跨度

所谓管理跨度,就是一个上级直接指挥的下级数目。组织管理者应该根据人员素质、工作复杂程度、授权情况等合理地决定管理跨度,相应地,也就决定了管理层次和职权、职责的范围。

4. 确定职权关系

授予各级管理者完成任务所必需的职务、责任和权力,从而确定组织成员间的职权关系。一是上下级间的职权关系,就是纵向职权关系。上下级间权利和责任的分配,关键在于授权程度。二是直线部门与参谋部门之间的职权关系,也就是横向职权关系。直线职权是一种等级式的职权,直线管理人员具有决策权与指挥权,可以向下级发布命令,下级必须执行。参谋职权则是一种顾问性质的职权,其作用主要是协助直线职权人员去完成组织目标。参谋人员一般具有专业知识,可以就自己职能范围内的事情向直线管理人员提出各种建议,但没有越过直线管理人员去命令下级的权力。

5. 通过组织运行不断修改和完善组织结构

组织结构设计不是一蹴而就的,而是一个动态的不断完善的过程。在组织运行中,必然会暴露出许多问题,也会形成有益的经验,这一切都应作为反馈信息,促使管理者(领导者)重新审视原有的组织结构设计,并进行相应的修改,使其日臻完善。

5.1.6　组织结构设计的重点

组织结构设计的重点包括如下几点：

（1）组织的目标性：使组织内各部分在公司整体经营目标下充分发挥能力，达成各自目标；

（2）组织的成长性：考虑公司的业绩经营与持续成长；

（3）组织的稳定性：随着公司成长而逐步调整组织结构是必要的，但经常的组织结构、权责、程序变更将使员工信心动摇；

（4）组织的简单性：组织的简单结构将有助于内部协调与人力分配；

（5）组织的弹性：保持基本形态，又能配合各种环境条件的变化；

（6）组织的均衡性：各部门业务量的均衡有助于内部的平衡与分工；

（7）指挥的统一性：一人同时接受二位以上主管管理，将使其产生无所适从的感觉；

（8）权责明确化：权责或职责不清，将使工作发生重复或遗漏、推诿现象，易使员工产生挫折感；

（9）作业制度化：明确的制度与标准作业可减少摸索时间，增加作业效率。

5.1.7　组织结构设计的任务

组织结构设计的任务包括如下几个内容。

（1）建立组织结构：明确组织内部的相互关系。

（2）提供结构系统图：显示各个部门是如何按照基本职权范围连接在一起的，即正式的职权关系。

（3）编制职务说明书：使人人都知道任职人员应该做什么事，为判断该职务的工作职责提供依据。

为了达到组织结构设计的理想效果，组织结构设计者需要完成以下几项工作：职能与职务的分析与设计；部门设计；层级设计。

5.2　现代组织结构的主要形式

组织结构管理是由生产力和生产关系共同决定的。管理组织结构的具体形式受组织的目标、行业特点、规模、市场大小、经营的内外部条件的影响。组织结构反映组织成员之间的分工协作关系，设计组织结构的目的就是为了更有效、更合理地整合组织成员的力量，形成组织合力，为实现组织的目标而协同努力。随着组织的产生和发展及机制的演变，组织结构形式也经历了一个发展变化的过程。迄今，组织结构的主要形式有较为简单的直线制、职能制、直线职能制，还有较为复杂的事业部制、矩阵制、模拟分权制等。

5.2.1　直线制

直线制组织结构是最早使用也是最为简单的一种组织结构，是一种集权式的组织结构形式。其特点是：组织中各种职位是按垂直系统直线排列的，各级行政领导人员执行统一指挥和管理职能，不设专门的职能机构（见图5-1）。直线制组织机构的优点是设置简单、权责分明、信息沟通方便，便于统一指挥，集中管理；缺点是缺乏横向的协调关系，没有职能机构当领导的助手，容易产生忙乱现象。因此，一旦组织规模扩大，管理工作复杂化，领导者势必因经验、精力不及而顾此失彼，难以进行有效的管理。直线制组织结构主要适用于组织规模不大、员工人数不多、生产和管理工作都比较简单的组织情况。

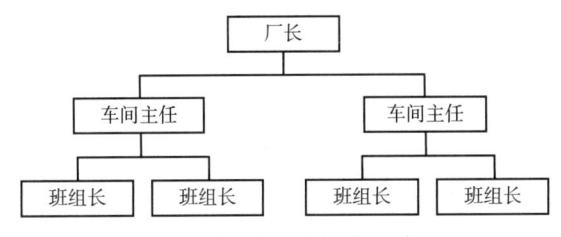

图 5-1 直线制组织结构示意图

5.2.2 职能制

职能制组织结构是在直线制组织结构的基础上，为各级行政领导人员设置职能机构或人员的一种组织结构形式（见图 5-2）。这是以工作方法和技能作为部门划分的依据。现代企业中，许多业务活动都需要人员具有专门的知识和能力。组织通过将专业技能紧密联系的业务活动归类组合到一个部门，可以更有效地开发和使用员工技能，提高工作的效率。职能制组织结构的优点是职能部门任务专业化，避免人力和物质资源的重复配置，便于发挥职能专长，这点对许多职能人员颇有激发力，可以降低管理费用。其缺点是不利于企业满足迅速变化的客户需要，一部门难以理解另一部门的目标和要求，职能部门之间的协调性差，不利于在管理队伍中培养全面的管理人才，因为每个人都力图向专业的纵深方向发展。通常在只有单一类型产品或少数几类产品、面临相对稳定的市场环境的企业中采用。

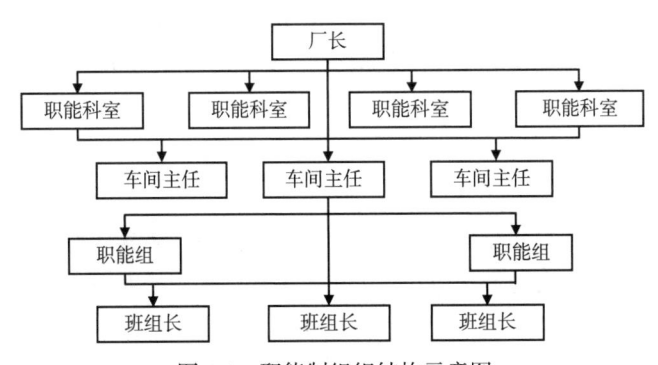

图 5-2 职能制组织结构示意图

在相对简单、稳定的环境中，组织采用职能制组织结构可能是理想的选择。职能制组织结构不会消失，因为永远需要职能专家。但在今天的企业环境中，职能型管理人员做决策的机会越来越少，而跨职能的团队将会变得越来越重要。

5.2.3 直线职能制

直线职能制组织结构又称直线参谋制组织结构、生产区域制组织结构等，是直线制组织结构和职能制组织结构相结合的一种组织结构形式（见图 5-3）。

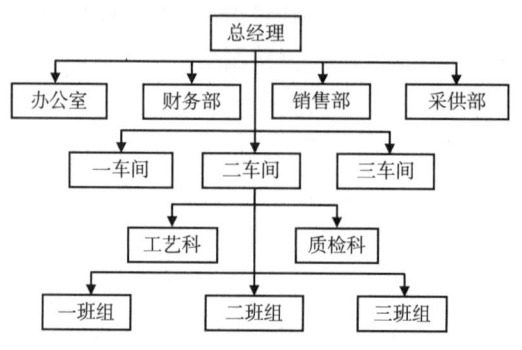

图 5-3　直线职能制组织结构示意图

这种组织结构的特点是：以直线为基础，在各级行政负责人之下设置相应的职能部门，分别从事专业化管理，作为该级领导者的参谋，实行主管统一指挥与职能部门参谋、指导相结合。职能部门拟定的计划、方案，以及有关指令，统一由直线领导者批准下达，职能部门无权直接下达命令或进行指挥，只起业务指导作用，各级行政领导人实行逐级负责，实行高度集权。直线职能制组织结构既保持了直线制组织结构的集中统一指挥的优点，又吸取了职能制组织结构发挥专业能力的长处，从而提高了管理工作的效率。

直线职能制组织结构的缺点是权力集中于最高管理层，下级缺乏必要的自主权，各职能部门之间的横向联系较差，容易产生脱节与矛盾；各参谋部门与指挥部门之间的目标不统一，容易产生矛盾；信息传递路线较长，反馈较慢，适应环境变化较难，实际上是典型的"集权式"管理组织结构。我国目前大多数企业，甚至机关、学校、医院等都采用直线职能制组织结构。

此外，还有许多企业对直线职能制组织结构进行补充，在保证直线领导指挥的前提下，又充分发挥专业职能机构的作用，即直线领导授予某些职能机构一定程度的职权，如给予生产调度、销售、质量检查等部门相应的权力，从而形成一定程度上的新的组织结构形式。总的来说，新的组织结构比传统直线职能制组织结构更为有效，因此被各国企业广泛采用。

5.2.4　事业部制

事业部制组织结构又称部门化组织结构。事业部制组织结构是从直线职能制组织结构转变而来的，也是现代化工业发展的产物。它以产生目标和结果为标准来进行部门的划分和组合。事业部制组织结构是西方经济从自由资本主义过渡到垄断资本主义以后，在企业规模大型化、企业经营多样化、市场竞争激烈化的条件下出现的一种分权式的组织结构形式。事业部制组织结构的主要特点是"集中政策，分散经营"，即在集权领导下实行分权管理。这种组织结构形式，就是在总公司的领导下，按产品或地区分别设立若干事业部，每个事业部都是独立核算单位，在经营管理上拥有很大的自主权；总公司只保留预算、人事任免和重大问题决策等方面的权力，并运用利润等指标对事业部进行控制（见图 5-4）。事业部制组织结构的优点是提高了管理的灵活性和适应性。各事业部单独核算、自成体系，在生产经营上具有较大的自主权，这样既有利于调动各事业部的积极性和主动性，有利于培养和训练高级管理人才，又便于各事业部之间开展竞争，从而有利于增强组织对环境变化的适应能力，有利于最高管理层摆脱日常行政事务，集中精力做好大政方针方面的决策，便于组织专业化生产，便于采用流水作业和自动生产线等先进的生产模式，有利于提高生产效率，保证产品质量，降低产品成本。事业部制组织结构的缺点是增加了管理层次，造成机构重叠，管理人员和管理费用增加；由于各事业部独立经营，各事业部之间人员互换困难，相互支援较差；各事业部管理者经常从本部门利益出发进行经营管理工作，容易滋长不顾公司整体利益的本位主义和分散主义倾向。

事业部制组织结构一般在具有较复杂的产品类别或业务地区分布较广泛的企业中采用。

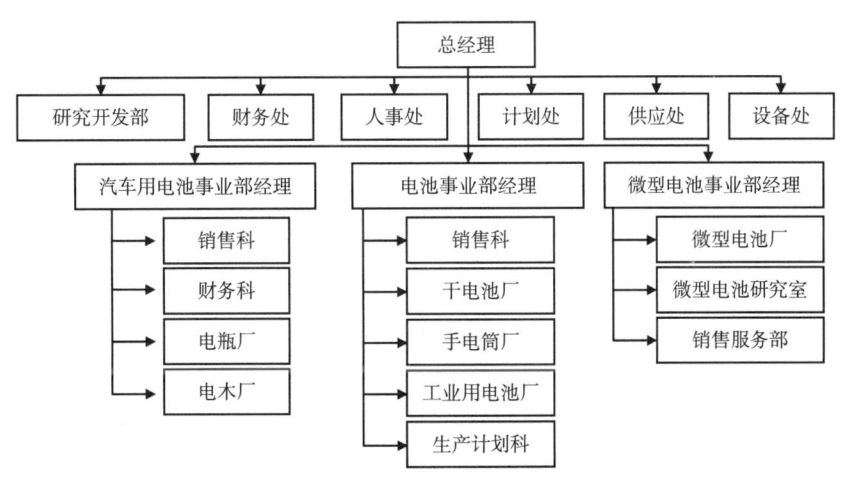

图 5-4 事业部制组织结构示意图

5.2.5 矩阵制

矩阵制组织结构又称目标规划制组织结构，是 20 世纪 50 年代末在美国宇航技术的发展过程中产生的。矩阵制组织结构是由纵横两套管理系统组成的组织结构，一套是纵向的职能领导系统，另一套是为完成某一任务而构建的横向项目系统，也就是既有按职能划分的垂直领导系统，又有按项目划分的横向领导系统。

有的企业同时有几个项目需要完成，每个项目要求配备不同专业的技术人员或其他资源，为了加强对项目的管理，每个项目在总经理或厂长领导下由专人负责（见图 5-5）。因此，在直线职能制组织结构的纵向领导系统的基础上，又出现了一种横向项目系统，形成纵横交错的矩阵结构。其中，工作小组或项目小组一般是由不同背景、不同技能、不同部门的人员组成的。组成工作小组后，大家为某个特定的项目共同工作。矩阵制组织结构的优点是将组织的纵向联系和横向联系很好地结合起来，有利于加强各职能部门的协作和配合，及时沟通情况、解决问题；具有较强的机动性，能根据特定需要和环境的变化，保持高度的适应性；把不同部门、具有不同专长的专业人员组织在一起，有利于互相启发、集思广益，攻克各种复杂的技术难题，更加圆满地完成工作任务。矩阵制组织结构的缺点是在资源管理方面存在复杂性；稳定性差，由于小组成员是由各职能部门临时抽调的，任务完成以后还要回到原职能部门工作，容易使小组成员临时产生不同的观点，不安心工作，从而对工作产生一定影响；权责不清，由于每个成员都要接受两个或两个以上的上级领导，潜伏着职权关系的混乱和冲突，造成管理秩序混乱，从而使组织工作容易丧失效率。矩阵制组织结构适合在需要对环境变化做出迅速和一致反应的大型企业中使用。矩阵制组织结构具体还包括以下两种类型。

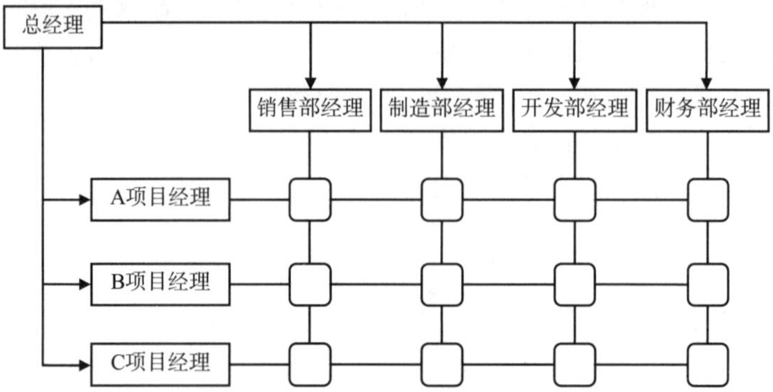

图 5-5　矩阵制组织结构示意图

1. 二维矩阵结构

二维矩阵结构是第二次世界大战后在美国首先出现的。它是为了适应在一个组织内同时有几个项目需要完成，每个项目需要具有不同专长的人在一起工作这一特殊的情况而设置的。一个企业可能有几个项目，每一个项目都由一个人在总经理的直接领导之下专门负责。根据项目的特殊需要，从各个职能部门和车间抽调若干人组成项目小组。

由于二维矩阵结构是按项目进行组织的，它加强了不同部门之间的配合和信息交流，避免了直线职能制组织结构中各部门相互脱节的现象。它同样具有工作小组那样的机动灵活性，可以随项目的开始与结束进行组织或者给予解散。一个人还可以同时参加几个项目小组，这就大大提高了人员的利用率。此外，由于职能人员直接参与项目，而且在重要决策问题上有发言权，他们增加了责任感，激发了工作热情。

二维矩阵结构最主要的缺点是项目负责人的责任大于权力。因为参加项目的每个人都是来自不同的部门，一般隶属关系仍在原部门，所以项目负责人对他们工作的好坏没有足够的激励手段与惩治手段，这些权力依然在原部门领导人手中。另外，二维矩阵结构造成的双重指挥也是一大缺陷，项目负责人和原部门负责人都对参加该项目的人有指挥权。因此，项目负责人必须与各个部门负责人配合，才能顺利地进行工作。

二维矩阵结构适用于产品品种多且变化大的组织，特别适用于以开发与实验项目为主的单位，如应用研究单位。

2. 三维矩阵结构

目前有人根据矩阵结构的特点，发展了一种三维矩阵结构的组织结构形式。这个组织结构由三方面的部门构成，即专业职能部门、按产品划分的产品事业部门，以及按区域划分的各地区管理机构。这三方面的部门共同研究某种产品的开发、生产和销售等，协调之间产生的矛盾，加强信息沟通。

三维矩阵结构多应用于建筑公司、房地产公司、飞机制造公司等企业，特别适用于单件、小批量、高单价的制造业企业，以及以项目为单元的服务业和创新性较强的科研机构。一些大型活动（如奥运会）也适合采用这种矩阵结构。

5.2.6 模拟分权制

介于直线职能制组织结构和事业部制组织结构之间，有一种模拟分权制组织结构。事业部制组织结构是由于企业规模不断扩大而发展起来的一种组织结构形式。但是有许多大企业，比如连续生产的化工企业，受产品品种和生产过程所限，根本无法分解成几个独立的事业部门，然而企业的规模又是如此的大，以至于高层管理人员感到采用其他组织形态都无法管理，于是出现了模拟分权制组织结构。

模拟分权制组织结构是模仿事业部制组织结构进行分权的，它与事业部制组织结构的重要差别如下：

第一，这种结构的组成单元并不是真正的事业部门，本质上是生产阶段；

第二，这些生产阶段有自己的管理层，有自己的利润指标，这种指标是按整个企业的内部价格确定的，而不是来源于市场；

第三，这些生产阶段都没有自己独立的外部市场，而且关系相当密切，一个生产阶段出现障碍，可能导致其他生产阶段出现障碍。

模拟分权制组织结构的最大优点在于它解决了企业规模扩大而不易管理的问题。在这种结构之下，高层管理人员可以在可能的范围内把权力分给生产阶段一级的管理人员，减少了自己的行政工作，从而能够把精力集中在战略性的问题上。这种结构的缺点是无法使组织中每一个成员都能明确自身的任务，各个部门的领导人也不容易了解整个企业的全貌，在沟通效率和决策权力方面还存在较大的缺陷。此外，这种结构要求各个生产阶段的负责人有较强的容忍力，将本单位和个人的利益交给上级处理。尽管模拟分权制组织结构同事业部制组织结构相比仍然有些缺陷，但对于大型材料工业企业如玻璃、造纸、钢铁、化工等企业，这是最为适合的组织结构。

5.2.7 多维制

多维制组织结构（多维立体组织结构）是在事业部制组织结构和矩阵制组织结构基础上发展起来的，由美国道·科宁（Dow Corning）于1967年首先创立。多维立体组织结构由三维的管理系统组成，即按产品划分的事业部，是结算和利润中心；按职能划分的专业参谋机构，是专业成本中心；按地区划分的专门管理机构，是地区结算和利润中心。由上述三个管理系统代表共同组成的产品事业委员会领导各类产品的产销工作，从而有效地把三个系统的管理工作协调并且统一起来。这种组织结构形式有利于信息沟通、集思广益、共同决策、改进决策质量，充分发挥整个组织系统的整体效能，一般比较适合于跨国公司或规模巨大的跨地区公司。

5.2.8 网络型

网络型组织结构是目前流行的一种新的组织形式。它是一个小的中心组织，通过合作关系（以合同形式），依靠其他组织执行制造、营销等经营功能。它的特色是以项目为中心，将企业内部各项工作，包括生产、销售、财务和其他关键业务等，以合同为基础，交由其他组织承担。

网络型组织结构在实践中已十分普遍，这主要归功于网络经济性这一概念的提出。在工业经济时代，人们普遍意识到规模经济给企业带来了强大的竞争优势。1975年，美国经济学家约翰·潘泽（John Panzar）和罗伯特·维立格（Robert Willing）提出"范围经济"的概念，它是指企业多样化经营（扩大经营范围）带来的经济效益。然而，进入二十世纪九十年代以后，市场环境的不确定性增强，竞争空前激烈，消费者需求的多样化和个性化使得一些巨型组织无力控制环境，规模本身不再是竞争制胜的利器。这些庞然大物适应能力差、反应迟钝、动作缓慢、效率低下的弊端在新环境下越发突出。

随着信息技术的发展，工业社会开始向信息社会转变，必须有一个与信息社会相适应的经济模式，这就是网络经济。网络经济强调企业之间的联合，进行资源共享，一个企业不必拥有所有职能，它可以将一部分职能"外包"出去，只保留一些有竞争优势的职能。

对小企业来说，网络型组织结构是合适的选择。相比较而言，小企业在资金、技术、规模上无法与大企业相抗衡。网络型组织结构也适用于一些大型组织，如耐克公司。

网络型组织可进一步发展为虚拟网络型组织，它是一个暂时联合起来寻找独特的机会或战略优势的企业群体，目的达到后即解散。网络型组织是一场革命，它很难用传统的术语回答："组织在哪？"例如，一家公司可以把培训、运输、工程等成本较大的职能承包出去，这些职能不再是传统意义上的组织职能的一部分。

网络型组织结构的最大优点是全球性的竞争能力。其次是劳动力的灵活性和挑战性。最后是这一结构是所有组织结构中最精干的一种。

网络型组织结构的一个缺点是缺乏实际控制，具有较高的不确定性，而且在这种类型的组织中，员工忠诚度可能较低。

网络型组织结构获得了高度的灵活性，适应动态变化的环境。随着信息技术的发展和在企业中的应用，网络型组织结构将会逐渐显示出它的生命力。其组织结构图如图5-6所示。

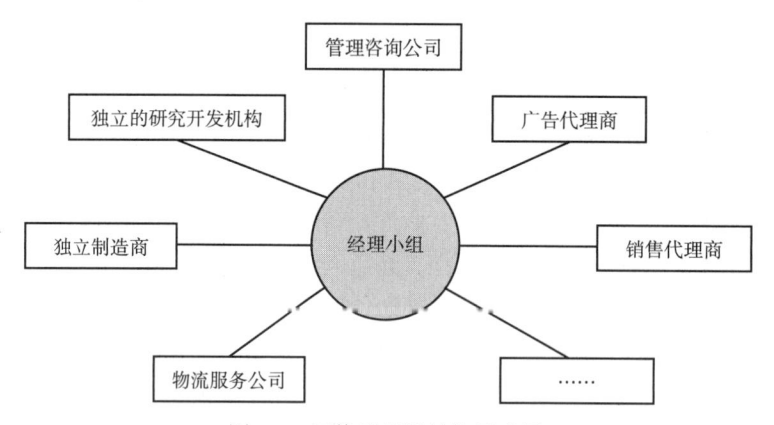

图5-6 网络型组织结构示意图

5.2.9 一些新型组织结构

1. 团队结构

这种团队结构的主要特点是，打破部门界限，并把决策权下放到工作团队。在小型公司中，可以把团队结构作为整个公司的基本组织结构形式。例如，一个三十多人的市场销售公司完全按团队来组织，团队对日常的大多数操作性问题和客户服务问题负全部责任。在大型组织中，团队结构一般作为典型的行政性层系结构的补充。

2. 虚拟组织结构

虚拟组织结构是一种规模小，却可以发挥主要商业职能的核心组织结构。虚拟组织结构决策集中化的程度很高，但部门化程度很低，或根本不存在。管理人员把公司职能都移交给了外部力量，组织的核心是一小群管理人员。

3. 无边界组织结构

无边界组织结构寻求的是缩短命令链，对控制跨度不加限制，取消各种职能部门，代之以授权的团队。无边界组织结构的主要特点有：

（1）通过取消组织垂直界限而使组织的结构趋向扁平化，使等级秩序作用降到最低限度；
（2）以多功能团队取代职能部门，围绕公司的工作流程来组织活动；
（3）打破组织与客户之间的专业界限及心理障碍。

4. 女性化组织结构

组织社会学家乔伊斯·露丝查德（Joyce Rothschild）对女性化组织结构方面的有关研究进行了归纳和发展，建立了具有如下六个特点的女性化组织结构模型：

（1）重视组织成员的个人价值；
（2）非投机性；
（3）事业成功与否的标志是为别人提供了多少服务；
（4）重视员工的成长；
（5）创造一种相互关心的社区氛围；
（6）分享权力。

从以上几种组织结构可以看到，各种组织结构形式各有特点、各有利弊。因此，组织必须从实际出发，灵活加以应用。一般来说，组织结构的形成，并不苛求某种单纯的理论性形式，往往可以混合性地运用多种组织结构形式。管理组织现代化是企业管理现代化的重要组成部分，随着我国企业改革的深入，我国企业也将会创造出更多的符合我国国情的管理组织结构形式。

5.3 本章小结

组织结构设计是指对一个组织的结构进行规划、构造、创新或再构造，以便从组织结构上确保组织目标的有效实现，就是对组织的结构和活动进行创构、变革和再设计。组织结构设计的目的是发挥整体大于部分之和的优势，使有限的人力资源产生最佳的综合效果。组织管理结构是由生产力和生产关系共同决定的，组织结构主要的形式有较为简单的直线制、职能制、直线职能制，还有较为复杂的事业部制、矩阵制、模拟分权制，等等。管理组织现代化是企业管理现代化的重要组成部分，随着我国企业改革的深入，我国企业也将会创造出更多的符合我国国情的管理组织结构形式。

5.4 思考与技能实践

5.4.1 基础训练

1. 名词解释

（1）组织结构。
（2）直线职能制。
（3）管理跨度。

2. 简答题

（1）组织结构设计的重点有哪些？
（2）简述事业部制组织结构的优缺点。
（3）简述网络型组织结构的优缺点。
（4）怎样进行组织结构设计？
（5）简述新型的组织结构有哪些类型。
（6）对比虚拟组织结构与无边界组织结构的差异。

3. 单项选择题

（1）传统组织设计是建立在（　　）基础上的。
　　A. 劳动分工　　B. 权力等级　　C. 组织活动　　D. 劳动效率
（2）某企业采取直线职能制的组织结构，企业中共有管理人员42人，其中厂长1人，车间主任4人，班组长18人，职能科长3人，科员16人，每一岗位均不设副职。这时，厂长的管理幅度是（　　）。
　　A. 4　　　　B. 7　　　　C. 22　　　　D. 23
（3）下列各类组织中，最适宜采用矩阵制组织结构的有（　　）。
　　A. 超级市场　　　　　　　B. 医院
　　C. 电视剧制作中心　　　　D. 学校
（4）某总经理把产品销售的工作委派给一位主管市场经营的副总经理，由其负责管理所有地区的经销办事处，但同时总经理又要求各地区经销办事处的经理们直接向总会计师汇报每天的销售数字，而总会计师也可以直接向各地经销办事处经理们下达命令。总经理的这种做法违反了（　　）原则。
　　A. 权责对等原则　　　　　B. 统一指挥原则
　　C. 专业化原则　　　　　　D. 统一领导原则

4. 多项选择题

（1）组织结构设计的任务是（　　）。
　　A. 权力分配　　　　　　　B. 任务分配
　　C. 提供组织结构系统图　　D. 编制职务说明书

（2）以下对直线制组织结构的描述正确的是（　　）。
A. 组织中每一位管理者对其下属有直接管理权
B. 实行专业分工
C. 组织中每一个人只能向一位直接上级报告
D. 管理者在其管辖的范围内，有绝对的职权或完全的职权
（3）在下列组织结构中，反映出管理专业化分工的是（　　）。
A. 职能制　　　　　　　　　B. 直线职能制
C. 事业部制　　　　　　　　D. 矩阵制

5. 判断题

（1）组织设计的根本目的是保证人人有事做。（　　）
（2）分工越细、专业化程度越高，企业的效率也就越高。（　　）
（3）事业部制组织结构能够增强组织对市场的适应能力和灵活性。（　　）
（4）矩阵制组织结构适用于大批量稳定生产型企业。（　　）
（5）强调权力下放，主要是为了减轻领导者的工作负担。（　　）
（6）统一领导强调一个下级只能接受一位上级的命令。（　　）
（7）适当的授权可以增加管理宽度。（　　）
（8）矩阵制组织结构结合了职能部门化和产品部门化的特点。（　　）
（9）授权不同于参与，参与实行的是决策权力共享，而授权则是由下属自己做出决策。（　　）

6. 论述题

（1）如果你所在的公司要实行矩阵制组织结构形式，你认为这种结构形式有何优点和弊端？管理者在何种情况下可以采用这种组织结构形式？
（2）举出一个你熟悉的新型组织结构形式，并说明这种组织结构形式是如何有效实现提高生产效率的。

5.4.2　技能训练

题目一：美国六大科技公司的组织结构

1. 实验目的与技能

通过本实验，使学生了解有机式组织结构形式和机械式组织结构形式，掌握有机式组织和机械式组织的区别与联系，训练学生的组织战略分析、组织结构分析等技能。

2. 实验内容

识别美国六大科技公司的组织结构形式差异。如图 5-7 所示是美国六大科技公司[亚马逊（Amazon）、谷歌（Google）、脸书（Facebook）、微软（Microsoft）、苹果（Apple）、甲骨文（Oracle）]的组织结构形式。

3. 实验要求

（1）就美国六大科技公司的组织结构形式，谈谈它们之间的异同。
（2）结合美国六大科技公司的组织结构形式，领会组织结构设计的原则。

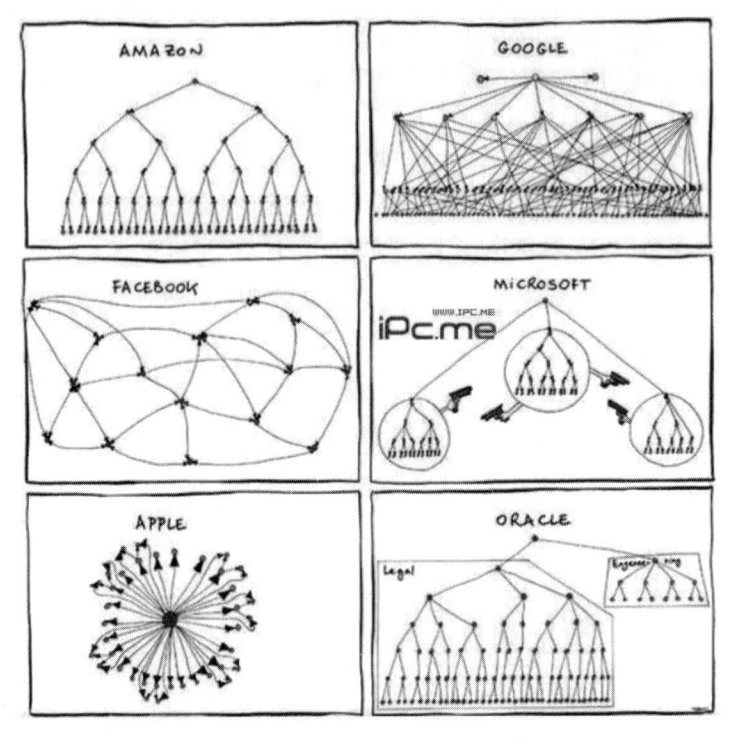

图 5-7　美国六大科技公司的组织结构形式

（资料来源：大数据文稿.疯狂的架构：国内六大著名科技公司组织结构图一览.腾讯云，2015-05-04.）

4. 实验组织与步骤

（1）实验前的准备。要求学生预习、复习有关组织结构的知识；上网查找美国六大科技公司发展战略方面的资料，对美国六大科技公司有一定的了解。

（2）分组讨论。以5~7人为一个小组开展讨论和分析，学生充分发表个人观点。

（3）小组展示。各小组在规定时间内展示小组讨论成果。

（4）实验讲评。指导教师适时讲评。

（5）总结并撰写实验报告。以小组形式撰写实验报告。实验报告成绩按优、良、中、及格与不及格五个等级评定。评定的要点是报告中是否写明了组织结构设计的原则以及美国六大科技公司组织结构形式的对比分析。

题目二：组织结构设计：艾德俱乐部练习

目的：帮助学员理解组织在不同成长阶段设计组织结构时需要考虑的问题。

材料：每个学习小组应该有足够的幻灯片或挂纸来展示组织结构图。

说明：每个小组讨论所列举的场景，场景一如下所示（场景二、三、四略）。教师将协助讨论并通知各组何时开始下一步。这个练习和任务报告需要约90分钟。

第一步：学生分组。一般每组4或5个人。

第二步：读完场景一的要求之后，每个小组设计一个适合这种情况的组织结构图（部门化）。学生应该能够描述所绘的组织结构类型，并解释为什么它是合适的。这个组织结构图展示在一张幻灯片或挂纸上，以便别人在接下来的课堂讨论中观看。教师将限定一个固定时间（如 15 分钟）来完成这些任务。

场景一：在决定再也不铲雪之后，你在一个加勒比海小岛上建立一个新的度假营。度假营正在建立，计划一年之后开张。你认为现在应该为这个名为艾德俱乐部的新企业绘制一个组织结构图。

第三步：在时间快要结束时，教师将展示场景二，每个小组将被要求绘制另外一个适合此情况的组织结构图。同样，学生应该能够描述所绘组织结构的类型，并解释为什么它是合适的。

第四步：在时间快要结束时，教师将展示场景三，每个小组将被要求绘制另外一个适合此情况的组织结构图。

第五步：如果时间充足，教师再展示第四个场景。集合所有学生，展示他们为每个场景设计的组织结构图。在每一次展示时，绘制该图的小组应该描述所绘的组织结构类型，并解释为什么它是合适的。

5.4.3 操作训练

1. 实务题

谈谈你知道的采用了事业部制组织结构的组织情况。

2. 综合题

一个优秀的组织结构，能够做到结构精简、高效；职能分工合理而明确；既高效又统一；既发挥了个人的积极性、创造性，又能保持高度的和谐统一，甚至发挥出"以一当十"的作用。请根据本章学到的知识，为你所在的组织设计一个适应当前环境的组织结构。

5.4.4 案例分析

美的集团的组织结构设计

美的集团（简称美的）创立于 1968 年，2021 年美的员工超过 15 万人，拥有美的、威灵等十余个品牌。在 1968—1979 年，美的处于创业阶段，人员不多，在组织结构方面也没有很完善和标准的形式。1980—1996 年，美的处于单一业务时期，采用了直线职能制组织结构。1997—2000 年，美的进行相关多元化产业拓展，采取了事业部制组织结构。2001 年始，美的进行了不相关多元化产业拓展，并对事业部制组织结构再度改造。具体如下。

（1）创业阶段（1968—1979 年）。

在创业初期，美的的经营目标就是找一条求生存的道路，以务实的态度来做事，没有战略规划的概念。再加上企业的规模小、人员不多，在组织结构方面也没有很完善和标准的形式。

（2）单一业务时期和直线职能制组织结构（1980—1996 年）。

1980 年，美的刚进入家电行业，只生产电风扇，产品单一，简单的重复生产就可以满足美的的发展需要，直线职能制组织结构在这个阶段可以很好地满足这一要求。

（3）相关多元化与事业部制组织结构的创建（1997—2000 年）。

1997 年前后，美的的规模迅速扩张，产品类型急剧增多，处于时刻变化的环境中，这就要求美的在面对任何情况时都能够迅速、准确地反应，以抓住有利于企业的商机，把权力下放到市场最前沿的事业部制组织结构就成了符合时代要求的选择。

（4）不相关多元化与事业部制组织结构的再度改造（2001年至今）。

2001年，随着竞争的加剧，美的开始进军不相关多元化产业，不但产品越来越复杂（从电扇到空调、电饭煲甚至客车等），各个产业需要用到的技术千差万别，越来越先进，而且生产过程的不确定性（比如说技术问题、产品复杂性带来的质量问题等）也大大增加，难以用统一的模式来管理。不相关多元化产业的拓展促使美的继续寻找与之相适应的组织结构。

（资料来源：陈春花.组织行为学[M]. 北京.机械工业出版社，2009.）

? 问题

1．企业从小到大，组织结构应如何随着环境变化以及自身战略来进行调整？

2．美的的组织结构是否可以移植到家电行业的中小企业中？

3．组织结构的分与合，实际上是权力的放与收的外部表现形式，企业领导人如何做好分权和集权的权衡？

4．查找最新资料，根据你了解的美的目前的组织架构，谈一谈你对美的组织结构变革的理解。

5.4.5　网上调研

在网上查询一家感兴趣的公司，联系实际分析中国本土企业组织结构设计特点。

5.4.6　精选案例

为啥咱们的农民"走在前"：顾渚景区乡村民宿组织管理揭秘

摘要：顾渚村顾渚景区乡村民宿发展历经从无到有再到多的过程，伴随着乡村旅游业的发展，管理理念也从原本的小山村理念逐步上升到全域景区理念。本案例有两条线：一是乡村民宿经营户数变化节点线，在各个节点时期，经营户从量变到质变，直到出现当时管理组织无法解决的问题和矛盾。二是在各个节点时期，相应管理组织调整和建立的主线。村委会、农家乐管理办公室、风景区管委会和景区综合管理办公室各自在不同时期承担了乡村民宿的管理职能。顾渚景区乡村民宿管理组织的应时调整，很好地反映了组织变革和组织结构方面的相关知识运用，有助于学习者理解组织变革的原因，提升管理理论水平。

关键词：顾渚景区；乡村民宿；组织结构；指挥链。

案例作者：姚海琴（通讯作者），陈业玮，张宇华。

案例出处：中国管理案例共享中心。

5.4.7　推荐阅读

第 6 章
组织文化与组织行为

学习目标

- 知识目标：明确组织文化的内涵与结构；掌握组织文化按不同标准的分类；掌握组织文化的积极作用与消极作用；掌握组织文化的建设与管理。
- 技能目标：能够分析组织文化各层次对组织文化产生的作用；能够根据实际情况分析组织文化的影响因素。
- 能力目标：具有熟练分析不同类型组织文化的能力；具有将熏陶法、示范法、CIS 识别法等方法应用于组织文化塑造的能力；具有将心理学的规律应用于组织文化建设的能力。

案例导读

独具特色的组织文化是海尔成功的重要因素

在全球市场上，海尔是中国家电品牌的代表之一。清华大学教授胡鞍钢曾透露："每当我在纽约第五大道、巴黎通往机场的高速公路、东京重要的商业区等看到中国海尔的巨大广告牌时，心中都涌起对海尔成功的骄傲与振奋之情，为中国的企业感到骄傲。"消费市场研究机构欧睿（Euromonitor）发布的 2020 年数据显示，海尔家电全球市场占有率高达 16.5%，稳居全球第一。

从城市到农村，从中国到全球，海尔品牌的影响力急剧提升。海尔值得学习的东西很多，它的基础管理模式——全方位优化（Overall Every Control and Clear，OEC）管理模式，它的组织结构、人力资源管理模式、品牌战略等。有一点可以肯定的是，海尔独具特色的组织文化是其成功的重要因素，海尔因此也被作为国内企业文化建设的典范。

多年来，张瑞敏一直坚持将中国传统文化精髓与西方现代管理思想融会贯通，打造了富有中国特色、充满竞争力的海尔文化。

改造观——先有市场再建工厂。"海尔冰箱已经在美国占有很大的市场份额，所以我相信海尔在美国建厂一定能够成功!"美国海尔家电经销商M先生于1999年4月美国海尔工厂在南卡罗来纳州破土动工时,如是说道。随着海尔设计中心、营销中心的相继建立,制造中心也在期盼中应运而生,海尔不断满足着当地消费者的需求。

市场观——开创消费者的需求。海尔的市场观就是创造市场。1996年10月,海尔的洗衣机研发部门发现,每年6月到10月,这个时间段是洗衣机销售的淡季。原因在于很多人在这个穿薄衣服的季节,用洗衣机洗衣服觉得浪费水、浪费电。因此,并不是人们不想用洗衣机,而是没有适合的产品。海尔有一句话叫作"只有淡季的思想,而没有淡季的市场;只有疲软的思想,而没有疲软的市场"。于是,在这种思想指导下,经过上百次的论证,海尔研发出了"小小神童"洗衣机。"小小神童"洗衣机上市45天销量就超过10万台。

质量观——有缺陷的产品是废品。海尔曾以砸冰箱事件闻名全国。1985年,海尔生产的第一批冰箱不合格,张瑞敏就坚决地把有毛病的76台冰箱拿出来砸掉了。通过这件事,海尔全员的质量意识大大提高,所有的员工都知道,海尔要以产品质量走向全球。

服务观——客户永远是对的。2001年6月22日,时任中国科学院国情研究中心主任的胡鞍钢博士参观海尔特种冰箱事业部生产线时,发现了一张只有1台冰箱的订单。特种冰箱事业部部长说:"生产1台很正常,我们满足的是用户个性化的需求,我们都是根据这些订单来生产的……"。海尔的服务观是:客户永远是对的,如果客户错了,请参阅市场观;对内"一票到底"的流程,对外"一站到位"的服务。

创新观——观念都要保持创新。有一次,海尔对山东经销商进行调研,发现这个地方的农民用洗衣机洗地瓜,于是研发部门通过研发,在洗衣机下面的下水道上增加一个网,设计两个下水道,这样就既能洗衣服又能洗地瓜了。海尔的创新观就是,海尔的全体员工不仅做到产品创新、文化创新,而且观念始终都要保持创新。

营销观——先卖信誉后卖产品。海尔的营销观是:客户想到的我去给你做到,客户没有想到的我仍然替你去做到,坚持以美誉度来创造市场。

竞争观——高于竞争对手水平。海尔的商流推进部上海中心总经理解居志看到当地的新闻报道中说,上海将推出分时电价,用电低谷22:00—6:00的电费是白天的一半。当天晚上,解居志组织人员制作出了POP贴,接着召开信息发布会。同时,他又以最快的速度将这一信息反馈给集团各产品事业部,定制更多适应这一市场需求的产品。解居志的快速反应使海尔不仅抢占了市场先机,更引来了社会舆论对海尔精神的惊叹。《解放日报》当天发表评论:"上海这么多企业都没有抓住这一商机,远在青岛的海尔却抓住了!"海尔的竞争观是:只要比竞争对手高一筹,只要保持高于竞争对手的水平,就能掌握市场主动权。

出口观——先难后易。1990年,在海尔的产品第一次走出国门,到德国的时候,德国是拒绝中国的商品进入德国的大商场的。于是,张瑞敏提出将中国和德国以及其他国家的冰箱标签拿下来摆在一起,看消费者更认同谁的产品,实验结果是消费者更多地认同中国的冰箱。当年海尔冰箱在德国被评为质量第一名,德国因此一次就定了两万台冰箱。海尔顺利地走向国际市场。在巴基斯坦海尔工业园的奠基仪式上、在孟加拉国海尔工厂开工仪式上,几乎所有的当地官员在台上发言说到海尔时都说:"海尔集团是世界著名的家电企业,它已在美国建厂,我们相信与海尔合作也能取得成功!"海尔产品先进入发达国家,创出品牌之后,再以高屋建瓴之势进入发展中国家,先难后易。

> 品牌观——国门之内无名牌。如果在国内市场做得很好，不进入国际市场，那么优势也是暂时的。海尔去美国是一种逆向思维：在美国市场获取海尔没有的技术和资金，海尔也可以在当地上市，通过本土化，使品牌在每一个地方具有竞争力。
>
> 海尔的文化建设就是从核心观念层开始的。因为海尔有了这样的核心观念层，才有了员工的认同，从而有了海尔一系列的制度，才有了今天的海尔。海尔始终坚持创建文化、传播文化，并且以文化作为企业的灵魂，这才是海尔制胜的一个法宝。
>
> （资料来源：新浪网。编者对原文有增删。）

组织文化是组织中决定个体和群体行为的重要因素，是指组织成员在价值观上的共识和行为习惯上的一致。组织文化可能是由组织的关键人物有意识创造的，也有可能是随着时间的推移自然发展形成的。组织文化看不见、摸不着，却是客观存在的，而且无所不在，它决定组织中全体成员的精神面貌乃至整个组织的素质、行为和竞争力。有关研究表明，组织文化的某些方面与员工绩效是正相关的。组织内部就文化达成的共识促成了更大程度的合作、对决策和控制的接受、有效的沟通以及对上级的承诺。这种效果，在组织有意识地创造强化组织绩效的文化时体现得更加充分。本章就组织文化与组织行为的相关内容进行介绍。

6.1 组织文化概述

强有力的组织文化能够为组织提供稳定性。但同时在一些组织中，组织文化也会成为变革的主要障碍。因此，需要为组织文化下一个基本定义，以便更好地理解这种现象。

6.1.1 组织文化的含义

组织文化一词来源于文化的概念。文化在广义上是指人类在社会发展过程中所创造的物质财富和精神财富的总和，更特指精神财富，如文学、艺术、教育、科学等；狭义上是指社会的意识形态，是一系列风俗、习惯、价值、观念、规范准则和舆论的总和，起着规范、导向和推动社会发展的作用。组织文化相对于一般国家、民族或社会等宏观范畴的文化而言，是一种微观文化。任何一个社会组织都有自己的文化，例如，企业有企业文化，学校有校园文化，军队有军营文化，政府部门有机关文化等。其中，企业文化是人们普遍关注、研究最为深入的组织文化，在此领域已经积累了较丰富的理论知识。

关于组织文化的概念，国内外学者表述各异，其中影响比较大的观点有以下几种。

威廉·大内（William Ouchi）认为，组织文化是组织内成员可沟通的价值观和信仰的一套符号、利益和神话。

斯蒂芬·P.罗宾斯认为，组织文化是组织成员的共同价值观体系，它使组织独具特色，区别于其他组织。

唐·荷尔瑞格（Don Hellriegel）等认为，组织文化代表组织成员所共同拥有的信仰、期待、思想、价值观、态度以及行为的一种复合模式。

中国学者认为，组织文化有广义与狭义之分。广义的组织文化是组织中物质文化和精神文化的总和。物质文化是指组织的物质状态、组织技术水平和效益水平等；精神文化是指在组织文化发展过程中形成的、具有本组织特色的思想、意识、观念等意识形态和行为模式，以及与之相适应的组织结构和组织制度。狭义的组织文化是指组织创造的精神财富，它包括组织传统、价值观、组织精神、道德规范、行为准则等，其中价值观是组织文化的核心。

综上所述，组织文化是一个组织在其生存与发展过程中所形成的，为组织多数成员所共同遵循的最高目标、价值标准、基本信念、组织哲学和行为规范。狭义的组织文化是指以组织价值观为核心的组织意识形态，广义的组织文化则包括组织的物质文化和非物质文化。组织文化是组织的本质特征之一，它揭示了组织中人们决策、行事的共同心理品质，是增强组织能力的强有力的武器。

6.1.2 组织文化的结构

根据组织文化可见的程度，由浅入深，组织文化分别为物质层文化、行为层文化、制度层文化和精神层文化（见图6-1）。

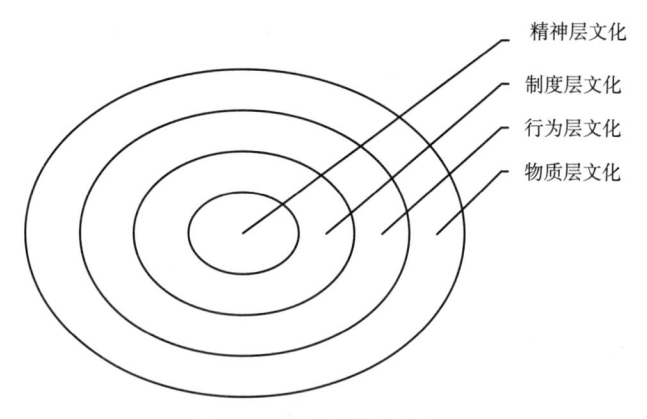

图6-1 组织文化的结构

1. 物质层文化（表层文化）

组织文化的物质层文化又称组织的物质文化，它是由组织的产品、厂房、设施、厂容厂貌等外显的物质形态的东西所构成的组织文化的表层部分，是组织其他层次文化的物质载体。它主要包括3个方面的内容。

（1）产品和服务。

有形的产品包括产品实体及其品质、特色、式样、品牌和包装；无形服务包括可以给客户带来附加利益和心理上的满足感及信任感的售后服务、产品形象、销售者声誉等。

（2）组织环境。

这里的组织环境主要是指物理环境，包括与组织相关的各种物质设施、成员的生活娱乐设施；技术、设备、材料、工艺的开发和应用；生产过程的机械化、自动化、电算化等。

（3）组织外部特征。

组织外部特征包括组织名称、标志、标准字、组织专用印刷书体、标准色彩、组织标语口号等。这些基本要素不是单独地发挥作用的，而是通过标准组合，整体地构成组织的识别标志，应用于组织活动之中。

第 6 章 组织文化与组织行为

> **观念应用 6-1**
>
> **百事可乐公司全球更换品牌标识**
>
> 2008 年，百事可乐公司（以下简称百事）宣布投入 12 亿美元，3 年内在全球推广全新品牌以及新品牌标识，其全新标识为"百事笑脸"。这是百事继 2002 年标识改版之后的又一次标识更新。从百事的百年历史来看，其已经换过 10 次标识了，加上这次是第 11 次了，是可口可乐公司换标次数（5 次）的两倍多。百事换标，表面上看是为顺应消费者求新和时尚的趋势，实际上是希望通过这次换标来整合旗下产品线，以全新的形象冲击可口可乐公司盘踞的全球市场，抢夺更多的年轻消费者市场份额。这从 Max、佳得乐等子品牌的视觉更新上可见一斑。百事换标，彰显了其基于年轻化的新一轮品牌战略实施和大规模的品牌推广运动，可谓"项庄舞剑，意在沛公"。其实，百事可乐公司的标识从推出百事可乐品牌起就一直受到可口可乐公司的影响，维持了半个世纪之久，直到 20 世纪 60 年代的新标识才逐渐摆脱可口可乐公司的影响。从这个时期开始，百事在标识中毅然抛弃"cola"字样，只保留"Pepsi"，并将字体设计得更时尚、更显活力。与此同时，百事在同一时期发起的"百事新一代"品牌推广运动，也有力地抢夺了可口可乐公司的市场份额。
>
> "Pepsi"标识变得越来越青春化、时尚化，这与百事所坚持的针对目标消费者群体的细分策略是分不开的，百事一直坚持其产品的消费对象为年轻人，所以其标识随时代的变化而变化。
>
> 分析提示：每个组织都有自己的标志/标识。组织标志是代表组织特征、个性和形象的特定造型、图案、符号、色彩或其他设计，是组织的代表和象征。通过组织标志，人们不仅可识别、区别组织，还可以感受到组织的形象和风貌。
>
> （资料来源：食品产业网。编者对原文有删减。）

2. 行为层文化（浅层文化）

组织文化的行为层文化，即组织行为文化，它是指组织成员在生产经营、学习娱乐中产生的活动文化，包括组织领导者的行为、组织中模范人物的行为、组织成员的行为。组织行为文化是组织经营作风、精神风貌、人际关系的动态体现，也折射出组织的精神、核心价值观。

（1）组织领导者的行为。组织领导者在创造了组织的同时，也就创造了文化。组织领导者是组织文化的管理者、倡导者、变革者。组织领导者的行为可以对组织成员起到好的示范作用。

（2）组织中模范人物的行为。组织中模范人物的行为在体现组织精神、实现组织目标等方面取得了比一般组织成员更多的实效，具有先进性。因此，模范人物成为组织内其他成员仿效的对象，对组织成员起到较好的示范作用。

（3）组织中成员的行为。组织中成员的行为是基于群体压力和顺从的角度产生的，当组织中个体的行为与群体的行为不一致时，在群体压力下，个体会使自己的行为向群体行为趋同，最后达到一致。因而，组织中成员的行为体现了组织的整体精神风貌和组织文化。

3. 制度层文化（中层文化）

组织文化的制度层文化也称组织的制度文化，处于组织文化的中层，它是指组织的规章、制度、公约、纪律等，集中体现了组织其他层次文化对员工和组织行为的要求，规定了组织成员在共同的工作中应当遵循的规范、约束性的行为准则。制度层文化主要包括以下4个方面的内容。

（1）工作制度。它是指组织中的领导工作制度、技术工作管理制度、计划生产管理制度、设备管理制度、物资供应制度、产品销售制度、经济核算及财务制度、人事管理与奖惩制度等，对组织中的员工思想和行为起着约束作用。

（2）责任制度。它是指组织内各级组织、各类人员都有明确的分工和职责，使组织能够分工协作、有序而高效地工作。它主要包括领导干部、职能机构、职能人员的责任制度和员工岗位责任制度等。

（3）特殊制度。它主要是指组织的非程序化制度，如员工民主评议干部制度、员工与干部对话制度、庆功会制度等。

（4）特殊风俗。这是指组织特有的典礼、仪式、特色活动，如生日晚会、周末午餐会、厂庆活动、内部节日等。

4. 精神层文化（深层文化）

组织文化的精神层文化也称组织精神文化，代表了组织一种深层次的文化现象，处于组织文化系统中的核心地位。它主要是指组织的价值观、信念、理想、意识等精神形态的东西，是其他层次文化的升华和基础，是组织文化的核心和灵魂。它主要包括以下6个方面的内容。

（1）组织最高目标（组织愿景）。组织的最高目标即组织愿景，是组织对未来想达到的理想状态的描述，是对未来的期望和追求。它能够召唤并驱使员工努力奋斗，鼓舞并激发员工全心全意地投入和奉献。比较优秀的组织，无一不是把对国家、民族、社会的责任放在组织目标的首位的。组织明确最高目标之后，组织自身存在的价值和意义也将会确定。

（2）组织精神。组织精神是反映组织目标和组织运营哲学，并被全体成员认同的一种群体意识。它是组织成员为达到组织目标而表现出来的群体精神状态。每个组织都有各具特色的组织精神。组织精神往往以简单而富有哲理的语言形式加以概括，通过标语、口号、规章、标志等形象地表现出来，可以激发组织成员的积极性，增强组织的活力和凝聚力。

（3）组织哲学。组织哲学是指组织领导者为实现组织目标而在整个生产经营管理活动中表现出来的基本世界观和方法论，是组织领导者对组织生产经营方针、发展战略和策略的哲学思考。组织哲学一旦确定，它将成为组织决策和各项活动的有力指导，即一切决策及活动将按其要求进行。

（4）组织宗旨。组织宗旨是指组织存在的价值及其对社会的承诺。明确的组织宗旨具有关键性的作用。如果没有明确的组织宗旨，组织要制定清晰的目标和战略实际上是不可能的。此外，一个组织的宗旨不仅要在创业之初加以明确，而且在遇到困难或繁荣昌盛时期，也必须经常对其予以确认。

（5）组织道德。组织道德是指调整员工与员工之间、员工与组织之间、组织与社会之间关系的行为规范的总和。组织道德反映的是一定组织环境和组织目标对人们道德行为提出的客观要求。它从总体上规范员工能够做什么、不能够做什么。

（6）组织价值观。组织文化的核心是组织价值观。组织价值观是组织所有成员共同持有的、支配成员精神的主要价值观。价值观是有意识培育的结果、长期积淀的产物。组织价值观向社会展示组织的基本风格和公众形象，决定了组织的运营政策和战略目标，引导成员规范行为，影响组织的根本信念和发展方向。有了正确的适应组织生存环境和发展要求的组织价值观，组织才能使组织文化发挥应有的作用。

6.1.3 组织文化的类型

按照不同的标准和用途，对组织文化有不同的划分方法，其中，最常见的划分方法有以下几种。

1. 按照组织文化的内在特征

埃默里大学的杰弗里·桑南菲尔德（Jeffrey Sonnenfeld）提出了标签理论，通过对组织文化的研究，他确认了4种文化类型。

（1）学院型组织文化。学院型组织是为那些想全面掌握每一种新工作的人准备的地方。在这里，他们能不断地成长、进步。这种组织喜欢雇用年轻的大学毕业生，并为他们提供大量的专门培训，然后指导他们在特定的职能领域内从事各种专业化工作。桑南菲尔德认为，学院型组织的例子有 IBM 公司、可口可乐公司、宝洁公司等。

（2）俱乐部型组织文化。俱乐部型组织非常重视适应、忠诚感和承诺。在俱乐部型组织中，资历是关键因素，年龄和经验都至关重要。与学院型组织相反，俱乐部型组织把管理人员培养成通才。俱乐部型组织的例子有联合包裹服务公司、德尔塔航空公司、贝尔公司、政府机构和军队等。

（3）棒球队型组织文化。棒球队型组织鼓励冒险和革新。招聘时，组织从各种年龄和经验层次的人中寻求有才能的人。其薪酬制度以员工绩效水平为标准。由于这种组织对工作出色的员工给予巨额奖酬和较大的自由度，员工一般都拼命工作。在会计、法律、投资银行、咨询公司、广告机构、软件开发、生物研究行业，这种组织比较普遍。

（4）堡垒型组织文化。棒球队型组织重视创造发明，堡垒型组织则着眼于组织的生存。这类组织以前多数是学院型组织、俱乐部型组织或棒球队型组织，但在困难时期衰落了，现在尽力来保证组织的生存。这类组织工作安全保障不足，但对于喜欢流动性、挑战的人来说具有一定的吸引力。堡垒型组织包括大型零售店、林业产品公司、天然气探测公司等。

2. 按照组织文化对其成员影响力的大小

哈佛商学院的两位著名教授约翰·P.科特（John P.Kotter）和詹姆斯·L.赫斯科特（James L.Heskett）按照组织文化与组织长期经营之间的关系，将组织文化分为三类。

（1）强力型组织文化。在具有强力型组织文化的企业中，员工们方向明确、步调一致。组织成员有共同的价值观念和行为方式，愿意为企业自愿工作或奉献，而这种心态又使得员工更加努力工作。强力型组织文化提供了必要的企业组织机构和管理机制，从而避免了组织对那些常见的、抑制组织活力和改革思想的官僚们的依赖，因此，它促进了组织业绩的提升。

（2）策略合理型组织文化。具有这种组织文化的企业，不存在抽象的组织文化内涵，也不存在任何放之四海而皆准、适合所有企业的"克敌制胜"的组织文化。只有当组织文化"适应"企业环境时，这种文化才是好的、有效的文化。不同的组织需要不同的组织文化，只有组织文化适应组织，才能发挥其最大的功能，改善组织的经营状况。

（3）灵活适应型组织文化。市场适应度高的组织文化必须同时在员工个人生活和企业生活中提倡信心和信赖感、不畏风险、注重行为方式等。员工相互支持，勇于发现问题、解决问题，具有高度的工作热情。

3. 按照组织文化涵盖的范围

按照组织文化涵盖的范围，组织文化又可以分为两类：主文化和亚文化。大多数大型组织的组织文化中存在主文化和亚文化之分。组织文化的主文化体现组织的核心价值观，并为组织大多数成员所认可。人们一般所说的组织文化，往往是指组织文化的主文化。组织文化的亚文化是基于大型组织内部的部门设计和地理上的间隔形成的。亚文化一般反映的是组织内部部分成员面临的共同问题、经历、形势和独特价值观。

4. 按照权力的集中或分散

卡特赖特（Cartwright）和科伯（Cooper）按照权力是集中的还是分散的标准，划分了4类组织文化类型。

（1）权力型组织文化。其也叫独裁文化，即由一个人或一个很小的群体领导这个组织。组织往往以企业家为中心，不太看重组织中的正式结构和工作程序。随着组织规模的逐渐扩大，权力文化会越来越难以让人适应，开始分崩离析。

（2）作用型组织文化。其也叫角色型文化。在这样的组织里，你是谁并不重要，你有多大能力也不重要，重要的是你在什么位置、你和什么人的位置比较近，做每件事情都有固定的程序和规矩。组织内员工偏好稳重、长期和忠诚，有的甚至是效忠。这种文化看起来安全和稳定，但是当组织需要变革的时候，这种文化则会受到较大的冲击。

（3）使命型组织文化。其也叫任务文化。在这种组织文化中，团队的目标就是要完成设定的任务。成员之间的地位是平等的，这里没有领导者，唯一的老板就是任务或者使命本身。有人认为这是理想的组织文化形式之一，但这种组织文化要求公平竞争，而且当不同群体争夺重要的资源或特别有利的项目时，很容易产生恶性的政治紊乱。

（4）个性型组织文化。这是一种既以人为导向，又强调平等的组织文化。这种组织文化富于创造性，孕育着新的观点，允许每个人按照自己的兴趣工作，同时保持相互有利的关系。在这样的组织里，组织实际上服从个人的意愿，很容易被个人左右。

5. 按照组织实践和价值

弗恩斯·特朗皮纳斯（Fonts Trompenaars）依据组织实践和价值将组织文化分为4种类型：家族型组织文化、保育器型组织文化、导弹型组织文化、埃菲尔铁塔型组织文化。

（1）家族型组织文化。家族文化可能是最古老的一种文化，这是一种与人相关的文化，而不是以任务为导向的。在这种家族型文化中，组织的领导者就像是组织的"父亲"，有较高的权威和权力。组织更倾向于直觉地学习而不是理性地学习，更重视组织成员的发展而不是更好利用员工。当组织出现危机时，通常都不会把情况公布出来，所以，尽管组织内部氛围温暖、亲密和友好，但是这种内部一体化是以较差的外部适应性为代价的。属于这种类型组织文化的国家有日本、巴西、土耳其、巴基斯坦、西班牙、意大利、菲律宾等。

（2）保育器型组织文化。这是一种既以人为导向，又强调平等的文化，典型的代表就是美国的硅谷。这种文化富于创造性，孕育着新的观点。由于强调平等，所以，这种组织文化下的组织结构是最精简的，层级也是最少的。在这样的组织文化中，组织成员共同承担责任并寻求解决办法。

（3）导弹型组织文化。这是一种平等的、以任务为导向的组织文化。在这种组织文化中，任务通常都是由小组或者项目团队来完成的。但是这种小组都是临时性的，任务完成后，小组就会解散。成员们所做的工作都不是预先设定好的，当有需要完成的任务时，便必须去做。属于这种类型组织文化的国家有美国、英国、挪威、爱尔兰。

（4）埃菲尔铁塔型组织文化。具有这种类型组织文化的组织结构看起来像埃菲尔铁塔，层级较多，且底层员工较多，越到高层人数越少。每一层对于其下的一层都有清晰的责任，所以组织员工都是小心谨慎的，对组织的任何不满都要通过一定的章程和实情调查才有可能反映给高层管理者。在这种组织文化中，组织成员都相信要有必需的技能才能保住现在职位，也要有更进一步的技能才能获得升迁。属于这种类型组织文化的国家有德国、法国、苏格兰、澳大利亚、加拿大。

现实中，许多组织的组织文化并不能简单而明确地归入上述某一种组织文化类型中，它们往往是不同类型组织文化的混合体，或者正处于不同类型组织文化的转型期。有一些组织在不同时期会拥有不同类型的组织文化。不同的组织文化会吸引和保留不同特点和需求的个人，个人与组织文化的匹配状况会影响个人在该组织中的成长与发展。

6.1.4　组织文化的影响因素

组织文化是在组织外部环境与内部环境的共同作用下形成的，因此可以从组织内、外部两方面把握其影响因素。

1. 外部影响因素

（1）民族文化因素。组织的成员必然成长于一定的民族文化环境之中。员工在进入组织之后，要受到所在组织文化的影响，但也不会完全抛开长期所受到的民族文化的影响，而且有可能还要将其传承下去，因而民族文化对处于亚组织文化地位的组织文化影响较大。另外，民族文化对员工的影响比现有组织文化对员工的影响要大，同一个跨国公司设在不同国家的分公司，其组织文化会有因民族文化因素而引起的差异。民族文化通常会对组织的价值观念、行为准则、道德规范、经营思想和策略等产生直接或间接的影响。一个组织的组织文化成功与否，与其能否适应民族文化环境、能否迎合在一定民族文化环境下形成的社会心理状态有很大关系。

小资料 6-1

中国封建文化中的"本位"文化

1. 父本位

所谓"父为子纲""孝为根本"。对父权的绝对肯定、绝对维护、绝对强化不仅是家庭伦理，而且是整个社会的政治伦理。

2. 夫本位

所谓"夫为妻纲"。在某种意义上，夫本位和父本位同时维系着家庭中父亲的权威。没有父本位，就没有夫本位。没有夫本位，也就没有绝对意义上的父本位。

3. 官本位

所谓"父母官""青天父母"。在这里，官本位已经与父本位结合在了一起。当我们看到"父母官"的称谓出现在中国封建主义社会的时候，不过是看到了家庭中的父本位扩展和投射到了整个国家的政治生活中。

4. 君本位

所谓"君为臣纲"。君权是父权的最典型代表。当我们讲国家的时候，确实是在这个意义上把国看成了家的扩大，同时，把皇帝看成了一家之长——父亲的扩大。

5. 师本位

所谓"一日为师，终身为父。"这是父本位观念超越政治范畴，笼罩了整个社会生活。师父、师母的称谓，在各行各界包括宗教领域的学习传授上，同样体现了父本位的家庭伦理体系。

6. 祖宗本位

就一个家庭而言，父本位、父权的绝对延伸，就是累代尊祖。尊祖敬宗是任何一个家庭维持父本位、维护父权的必然仪式、必然手段。在某种意义上，尊祖敬宗又是父权得以维护的前提。

7. 古本位

在中国的文化中，不仅在政治伦理、家庭伦理方面，在文化的许多方面，都有着厚古薄今的倾向。在几千年的封建社会中，厚古薄今是很多领域都有的声音。

8. 农本位

以农业为本，重农战，轻工商。几千年来，法家的这个声音以及其他统治策略家的声音都在重复这个原则。这个原则体现了中国这个农业国家的一个根深蒂固的思维模式，认定了唯有靠农业才可以生存，有着一种离开农业就感到恐惧的心理。

9. 人文本位

这里讲到的是中国历史上知识分子的重人文、轻技术的倾向。这个倾向是极为突出、影响深远的。重人文、轻技术的倾向作为一个根深蒂固的情结，在今天的中国社会还不时有所反映。

10. 仕本位

所谓"仕本位"，就是在一切文化活动中，文人追求的最高境界是政治仕途。政治仕途成为所有文人心中的一个基本追求。科举制度与其相应的精神更是成了根深蒂固的模式。

11. 集体本位

与父权相联系的是家庭整体本位，与君权相联系的是国家本位，它们都属于集体本位。整体的概念深入中国人的思维。在整体和个人之间，整体本位向来是中国封建主义文化中一个绝对的公式。这个公式表现到今天，我们可以看到与西方文化截然不同的形象差别。

12. 土本位

中国古来有五行的观念，天下万物可以分为金木水火土，土为中央，金木水火分布于四方。土为中央，土可吸纳水，可镇压水，所谓土克水；土可把火作为自己的来源，所谓火生土；土可生金，所谓土生金；土可容纳万木生长。金木水火土以土为中心，这是农业种植文化的典型象征。

13. 对称本位

天圆地方，左右对称，前后对称，可以说渗透了中国封建主义社会文化的宇宙观、政治伦理观、家庭伦理观、美学观，体现在建筑、书法、艺术、政治、服饰等方面，渗透人的潜意识，成为根深蒂固的模式，成为传统。这在中国所有的旧的城市建筑格局、农村格局以及田地格局中都能够看到。

14. 平衡本位

在平衡和不平衡的对立关系中，中国的封建主义社会文化传统绝对以平衡为本。修身、齐家、治国、平天下，从家庭伦理到政治伦理，从医学到人文领域，平衡为本是中国人思维的又一个根深蒂固的模式。

（资料来源：柯云路. 中国封建文化的十四本位[J]. 杂文月刊（文摘版），2015（7）.）

（2）外来文化因素。外来文化可以指外国文化、外民族文化，也可以指本组织从其他地区、行业或组织中引进的文化。外来文化对组织文化产生影响。组织在相互交流和接受外来文化的过程中，要有选择地吸收、消化、融合外来文化中对本组织文化有利的因素，控制和拒绝对本组织文化不利的因素。

（3）行业文化因素。由于不同行业在行业性质、工作内容、工作方式、劳动力结构等方面存在差异，造成了不同行业在价值观念、职业道德、行为规范等文化因素方面的差异。行业文化因素的特点是以"约定俗成"或行业惯例等方式直接影响行业内各组织的组织文化，对本行业不同组织的组织文化的共性内容产生较大影响。但与其他文化因素相比，行业文化因素对组织文化的影响相对次要。

2. 内部影响因素

（1）领导者。由于领导者在组织中的核心地位及所拥有的权力，组织的大量资源都可为其使用，领导者在一定程度上可以改变组织成员的价值理念、影响组织文化。例如，领导者可以通过组织结构设计，人员的招聘、选拔、升迁、辞退与调整，薪酬标准等来改变组织策略；可以通过组织的仪式、企业的标识、建筑设计以及组织的哲学、价值观，向组织成员呈现所关注的重点方向与核心价值观念；还可以通过对危机事件的处理，对资源、奖酬、人员配置，甚至日常的表率行为，向员工传达组织的信念、价值观等信息，影响或规范员工的行为。

小资料6-2

井深大与索尼公司的组织文化

井深大于1945年在日本创立索尼公司时，除了考虑公司的产品和营销，还做出了一件非常罕见的事情，就是为这个新创立的公司确定了一种以创新为核心的理念，包括明确的价值观、企业目标和管理方针，这些都是索尼公司文化的核心。40年后，索尼公司前CEO盛田昭夫用简洁、优美的声明重新阐述公司的理念，并称之为"索尼的先驱精神"。这种精神起源于公司创立之初，近半个世纪不变，是公司重要的指导力量。

（资料来源：豆丁网。编者对原文有删减。）

（2）员工。人力资源是组织中最能动、最重要的生产要素。人力资源的质量决定着一个组织的运作水平。组织中员工的思想素质、文化素质等个人文化因素是培植、形成和维持价值观、基本信念、行为规范、组织目标等的基础。因此，组织中员工的个人文化因素直接影响和制约该组织文化的层次和水平。

（3）制度。组织文化要在组织的生产、经营、管理活动中体现出来才具有生命力。因而，组织文化不能仅以书面形式体现，只有将企业精神、价值观和理念融入组织的经营管理制度，组织文化才能固化下来，才能引导企业的生产经营管理行为。同样，组织的新的人才理念、新的分配理念和新的科技理念等也需要用制度来诠释、规范。例如，华为公司的《基本法》闻名业界，103条制度全面、系统地规范了公司的宗旨、基本经营政策、基本组织政策、基本人力资源政策和基本控制政策。华为公司的文化是"全体员工无论职位高低，在人格上都是平等的。人力资源管理的基本准则是公正、公平和公开"。华为公司的《基本法》的第四章，从人力资源管理准则、员工的义务和权利、考核与评价、人力资源管理的主要规范四个方面细致地规定了如何在操作过程中体现"平等"理念。

6.2 组织文化的作用

良好的组织文化，不仅能对组织和组织中员工的价值及行为取向产生引导作用，还能形成一种激励机制，使员工为实现自我价值和组织发展而不断进取。但在现实中，并不是所有的组织文化都是良好的。组织文化对组织的发展既会有积极的促进作用，也会有潜在的消极阻碍作用。

6.2.1 组织文化的积极作用

1. 导向作用

组织文化能对组织和组织中员工的价值取向及行为取向起引导作用，具体表现在两个方面：一是对组织中员工个体的思想和行为起导向作用；二是对整个组织的价值取向和经营管理起导向作用。这是因为一个组织的组织文化一旦形成，就建立起了自身系统的价值和规范标准，如果组织成员的价值取向和行为取向与组织文化的系统标准产生矛盾，组织文化会进行纠正并将其引导到组织的价值观和规范标准上来。

2. 约束作用

组织文化对组织员工的思想、心理和行为具有约束和规范作用。组织文化的约束不是制度式的硬约束，而是一种软约束，这种约束产生于组织的组织文化氛围、群体行为准则和道德规范。群体意识、社会舆论、共同的习俗和风尚等精神文化内容，会造成强大的使个体行为从众化的群体心理压力和动力，使组织成员产生心理共鸣，继而达到行为的自我控制。

3. 激励作用

良好的文化氛围往往能产生一种激励机制，使每个成员做出的贡献及时得到领导的赞赏和奖励，以及其他员工的认可，由此激励员工为实现自我价值和组织发展而不断进取。组织文化的创建和更新促进了员工心理素质和思想水平的提高以及参与意识的形成，有利于员工把个人利益与组织荣誉、经济效益联系起来，使员工以主人翁的精神进行工作。主人翁意识能唤起员工强烈的责任感，诱发员工的创造热情，从而形成一种激励机制，将员工的被动行为转化为自觉行为，化外部动力为内部动力。

4. 发散作用

组织文化一旦形成较为固定的模式，就会对本组织成员产生影响，也会通过各种渠道（宣传、交往等）对社会产生外部影响。组织文化的传播对树立组织在公众中的形象很有帮助，优秀的组织文化对社会文化的发展有很大的影响。组织文化能够不断向社会发散，伴随组织知名度的扩大辐射到社会，影响社会对组织的文化形象定位。

5. 凝聚作用

组织文化的凝聚作用是指当一种价值观被组织员工共同认可后，它就会变成一种黏合力，从各个方面把组织成员聚合起来，产生一种巨大的向心力和凝聚力。组织中的人际关系受到多方面的调控，其中既有强制性的"硬调控"如制度、命令等，也有说服教育式的"软调控"如舆论、道德等。组织文化属于软调控，它能使全体员工在组织的使命、战略目标、战略举措、运营流程、合作沟通等基本方面达成共识，这就从根本上保证了组织人际关系的和谐性、稳定性和健康性，从而增强组织的凝聚力。

6. 提高素质的作用

员工的素质是组织素质的具体体现。在良好组织文化的影响下，员工的素质也能大幅度提高。员工整体素质水平的提升，对员工建立正确的价值观、思想观，学会生活，提高能力，磨炼意志，全面发展起到积极的作用。

6.2.2 组织文化的消极作用

1. 变革的障碍

组织文化通过共享价值观提高了组织的效率，特别是其约束功能、造型功能等，更能使员工的行为呈现出较高的一致性。当组织面对的环境比较稳定时，组织文化强调的行为一致性对组织而言很有价值，但当组织所处的环境不断动态变化时，就会对组织变革造成束缚。现代组织面临的环境越来越复杂，在这样的环境中，组织为了发展而进行变革是十分必要的。面对变化的环境，根深蒂固的组织文化就会产生一种可怕的惯性，束缚组织的手脚，使组织难以适应变幻莫测的环境。在一些强文化的组织中进行变革，往往会遇到很大的阻力，即组织文化给变革带来障碍。

2. 兼并和收购的障碍

现代环境下的激烈竞争和资源优化配置的要求，使得许多组织在发展过程中进行大规模的兼并和收购。以前，在进行兼并和收购的时候，决策层首要考虑的问题是发展速度和规模，很少考虑组织文化。近些年，随着卓有成效的组织文化建设的展开，各大组织形成了各具特色的组织文化，这些文化有些是相互排斥的。这时，双方文化的相容性就成了反映组织整合是否成功的一个重要的指标。相容性差的组织文化有可能对合并后的组织造成灾难性的影响。

3. 创新的障碍

为了提高对环境的适应性，组织需要不断地创新。通常，创新要求组织有一个宽松的氛围，支持员工的创新思维和行为。在稳定环境下形成的组织文化，不会支持员工的创新活动，反而会束缚组织的手脚，束缚组织成员的思想，使组织不敢或不愿进行创新。因此，当组织面临的环境发生变化时，组织文化就成了组织创新的障碍。

> **观念应用 6-2**
>
> **企业文化是把双刃刀，爱得越深，伤得越深**
>
> A君是某家电销售企业的销售经理，对企业文化作用的观点是："有创新没有流程，导致说得很好、做得不够"。他认为企业富有创新，是因为它没有太多的条条框框。一旦各种各样的制度流程出台以后，创新行为就会相应减少。其所在企业就是一个鲜活的例子。企业刚成立的时候，一方面为了调动大家的积极性，另一方面为了充分发挥、利用员工的能力，企业提倡一种充分开放的工作氛围，各种想法和各种工作方式都不受限制，企业几乎没有管理制度和工作流程，靠的就是员工的自觉自发。企业当初的这种文化曾经在一个比较长的时期里给企业带来了良好的效益，但现在阻碍了企业的进一步发展。以前养成的习惯，使得很多员工都不太愿意按流程办事。这在企业规模扩大后就出现了一些问题。例如，上层领导的想法很好，但经过中层理解的差异，在传达过程中会流失一些信息，以致到具体操作人那里时，已经变了模样，甚至南辕北辙。一份很好的促销方案从市场部到销售部、到分公司经理、再到促销人员去执行，这个过程中有很多信息已经丢失了，最终却不知道在哪个环节出了问题。
>
> **分析提示**：在现代激烈的竞争环境中，组织面临内外部环境的不断变化。在变化的过程中，组织内部会不断产生进一步提高组织效率的客观要求。当组织文化与这种提高组织效率的客观要求不相符时，组织文化就成了这个组织进一步创新、发展的障碍。组织文化的力量越强，这种文化对组织发展的阻碍就越大。
>
> （资料来源：慧聪网。编者对原文进行了节选。）

4. 多元化的障碍

组织文化具有一种强制性，要求全体成员具有一致性。因此，组织聘用组织成员时，往往希望甚至是强迫新进组织成员适应、接受组织的核心价值观，以组织成员的行为准则来要求自己。处于这种环境下的组织成员，往往只能尽力去适应组织原有文化的要求，按照大多数成员的标准调整自己的行为，以缩短自己和组织的距离。这时，那种具有不同特点的个体带来的多样化优势也随之丧失。因此，这种强有力的文化抹杀了不同背景、不同特点的成员带给组织的独特优势，也就成了组织文化多元化的巨大障碍。

6.3 组织文化的建设

组织文化是组织在一定环境中适应组织生存发展的需要，不断实践和规范管理的结果。文化的自然演进是相当缓慢的，组织文化必须经过广泛的宣传、反复的灌输才能逐步被组织成员所接受。组织应在一定原则的指导下有意识地培育优良文化、克服不良文化，以建设和完善组织文化。

6.3.1 组织文化建设的指导原则

组织文化反映了一定历史时期社会经济形态中组织活动的需要。组织文化除了有其自身随着社会文明进步而发展的一面，还有组织领导者有意培养造就的另一面。不同的国家，发展和建设组织文化的方式也有所不同，一般遵循以下指导原则。

1. 目标原则

组织行为是有目标的活动。在组织文化建设过程中必须把这一目标明确地反映出来，使每个员工都明确他的工作是与这一目标相联系的。他会感到自己的工作意义重大，并且"自我实现"的需要可以得到满足。领导者的任务就是要把这一有价值的目标分解到每个员工身上，激发其内在的主观能动性。

2. 价值观念原则

组织文化建设中，组织要有目的、有意识地把员工的行为规范到组织共同的价值观念与理想追求上来。例如，在生产企业中树立"下道工序就是上道工序的用户"的思想，把不合格产品消灭在工序中，以保证最终产品的质量。

3. 卓越原则

组织在建设组织文化时，应培养组织员工的开拓性精神，要求组织员工具有追求卓越的精神，永不自满，不断攀登新的高峰。组织应该使全体员工不满足已经取得的成绩，并且为他们创造一个良好的环境，充分发挥创造才能。组织的领导者也应该有追求卓越的精神，时时向自己提出更高的目标。

4. 参与原则

组织文化建设中，组织要注意培养员工参与组织管理的意识。让员工参与管理，可以调动员工的积极性，培养积极进取的精神，树立主人翁的责任感，促进组织文化建设的开展。

5. 成效原则

在组织文化建设中，组织应注重成效原则。成效原则是指把员工的利益与工作的成绩联系起来。例如，员工的工资和津贴可以按工作的绩效来评定，而不是按职务和资历来评定。组织要运用这个统一的标准去激励员工努力工作，提高工作成效。

6. 合理原则

组织文化建设要促进员工相互信任，密切管理者和被管理者的关系，减少对立与矛盾，使全体员工形成合力，成为团结战斗的集体。

7. 正直原则

组织文化建设要求组织成员，尤其是各级领导者要诚实，做到前后一致、言行一致、表里一致。组织领导者要使组织目标得以实现，必须取得下属的支持。正直是一种最富人格说服力的力量，能鼓舞员工，激发他们的干劲。未来，组织的领导者拥有的传统指挥权将越来越有限，必须依靠自身人格的力量，通过鼓舞和引导来强化号召力。

8. 环境原则

组织文化建设过程中，组织要有适宜的建设环境，要根据实际情况，为组织成员提供一个能够发挥每个人才能的内部环境。

6.3.2 组织文化建设的程序和方法

1. 组织文化建设的程序

（1）调查研究阶段。在这个阶段，组织首先要调查研究组织的历史和现状。调查的目的是使组织能够准确了解组织现有文化基础，为创立组织文化提供科学依据；及时反馈成员舆论，了解成员心态。其次在此基础上，组织要有针对性地提出组织文化建设的初步设想，经各有关部门讨论之后，向组织全体员工发起倡议，动员广大员工积极参加组织的文化建设。

（2）总体规划阶段。组织制定总体规划，可以增强组织文化建设工作的计划性，有助于明确组织文化建设的目的。组织文化建设总体规划的基本内容有：提出组织文化建设的目标、宗旨及其意义，从宏观上提出组织文化发展的方向，给组织文化定位；提出准确的组织文化价值观；依据组织的特点，以组织价值观为中心，提出组织精神、组织哲学、文化信念等精神文化目标；结合经营战略目标，明确物质文化要达到的目标；提出切实可行的组织文化建设方案；对组织原有文化给予客观公正评价。

（3）执行任务阶段。在这一阶段中，组织应将组织文化建设的总任务分解到组织内部各部门、各业务环节。明确分工，使各部门、各环节根据自身的特点，有意识地激励本部门员工，从而形成特有的精神风貌和行为规范，把组织文化建设变成具体的行动。

（4）评价调整阶段。评价调整就是根据组织文化特点，组织对任务及执行效果进行衡量、检查和评价，评价前一阶段的成功与失误，具体应该评价组织文化建设的目标和内容是否适合本组织实际需求，以及各基层机构的风气、精神面貌是否体现了组织文化建设的宗旨。

（5）巩固发展阶段。在初步建立了组织文化的基础上，组织要稳定已取得的成绩，进一步突出组织文化个性，以新组织文化为动力推动组织发展。

2. 组织文化建设的方法

在组织文化建设的过程中，组织还需要配以适当的方法来塑造组织文化。塑造组织文化的方法有多种，一般而言，有成效的方法如下。

（1）熏陶法。组织可以针对员工各种不同的要求，结合组织的实际情况开展各种生动活泼、具有积极意义的群众文化活动，如住宿员工生日会、元宵灯谜会、书画影展、音乐茶座、化装舞会、乒乓球赛等，通过这些活动的展开，使员工在感受生活乐趣的同时，形成共同的价值观念和思维、行为方式，培养员工的自豪感和向心力，在潜移默化的过程中形成集体凝聚力。

（2）示范法。组织要积极树立先进人物、模范人物和生产标兵，并宣传和表彰这些人。这些人是组织价值观念的践行者，通过对模范人物的宣传和学习，可以给广大员工树立直观性强的学习榜样，激励更多的员工赶超模范人物。组织做好模范示范工作，就是把组织所要建立的文化告诉广大员工。

（3）激励法。灵活运用内在激励和外在激励方式，或者将二者结合起来使用，包括提供竞赛、技术攻关、培训、进修、评先进等一切满足员工事业进取心的机会，使其主动努力工作，并把自己的工作岗位、自己的组织看作自己工作有成绩的基础。同时，组织还必须从生活方面关心员工，通过不断改革分配制度去满足员工在物质及工作环境等方面的要求。

（4）自我教育法。这个方法即运用谈心、演讲比赛、达标活动、征文等形式，让员工对照组织的要求找差距，进行自我教育，转变价值观念和行为。

（5）礼仪建设法。礼仪建设的实质是使组织的价值观念、道德准则和行为规范进一步习俗化，成为每个员工的自觉行为。当前，各行各业都非常重视礼仪建设工作，许多企业具有自己特色的企业服、企业歌、企业徽、企业旗，并按时升企业旗、唱企业歌等，这些都有利于培育组织文化。

（6）灌输法。这个方法即通过讲课、报告会、研讨会等手段进行宣教，把组织想要建立的文化目标与内容直接灌输给员工。

（7）CIS 识别法。CIS 指企业识别系统（Corporate Identity System）。我国当前一些成功的大型企业组织建立了自己的 CIS，如海尔公司、华为公司、TCL 公司等，它们都是靠建立自己的 CIS 为组织的发展创造良好的社会环境，为组织创造更大的市场。

> **专栏 6-1**
>
> **CIS**
>
> CIS 的意思是企业识别系统。CIS 的主要含义是：将企业文化与经营理念统一设计，利用整体表达系统（尤其是视觉表达系统），传达给企业内部与公众，使其对企业产生一致的认同感，形成良好的企业印象，最终促进企业产品和服务的销售。
>
> CIS 由理念识别（Mind Identity, MI）、行为识别（Behavior Identity, BI）、视觉识别（Visual Identity, VI）组成，核心是 MI，它是整个 CIS 的最高决策层，给整个系统奠定了理论基础和行为准则，并通过 BI 与 VI 表达出来。所有的行为活动与视觉设计都是围绕着 MI 这个中心展开的，成功的 BI 与 VI 就是将企业的独特精神准确地表达出来。
>
> MI 的主要内容包括：企业精神、企业价值观、企业文化、企业信条、经营理念、经营方针、市场定位、产业构成、组织体制、管理原则、社会责任和发展规划等。
>
> BI 包括对内的组织制度、管理规范、行为规范、干部教育、员工教育、工作环境、生产设备、福利制度等；对外的市场调查、公共关系、营销活动、流通对策、产品研发、公益性、文化性活动等。
>
> VI 系统包括：
>
> （1）基本要素系统。
> A. 标志；B. 标准字；C. 标准色；D. 标志和标准字的组合。
> （2）应用系统。
> A. 办公用品：信封、信纸、便笺、名片、徽章、工作证、请柬、文件夹、介绍信、账票、

备忘录、资料袋、公文表格等。
    B. 企业外部建筑环境：建筑造型、公司旗帜、企业门面、企业招牌、公共标识牌、路标指示牌、广告塔、霓虹灯广告等。
    C. 企业内部建筑环境：企业内部各部门标识牌、常用标识牌、楼层标识牌、企业形象牌、旗帜、广告牌、POP 广告、货架标牌等。
    D. 交通工具：轿车、面包车、大巴士、货车、工具车、油罐车、轮船、飞机等。
    E. 服装服饰：经理制服、管理人员制服、员工制服、礼仪制服、文化衫、领带、工作帽、纽扣、肩章、胸卡等。
    F. 广告媒体：电视广告、杂志广告、报纸广告、网络广告、路牌广告、招贴广告等。
    G. 产品包装：纸盒包装、纸袋包装、木箱包装、玻璃容器包装、塑料袋包装、金属包装、陶瓷包装、包装纸。
    H. 公务礼品：T 恤衫、领带、领带夹、打火机、钥匙牌、雨伞、纪念章、礼品袋等。
    I. 陈列展示：橱窗展示、展览展示、货架商品展示、陈列商品展示等。
    J. 印刷品：企业简介、商品说明书、产品简介、年历等。

（资料来源：豆丁网。编者对原文有删减。）

6.3.3　组织文化建设的心理机制

组织文化构成了组织内部的心理环境，形成微观的文化氛围，广泛地影响和制约员工的理想、行为、感情和道德，具有凝聚、规范、协同、激励和导向等功能。组织的领导者要想在组织内建立优秀的组织文化，就应该在理解员工心理的基础上，按照心理学的规律，在组织内部创造适宜组织文化形成与发展的心理环境，使全体员工在感染熏陶中形成共识。

1. 运用心理定式

心理定式指人的心理活动具有定式规律，心理活动的反应内容及反应趋势会受比较强烈的心理活动的影响。心理定式的积极作用是能使人在客观事物、客观环境相对不变的情况下，对人和事物的知觉更迅速、更有效；消极作用是因为惯性和惰性，人很容易对一些东西，特别是理念形成固执心理，不愿意主动改变。

要想让心理定式在组织文化建设中发挥作用，组织就先要让员工对组织文化有比较深入的感知和了解。在组织文化理念提炼出来以后，组织可以将其或制作成标语张贴在墙上，或写在员工的胸卡上，或做成台历，或指定专门的讲师进行培训，或制作成宣传片，在每天的晨会和一些重要会议之前播放。公司可以利用一切途径，让员工置身在组织文化的环境中，熟悉组织文化，再发挥对组织文化的定式作用。

在组织变革的过程中，必须要更新和改造原有的组织文化，这时管理者要打破传统的心理定式，及时地、有意识地采用逆向思维方式建立新的心理定式。

2. 重视心理强化

所谓强化，是指通过对一种行为的肯定或否定（奖励或惩罚），使该行为重复或停止的过程。强化是使某种心理品质变得更加牢固的手段。使人的行为重复发生的手段被称为正强化，制止人的行为重复发生的手段被称为负强化。

强化心理被运用到组织文化建设上，就要求管理者要及时表扬或奖励与组织文化相一致的思想和行为，及时批评或惩罚与组织文化相背离的思想和行为。通过这样的方式，管理者使组织成员具有组织文化所期待的思想和行为及习惯。组织在对成员进行心理强化的过程中，要把重点放在积极强化而不是惩罚上，尽量少地运用惩罚，因为尽管运用惩罚来消除不良行为的速度很快，但其效果往往只是暂时的，并且之后还可能产生不良的副作用，如冲突、缺勤、辞职等。

3. 培养认同心理

认同是指个体将自己和另一个对象视为等同，引为同类，从而产生彼此密不可分的整体性感觉。初步的认同处于认知层次上，较深层次的认同处于情绪认同的层次上，完全的认同则含有行动的成分。个体对他人、群体、组织的认同，可以使个体与这些对象融二为一，休戚与共。

因此，为了建设优良的组织文化，管理者应把取得全体员工的认同当作一项关键性的任务，做到把组织的目标与员工的个人目标结合起来，使组织的利益与员工的个人利益协调一致；能够以身作则、秉公办事、真诚坦荡、关心员工，具有人格魅力，获得全体组织成员的认同。员工一旦产生完全的认同，就会自觉地接受并遵守组织倡导的价值观、行为规范，从而形成组织所期望的组织文化。

4. 激发模仿心理

模仿是指个人按照与别人行为相似的方式行动的倾向，是一种人际互动现象。组织中的模范与英雄人物是组织文化的人格化代表。全体员工对这类人物由钦佩、爱戴到模仿的过程，也就是对组织文化认同和实践的过程。

5. 利用从众心理

从众是指个人由于群体的引导或压力，会改变初衷而采取与多数人一致的意见和行为，如开会形成决议、举手表决时，少数派会因多数人举手的压力而赞成多数人的意见。群体压力是由于群体的一致性而形成的，而不是恐吓、行政压力的结果。因此，在组织文化建设中，组织管理者应该动用企业网站、内刊等一切舆论工具，大力宣传组织文化，主动利用员工的从众心理，促成组织成员在行动上的一致。这种局面一旦形成，就会对个别后进成员构成一种心理压力，促使他们改变初衷，与大多数成员行动一致，进而实现组织文化建设所需要的舆论与行动的良性循环。

6. 化解挫折心理

在组织的运行过程中，组织成员之间的摩擦、上下级之间的矛盾和冲突都是不可避免的。对组织成员个人来说，碰到困难时难免会产生挫折心理。化解组织成员出现的挫折心理，对其进行心理健康管理，也是组织文化建设中应该考虑的内容。管理者应在尊重员工、与员工保持积极有效的沟通，形成和谐关系的同时，在组织内部建立宽松的环境，使员工能够畅所欲言，提出对组织发展有益的批评和建议。另外，组织还应加强对员工心理健康的培训并建立相应的心理咨询机构，化解员工的挫折情绪。组织成员具备健康的心理，会更加认同组织，会有更强的归属感，也会更加有效、心情愉悦地进行工作。

在组织文化建设过程中，组织可以根据实际情况，综合利用上述方法。组织是由人组成的，组织文化实际就是关于人的文化，管理者准确把握员工的心理，可以使组织文化建设更具成效并发挥出应有的作用。

6.4 组织文化的管理

21世纪不仅是知识经济、网络经济时代，也是文化经济时代，文化已逐渐成为推动生产力发展的强劲动力。随着社会经济环境的变化，组织文化的功能也在不断延伸，一种新功能逐渐显现出来，并且越来越突出，这就是组织文化管理。组织文化是组织的灵魂，是组织最重要的无形资产，是推动组织持续发展、快速成长的强大精神力量，它是一个组织在长期的管理实践中沉淀下来的精神财富。组织文化管理是一种新型的管理，代表了组织管理的一种发展新趋势。

6.4.1 组织文化管理的兴起与基本思路

在20世纪70年代，日本经济的持续和强劲发展对世界形成了强力冲击，日本经济发展超越了很多西方国家，在企业管理方面后来居上，取得巨大成功。为了探寻日本经济突飞猛进的原因，大批美国学者对日本企业进行了实地考察和研究。学者对日、美两国的不同管理模式进行了全面比较之后，认为日本企业最大的成功秘诀在于日本企业管理中的文化推动力，日本企业的成功是日本企业组织文化管理的成功。由此，美国管理界开展了一场组织文化管理革命，出版了具有代表意义的组织文化理论的"四重奏"著作：帕斯卡尔（Pascal）和阿索斯（Athos）的《日本的管理艺术》、威廉·大内（William Ouchi）的《Z理论——美国企业界如何迎接日本的挑战》、迪尔（Deal）和肯尼迪（Kennedy）的《公司文化》、彼得斯（Peter）和沃特曼（Waterman）的《追求卓越》。

他们认为，日本企业管理与美国企业管理之间一个最大的差别是日本企业管理中的文化，这是日、美两国不同管理模式背后的文化差异。

日、美两国在文化理念上的差别主要体现在：日本企业注重目标、精神、文化、价值观等软性因素，美国企业则强调技术、设备、规章、制度等硬性因素；日本企业注重部门之间的协调与配合，美国企业更注重的是部门专业与分工；日本企业强调团队的作用，美国企业强调高层管理人员的作用；日本企业强调对员工进行缓慢的考评和晋升，美国企业强调对员工快速的考评和晋升；日本企业强调对员工的长期承诺和雇佣，美国企业强调员工的短期稳定和流动……总之，日、美两国在企业管理方面看似有管理办法、形式和手段上的对立，本质上是两种组织文化管理理念的差异。在日本，通过组织文化的建设，提高了企业的组织效率，使得企业管理不仅迈出了早期原始的经验管理阶段，而且克服了西方企业制度管理上的一些弱点。日本企业的组织文化管理使得企业的经营管理理念成为企业员工的自觉信念，在统一的组织文化氛围内，组织成员形成了共同的价值观和宗旨，从而形成了员工较为一致的价值取向和行为规范。日本企业正是利用了这种组织文化的力量，使得企业的管理从以制度和任务为中心向以人为中心的文化管理模式发展，企业的组织激励机制从外在的激励方式向内在的激励方式发展。同时，日本企业的组织文化管理改善了企业的管理者与员工之间的关系，提高了企业的凝聚力，改善了组织中的人际关系氛围，更好地调动了员工的工作积极性。

组织文化的作用在于组织文化决定着员工对周围世界的看法和对事物的反映，影响员工的行为和解决问题的方式。在统一的组织文化的氛围内，组织成员形成了一致的价值观和宗旨，从而使得整个组织具有了特有的管理方式与行为方式。

日本企业正是利用了组织文化的力量，取得了比美国企业更加良好的管理效果，提高了企业的竞争力，从而在国际市场上取得了比美国企业更好的业绩。

组织文化管理的基本思路是：组织的文化管理是通过组织文化的形式来实现的。组织应建立起一种适应环境要求的"管理文化"体系。这一套"管理文化"体系以组织成员共有的价值观与宗旨为核心，代表了组织成员所持有的共同的观念。组织以这一套"管理文化"体系贯穿、整理、提升和完善组织的管理制度和行为规范，使之真正成为组织的灵魂。同时组织文化管理也表现为组织与组织成员之间的牢固的"心理契约"，以这种"心理契约"为指导，实现组织成员的自我管理，而不是仅仅通过外在的组织制度对组织成员进行强制性管理，从而使组织实现从物的层面到人的层面、从静的状态到动的状态的完全统一。

6.4.2 跨文化管理

进入 21 世纪以来，随着全球经济一体化加快，跨国经营与合资企业的浪潮席卷全世界。从事跨国经营或合资经营的组织管理者经常要面对跨文化管理的问题。

跨文化管理又称交叉文化管理，是指与组织有关的不同文化群体在交互作用过程中出现矛盾和冲突时，管理者在组织管理的各个职能方面加入对应的文化整合措施，设计出切实可行的组织结构和管理机制，在管理过程中寻找超越文化冲突的组织目标，以维系不同文化背景的员工的共同行为准则，有效地解决矛盾和冲突，高效地实现组织管理。

1. 跨文化问题的产生

（1）地域文化冲突。地域文化冲突是指组织在跨地域经营过程中，由于地域性文化差异造成的文化冲突。跨地域经营组织不可避免会产生地域文化冲突。一般说来，组织文化都会不同程度地受到当地地域文化的影响，因此，当企业进行跨地域经营时，不同的地域文化对该企业的经营绩效产生不同甚至相反的影响。

（2）组织的兼并、并购，造成不同群体间的文化冲突。不同的组织由于组织内外的发展环境不同、经营理念和方式不同，形成了不同的组织文化。相关调查显示，在并购失败的决定性因素中，文化的差异位居首位，若两种组织文化不能有效互补，则会使组织成员丧失文化确定感，进而产生抵制的行为，从而影响组织的预期目标。

2. 文化差异的表现

（1）法律法规的差异。不同的国家具有不同的法律法规的制定和运行机制，国际性组织必须在东道国既定的法律构架下，才能从事生产经营活动，才能通过法律途径解决各种商业纠纷。对同一贸易条款，各国制定的配套的政策法规会有所不同；各国的行政诉讼和法系不同，也会出现执行上的差别。因而，法律法规会直接影响国际性组织的行为规范。

（2）商业习俗的差异。商业习俗不像法律那样具有强制性，但它是一种在相当长的时期内形成的、为大家共同接受和遵从的从事商务活动的习惯和风俗。一旦组织在商业活动中未重视该地域的商业习俗，甚至出现违反商业习俗的情况，就会造成对方的误解，给对方留下不好的印象，严重的还会导致组织的商务活动失败。

（3）价值观的差异。组织文化是指组织成员共同遵守的价值观和行为规范。当组织发生兼并、收购行为时，具有不同价值观的群体组合在一起，不仅是群体之间的价值观有差异，而且个体加入群体后也会出现价值观差异。无论是外国员工进入中国企业还是中国员工进入外国企业，都会产生不适应，都会对企业提倡的某些价值观产生不理解，这就是社会文化传统和社会制度不同带来的文化差异。

3. 跨文化管理的主要方法

跨文化管理的目的，在于在不同的文化氛围中设计出切实可行的组织机构和管理机制，在管理中寻找超越文化差异和冲突的组织目标，合理地配置资源，最大限度挖掘和利用资源的潜力和价值，从而最大化地提高组织的综合效益。

（1）尊重差异，增进理解。不同的文化造成的文化差异和文化摩擦的程度和类型不同，要在文化差异中寻找共同点。管理者要客观地承认文化是存在差异的，并尊重和接受这种差异，而不要试图回避这种差异，或是简单地将一种文化凌驾于另一种文化之上。因此，对于存在文化差异的情形，管理者在进行文化整合时，要促进不同文化背景的员工在公司的协调安排下相互理解，在相互尊重中磨合，逐渐趋于一致。

（2）互通有无，文化互渗。文化的差异性决定了文化之间的矛盾性，而文化的相通性使相异文化的互渗成为必然。这种文化特质决定了相异文化在对立中发生交流和互渗是客观必然的。具有文化差异的双方经过自然和有意识的文化交流、渗透和整合，逐渐认可和接受对方的文化，成为对方文化的执行者和维护者，完成文化从形似到神似、从物质到精神的接近。

（3）达成共识，文化融合。文化融合不是简单的文化兼并和渗透。兼并首先要解决的也是文化认同问题，即共生、共创、共荣。无论是兼并还是重组，要让组织的每个员工有主人翁的感觉。文化认同得不到真正的解决，组织就隐藏着隐患，一旦碰到合适的环境，隐患就会爆发出来。因此，文化的融合应该是一种创造性的综合结果。所谓创造性地综合，即不止于合二者之长，而是根据两方之长，加以新的发展，形成一个新的事物，即"$1+1>2$"，这样创造出来的新颖的、超越各种文化既定行为模式的、具有协同作用的结果，对于各种文化来说既是全新的，又是可以接受的。通过不断减少文化摩擦，每个员工能够把自己的思想和行为同组织的经营业务和宗旨结合起来，组织的文化变迁能力就得到了大大的增强。

观念应用 6-3

西安杨森"鹰"与"雁"的结合

西安杨森是我国规模最大的医药企业之一，曾两度获得全国十大最佳合资企业第一名。西安杨森的成功之处在于其"鹰"文化与"雁"文化在员工队伍中的巧妙结合。

西安杨森为激励员工个人，提出了以鹰为代表的企业文化——"鹰是强壮的、果敢的，是敢于向山巅和天空挑战的，它们总是敢于伸出自己的颈项，独立作战；在我们的队伍中，我们鼓励出头鸟，并且不仅要做出头鸟，还要做搏击长空的雄鹰。"这种企业文化使积极进取、勇往直前的鹰的精神深入销售人员的心中，极大地激起他们的斗志，获得销售的成功。为了使员工成为雄鹰，西安杨森非常注重培训，多年来不断完善其规范、高效、高水平的培训系统，每年用于培训的费用高于员工工资的总额。

在提倡"鹰"文化的同时,为了培养员工团结协作的团队精神,西安杨森也宣传"雁"文化——"当每只雁展翅高飞时,也为后面的队友提供了向上之风;由于组成了V字队形,可以使雁群增加71%的飞行范围。"在"雁"文化的带动下,西安杨森人学会了信任、给予帮助,与同事朝着同一个目标携手前进,员工的团队意识得到了很好的提升。与此同时,员工对公司的忠诚度、员工之间的凝聚力也得到了提高,西安杨森成功地营造了一个和谐、浓厚的人情氛围。公司领导会给过生日的员工送去问候;逢年过节,总裁会给员工送贺卡,传递祝福和关怀;公司会邀请员工家属一起参与公司的一些活动;创办了内部刊物《我们的家》,让员工在西安杨森里真正找到"家"的温暖。相对外部而言,西安杨森的外勤员工要像鹰一样勇于接受挑战,勇往直前为公司创造价值;在公司内部,则体现出雁一般的团结协作精神,整合各种资源,共同实现公司的目标。除了宣传集体主义、互爱互助等传统的中国文化外,西安杨森还针对中国员工强烈的福利偏好进行福利体系的设计,尽量排解员工的后顾之忧,如员工可以全额报销医疗费;按员工月工资支出25%、公司相应支出35%的比例建立员工购房基金,在基金不够、所购房屋被抵押的情况下,公司负责担保,帮助员工贷款以解决员工的住房问题;组织员工参加升国旗仪式、革命根据地的扶贫活动等,时时提升员工的爱国精神、革命精神。西安杨森把企业文化深深地融入企业活动的方方面面,成功地实施了文化管理,从而获得长久的来自员工与社会的丰厚回报。

分析提示:企业文化包含两个层面的内容,一个是企业层次的狭义的企业文化,它可以由企业自行选择、设计,属于可控因素;另一个是企业所处的文化环境中的民族文化,如在中国则表现为中国文化,对企业来说,它只能去利用和适应,属于不可控因素。因此,在企业管理中,管理者应该运用好文化管理手段,实现人与所需文化的融合,充分发挥文化的纽带作用,协调员工、企业与社会之间的关系。在这一点上,西安杨森做得很成功。

(资料来源:道客巴巴。编者对原文有删减。)

跨文化管理实质上是组织管理和文化塑造的过程,因此也必然是一个循环往复的渐进过程。通过组织管理,全体员工在组织目标和宗旨下达成共识,塑造出新的组织文化内核;行为背后的文化的改变必将推动组织行为的整合,并形成新的员工行为和组织行为;新的行为准则及其组织行为又将沉淀为组织新的规章制度;新的管理体制与运行机制则会进一步完善组织管理和组织文化。这种跨文化管理方式,最终会使存在差异性文化的组织摆脱多元文化的困扰,使其多元文化在循环中不断淡化、变小,而能够融合多种文化的新组织文化便随之生长、壮大。

6.5 本章小结

组织文化是一个组织在其生存与发展过程中形成的,为组织多数成员所共同遵循的最高目标、价值标准、基本信念、组织哲学和行为规范。组织文化涵盖四个层次:物质层、行为层、制度层、精神层。按照不同的标准和不同的用途,组织文化有不同的划分方法。组织文化是在组织外部环境与内部环境的共同作用下形成的,因此,可以从组织内、外部两方面把握其影响因素。良好的组织文化不仅能对组织和组织中员工的价值及行为取向起引导作用,还能形成一种激励机制,使员工为实现自我价值和组织发展而不断进取。组织应在一定原则的指导下有意识地培育优良的文化,克服不良文化,完善和建设组织文化。组织管理者应在组织管理的各个职能方面加入对应文化的整合措施，设计出切实可行的组织结构和管理机制，高效地实现跨文化管理。

6.6 思考与技能实践

6.6.1 基础训练

1. 名词解释

（1）组织文化。
（2）心理定式。
（3）跨文化管理。
（4）模仿心理。

2. 简答题

（1）组织文化包括哪些内容？其结构如何？
（2）简述组织文化的作用。
（3）简述组织文化的类型。
（4）在塑造组织文化时应注意遵循哪些心理机制？
（5）简述组织文化管理的基本思路。

3. 单项选择题

（1）下列不是组织文化的外部影响因素的是（   ）。
 A. 制度   B. 民族文化因素
 C. 行业文化因素   D. 外来文化因素
（2）组织文化的核心是（   ）。
 A. 作风及传统习惯   B. 行为规范和规章制度
 C. 共同的价值观   D. 组织目标或宗旨
（3）我们平常所说的企业精神，实质上是一种（   ）。
 A. 组织认识   B. 职业道德
 C. 组织价值观   D. 组织情感
（4）组织文化建设的出发点和归宿是（   ）。
 A. 组织内容   B. 组织目标
 C. 组织结构   D. 组织设计
（5）组织文化的消极作用是（   ）。
 A. 约束功能   B. 凝聚功能
 C. 效率功能   D. 组织并购障碍

4. 多项选择题

（1）组织文化的结构包括（   ）。

A. 物质层　　　　B. 行为层　　　　C. 制度层　　　　D. 精神层

（2）下列属于组织中层文化的是（　　）。

A. 特殊风俗　　　B. 工作制度　　　C. 组织领导者的行为

D. 组织宗旨　　　E. 组织环境

（3）按照组织文化对其成员影响力的大小，可将组织文化分为（　　）。

A. 作用型组织文化　　　　　　　B. 强力型组织文化

C. 策略合理型组织文化　　　　　D. 灵活适应型组织文化

5. 判断题

（1）个人在进入组织后，完全受到组织价值准则的影响。（　　）

（2）组织文化的核心是群体凝聚力。（　　）

（3）选择正确的组织价值观是塑造组织文化的首要战略问题。（　　）

（4）"仁者见仁，智者见智"，良好的组织文化应该使组织内的成员对某些伦理问题产生多角度的认识。（　　）

（5）一般的文化都是在非自觉的状态下形成的，而组织文化是在组织的自觉努力下形成的。（　　）

6. 论述题

（1）在现在的劳动力中，兼职员工和临时工所占的比例越来越大。对于这些员工来说，组织文化真的很重要吗？谈谈你的看法。

（2）结合实际谈谈塑造组织文化的途径。

6.6.2　技能训练

题目：哪种组织文化最适合你

1. 实验目的与技能

通过本实验，使学生掌握组织文化的特征及类型；培养学生运用理论知识分析问题的能力。

2. 实验内容

阅读以下问题，根据个人情况选出符合你的感觉的答案，包括很同意、同意、不确定、不同意和很不同意五个选项。

（1）我愿意成为团队的一员，希望组织以我为团队做出的贡献衡量我的绩效。

（2）为了实现组织目标，任何个人的利益都可以牺牲。

（3）我喜欢从冒险中找到刺激和乐趣。

（4）如果一个人的工作绩效不符合标准，那么他做多大的努力都是白费。

（5）我喜欢稳定和可以预见的事情。

（6）我喜欢能对决策提供合理解释的管理人员。

（7）我希望拥有工作压力不大、同事易于相处的环境。

评分方法：对于第1、2、3、4、7题，很同意＝2分，同意＝1分，不确定＝0分，不同意＝－1分，很不同意＝－2分；对于第5、6题，很同意＝－2分，同意＝－1分，不确定＝0分，不同意=1分，很不同意=2分。

分数解释：总得分越高，表明你在一种正式机械的规则导向的、有结构的组织中越适应，这类组织包括政府机关和大型公司；总得分越低，表示你越喜欢不正式的、灵活和创新的组织，这类组织包括广告公司、高科技公司和小型企业。[①]

3. 实验要求

（1）按要求在规定时间内完成实验，并与同组成员交流讨论。

（2）根据所学知识，谈谈什么样的组织文化更适合组织成员的发展。

4. 实验组织与步骤

（1）实验前的准备。要求学生回顾组织文化的相关知识。

（2）分组讨论。以5~7人为一个小组开展讨论和分析，充分发表个人观点。

（3）小组展示。各小组在规定时间内展示小组讨论成果。

（4）实验讲评。指导教师适时讲评。

6.6.3 操作训练

1. 实务题

选择一家你喜欢的公司，从不同层面分析该公司的组织文化，并与同学讨论，对比各自选择的公司的文化差异。

2. 综合题

良好的组织文化不仅能对组织和组织中员工的价值及行为取向起引导作用，还能形成一种激励机制，使员工为实现自我价值和组织发展而不断进取。请你为当前所处班级或组织设计一份组织文化建设方案，推进组织文化落地。

6.6.4 案例分析

大连三洋制冷有限公司的组织文化建设

主管大连三洋制冷有限公司组织文化建设的王东经理曾说过，企业管理对企业来讲是一个永恒的主题，在企业管理的过程中，做好企业的文化建设，是一个企业可持续发展的重要内容。在企业的发展过程中，组织文化不是自发产生的。大连三洋制冷有限公司在成立伊始，作为企业的经营者和管理者的肖永勤，就把组织文化建设作为企业发展中的一个重要内容。

公司刚成立时，员工有的是下岗人员，有的是应届大中专毕业生，还有的是国有企业派来的技术和管理骨干，每个人都有各自的行为规范，也有着各自的价值理念。那么在这种情况下，如何使公司的管理走上正轨呢？当时公司管理者借鉴了在国有企业中被证明有效的一些管理经验，也借鉴了国外一些先进的管理思想和管理方法，将两者有效地结合起来。

开始时，公司注重制度文化建设，并制定了严格管理、降低成本、提高质量、创世界一流企业的目标。通过严格管理，规范了员工行为，使公司员工把公司制度变成自觉遵守的规范，进而统一到公司共有的价值取向上来。

[①] 徐世勇. 组织行为学[M]. 2版. 北京：中国人民大学出版社，2015.

在价值取向建设中，公司在成立时就设定了为人类和地球做贡献、优化地球环境和照顾人类生活共存，公司的发展和国家的社会经济发展共存，企业的发展和社会环境共存，企业和客户利益共存，企业和劳动者共存这样一些价值观。公司在教育和规范员工行为的基础上，把公司共有的价值观念融入管理和工作，使员工的价值观达到一致。

要把国有企业的思想政治工作在合资企业中实施，就离不开组织文化建设。组织文化建设既是企业管理的基础，又是企业管理的灵魂。员工在整个工作中，立足于岗位进行自我管理，立足于岗位进行自我改善，有效地实现了个人的价值，把个人的价值和个人的发展有效地融入公司的发展当中。公司也促进立足岗位自我改善这项活动和零缺点小组（Zero Defect，ZD）无缺陷活动的开展，并将其作为企业文化建设的一个重要组成部分加以实施；把公司员工立足自我改善作为企业发展的一个重要动力源。在公司生产现场，165 名生产工人当中，没有一个质量检查员，完全依赖质量体系的有效运行。员工的高质量意识和组织文化的运行，使得员工在生产过程中成为质量管理的主体。员工既是生产者，又是产品质量保证者和确认者。通过组织文化建设，公司的质量管理体系得到有效运行。在整个生产过程中，员工通过组织文化建设得到了较好的培训，提高了个人素质。企业实现了企业实施以人为本的组织文化的人本管理有效循环。组织文化建设能够带动企业生产的高效率、产品的高质量、服务的高水平、企业的高效益，进而又回归到员工的高收入上，这是对员工价值的充分体现。大连三洋制冷有限公司近几年的发展充分证明了这个道理。

（资料来源：豆丁网。）

问题

1．什么是组织文化建设？
2．结合本案例说明应如何进行组织文化建设。

6.6.5　网上调研

在网上搜索几家具有不同组织文化的本土公司，分析它们的优缺点，并试述你对在组织文化建设中贯彻习近平新时代中国特色社会主义思想有什么好的建议。

6.6.6　精选案例

"用爱成就伙伴"：西贝餐饮集团的企业文化探索之旅

摘要：本案例描述了西贝餐饮集团高速成长并在疫情期间共克时艰背后的企业文化基因。近年，在全国餐饮业面临极大挑战、许多餐饮企业举步维艰的情况下，西贝餐饮集团异军突起，从 2012 年 60 多家门店、13 亿元年营业收入，发展到 2019 年的 300 多家门店、近 60 亿元年营业收入，成为中餐炒菜领域的龙头企业。在 2020 年的新冠肺炎疫情生死"大考"中，西贝餐饮集团经受住了考验并快速复苏。本案例描述西贝餐饮集团"用爱成就伙伴"的企业文化是如何形成的，又是如何落地的，以及西贝文化在驱动组织发展、帮助企业渡过难关中发挥的作用，以期对我国民营餐饮企业文化建设提供经验启示。

关键词：西贝餐饮集团；企业文化；民营餐饮业。

案例作者：屈燕妮，王文燕，刘彬鑫。

案例出处：中国管理案例共享中心。

6.6.7 推荐阅读

第 7 章
领导与组织行为

学习目标

- 知识目标：了解领导的概念并阐明领导与管理的异同；理解领导的职能；了解权力实质及其类型；掌握领导特性论的核心思想；了解领导主要权变因素，领导理论的新进展。
- 技能目标：能够培养自己的领导能力、团队合作能力、为人处世能力、沟通协调能力。
- 能力目标：理解各领导理论的核心思想，从而提高自己的领导素养，并不断地在学习和生活中提高自己的领导能力和在组织中的表现能力。

案例导读

院长应该是谁

某设计院是一所拥有 500 名工程技术人员的大型设计单位。其中，某一研究室有 15 位成员，室主任老张是一名经验丰富的高级工程师，他手下有 3 名高级工程师和 11 名较年轻的工程师和助理工程师。老张知识渊博，为人正派，深受室内同事的爱戴，享有极高的威信。在他的带领下，室里同志团结协作，工作多次受到院部的嘉奖。不久，老张被调到一家正在建设之中的大型企业负责引进技术设备的工作，因此，该室主任一职暂告空缺，亟待填补。大家认为，新任室主任应从内部选拔，究竟由哪一位担任呢？室内舆论认为高工王甦（王工）希望最大。王工 45 岁，是美国麻省理工学院的博士毕业生，业务能力强，而且富有创新精神，回国五年多来，设计工作一直做得很出色。他主持的设计项目中已有三项获得轻工部颁发的优秀奖，有一项获得市级特等奖。他尊重室里的同事，主动与大家协作，多次成功地组织攻关项目，同事认为他是最理想的人选，但个别同志也担心，他直言不讳，曾对院里一些领导的工作作风提过不少意见，可能"得罪"过某些院领导。室里另一位高工李祖德（李工）的竞争力也不容忽视，李工今年 49 岁，虽业务平平，但和院长私交颇深，他们同时调来本院，平时来往密切，这一点是王工无可比拟的。室内同志认为第三位高工刘仰（刘工）机会最小，他已54岁了，来本院工作已近30年，业务能力尚可，但没有什么创造性，从不与人争吵，是位有名的"老好人"。他对各级领导都恭顺谦卑，只要领导叫他干，他总一声不响地去干，因此在领导的眼里，他是"听话"的人，但这些做法在室内引起不少人的非议。在此期间，李工和刘工的工作表现得特别出色，对室里的同事特别和气，并经常设法打听别人对办公室主任人选的想法，而王工无任何与以往不同的表现，他一如既往地工作。有人跟王工开玩笑说："老王，您要升官了，升官后一定要请大家吃一顿啊！"王工谦逊地说："工作都是大家干的，我何德何能当室主任？当然，如果大家和领导要我干，我也会尽力的。"

一周后，院里任命刘工为室主任，这在室内引起了很大的震动。刘工当然喜形于色，他认为这不仅是自己运气好，而且是他一贯"听话""敬上"的努力所致。王、李两位虽也面露微笑，但总让人觉得不太自然，而其余的人则表示"不可理解，不可思议"。

过了没几天，院长把刘工叫去，布置给他一项为某省设计一家中型造纸厂的任务。该厂地处穷乡僻壤，设备全是国产的。刘工思索良久后才去找李工，说："老李，院里下的这个任务很重要，我看你就接了吧，反正你手头的任务马上就完成了。"老李说："对不起，这活我可干不了，我手头的这个项目虽快结尾了，但还有不少问题，一时还很难解决得了，你还是让老王去干吧。"于是，老刘又硬着头皮去找王工："老王，院里下达了一项支援内地建中型造纸厂的任务，任务紧迫，独立性又强，我想只有你才能担此重任了！"王工不假思索地说："刘主任，您知道，我手头的一项任务也是十分紧迫的，而且只干到一半啊，我怎么能离开呢？您叫老李去吧！"老刘脸有难色地说："老李说他尚有许多扫尾的问题要解决……"老王不客气地说："那么，老刘，那就只好劳您老兄自己了，您身为室主任，理当躬先表率，你手头目前又没任务，只有你自己去担当此重任了。"老刘语塞，不声不响地走掉了。

几天后，老刘召开室里全体员工会议，宣布院长的一项新指示："我从院长那里知道，给了我们一个新的项目，设备要从美国引进，项目开始和进行过程中都要在美国，我们商量，决定由李工担此重任，并给李工专门配备一位外语学院毕业的英文翻译……"这时人们不禁哗然，几个青年业务尖子再也按捺不住了，纷纷提出质问："你们为什么不让王工去？王工业务能力最强，英语没话说的，他对美国又熟悉，如让他担此任务，出国不用翻译，又节省了国家外汇……"王工本人也感到不可理解，转身拂袖而去。接连二三日，王工和几位较年青的业务尖子均告病未来上班，待到王工和几个青年的业务尖子来上班时，刘主任请院长来到了室里，院长对他们不但不问生病、身体状况，劈头就大声批评："你们也真不像话，都一起生病了，是真生病还是假生病。不管怎样，都一律扣一个月的奖金……"不等院长说完，王工第一个站起来说："院长，不用扣奖金了，工资我都不要了，这是我的辞职报告……"紧接着，几个业务尖子也纷纷递交了他们的辞职报告，随后，他们便愤然离开，到一家乡镇企业去了。他们在那里心情愉快，一个月的收入比原来高出三倍多。他们搞出了几项设计，让设计院望尘莫及呢！

（资料来源：郑绍辰.人力资源开发与管理[M].上海：复旦大学出版社，1995.）

思考：

1. 请分析该设计院院长选聘领导干部的标准。
2. 如果你是该设计院的院长，你将选择谁为上述该室的主任？为什么？
3. 根据案例，你认为设计院院长的领导风格是什么？
4. 如果你是老刘，你打算怎样做好室里的领导工作？

本案例给我们的启示是：一定意义上，没有成功的企业领导者就没有成功的企业。相反的实例也反复证明，领导的平庸、无能是断送企业发展前途乃至使企业走向衰退的致命因素。由此也带给我们一系列的思考：什么是领导？领导的作用何在？领导者怎样影响下属？什么样的领导方式才是最有效的？

7.1 领导概述

管理的领导职能是指，管理者实施影响下属的领导行为，把组织成员的个体目标和组织目标进行有效匹配。组织成员在一定的组织环境中，通过管理者的指挥与协调，完成组织目标。这说明，管理的领导职能在行为的作用方向上包括两个方面：一是实施管理权力的领导者；二是管理权力的作用对象——领导者的追随者员工或下属。

7.1.1 领导的含义

由于不同的人注重领导的领域的不同，对领导的概念存在不同的解释，到目前为止，仍没有一个明确、统一的定义。目前主要有三种定义：第一种，将领导理解为一种行为，认为领导是影响组织成员自动为实现群体目标而努力的一种行为；第二种，将领导理解为一种能力，认为领导是影响他人追求一定目标的能力；第三种，将领导理解为一个动态的过程，认为领导是对制定和完成组织目标的各种活动施加影响的过程，这个过程是领导者个人品质、被领导者个人品质和某种特定环境函数的体现。

本文认为，所谓领导，就是激励、引导和影响个人或组织在一定条件下实现组织目标的行动过程。这一定义包含以下的含义。

（1）领导者一定要与所领导的群体或组织中的其他人发生联系，这些人包括直接的下属，也包括组织中的其他成员。他们心甘情愿地服从或被迫地屈服于领导者的权力，使自己处于被领导者的地位。

（2）权力在领导者及其他成员中的分配是不平等的。领导者拥有相对强大的权力，使他得以影响组织中其他成员的行为，而其他成员却没有这样的权力，或者拥有的权力并不足以改变其被领导地位。

（3）领导者能对组织成员施加各种影响。领导者能够通过影响被领导者，使其表现出某种符合组织期望的行为。领导的本质就是组织成员的追随与服从，使领导者在组织中的地位得以确立，并使领导过程成为可能。而领导者下属和组织的其他成员追随与服从领导者的原因，就在于被他们所信任的领导者能够满足他们的愿望和需求，能够巧妙地将组织成员的个人愿望和需求的满足与组织目标的实现结合起来。

（4）领导者领导的目的是影响被领导者为实现组织目标做出努力，而不是更多地体现出个人的权威。有效的领导者应该促使被领导者在执行任务的过程中发挥主动性和创造性。

1. 领导和领导者

领导和领导者是不同的两个概念。领导者是指担任某项职务、扮演组织中的一个角色的个体。而领导则是领导者一系列领导活动行为的集合，是在一种特定环境下，领导者与被领导者之间的关系的体现。一个组织可以指定或选出一个领导者，但不能指定或选出某种领导行为。

在组织中，每个人都扮演着一个角色，而领导者的角色要求其具备许多不同于其他角色的素质，具备了这种素质并表现了角色要求的各种行为，便构成了领导的过程。

2. 领导与管理

领导不同于管理，两者既有联系又有区别。在生产力十分落后的情况下，领导和管理是"合二为一"的。管理工作的独立是社会分工的结果；领导从管理工作中独立出来，也同样是社会分工的结果。只有在社会生产力发展到一定水平，社会活动日趋复杂的情况下，领导才有可能从管理中分化出来。领导和管理构成了同一过程中既相互区别又相互补充的两个体系，它们各有自身的功能和特点，同时又都是当今经济条件下组织取得成功必不可少的组成部分。从本质上说，管理更多的是建立在系统规范的、强制性的权力基础上，实现组织目标的行为。领导则不同，领导尽管需要组织系统规范的、强制性的权力基础，但是更多的是建立在个人影响力的基础上的。因此，一个人可能既是领导者，又是管理者。有时一个人是领导者，却不一定是管理者。非正式组织中最具影响力的人就是典型的例子。组织没有赋予他职位和权力，他不承担管理工作，但是他能引导和影响非正式组织成员。同样，一个人可能是管理者，却不一定是领导者。领导的关键在于有被领导者的追随和服从。有些具有职权的管理者可能没有几个部下服从他，因此，他只是管理者而不是领导者。在理想状况下，所有的管理者都应是领导者。本章的领导者指的是那些能够影响他人并拥有管理权力的人。

小资料 7-1

韩信点兵

司马迁的《史记·淮阴侯列传》记载，韩信是我国古代杰出的军事家，他作为统帅，带领汉军打垮了项羽——楚霸王，为刘邦统一天下、建立汉朝立下了大功，因而被封为楚王。

汉高祖刘邦在位几年后，听信有人谗言，说韩信居功自傲、要谋反，而刘邦对韩信早就有顾忌之心，为防止韩信造反，刘邦就设置圈套，将韩信抓了起来。不久，刘邦又赦免了韩信，但是撤掉了他的王位，只给一个淮阴侯的封号。韩信知道刘邦忌能人，心中闷闷不乐，于是经常托病不去朝见皇帝。

刘邦反而经常找韩信谈话，议论各位将军才能的大小。一次，刘邦问韩信："像我这样的人，能带多少兵？"韩信说："您最多只能带十万人。"刘邦又问："那么你呢？"韩信说："我带兵多多益善。"刘邦笑了，说："你带兵多多益善，怎么又被我抓住呢？"韩信说："陛下虽然不能带更多的兵，但您善于统帅和指挥将领们，所以我就被您抓住了。"

（资料来源：道客巴巴。）

7.1.2 领导的权力

领导的基础来自影响力，而影响力的本质是权力。权力本身是一个中性概念，它既可以被用来达到不良的目的，也可以帮助管理者实现组织的目标。权力是组织生活的现实之力，永不消失。

1. 权力及其实质

所谓权力，指的是一个人（A）用以影响另一个人（B）的能力。这个定义中，实际上假定尽管 B 对自己的行为有一定的自主权，但由于对 A 在某些方面资源的依赖，使得 A 能借此影响 B 去做他在别的情况下不会去做的事。

可见，依赖关系是一个人可以对另一个人行使权力的基础。B 对 A 的依赖性越强，则在他们的相互关系中，A 所拥有的权力就越大。当你拥有他人需要的某种东西，而你是唯一的控制者时，你就使他人依赖于你，你便因此而获得了对他人的权力。依赖性的大小是与资源的可替代性大小成反比的。如果某种资源充足，拥有这种资源不会增加你的权力。如果每个人都极富智慧，那么智慧就没有什么特殊价值了。如果你能通过控制信息、尊严或他人渴望的东西并形成垄断，那么对此有所需求的人将依赖于你。反过来说，你手中掌握的资源越多，别人手中的权力就越小，这可以说明为什么大多数组织要开发出多个供应商而不只是一家供应商来保持业务关系。此外还可说明为什么许多人都渴望在金钱上保持独立，因为金钱上的独立能减少他人支配自己的权力。因此，如果说影响力是权力的表现和权力使用的结果，那么从权力的来源来看，权力就是对资源拥有者的一种依赖。依赖和权力关系的建立，是与 A 相对于 B 而言，A 所拥有的资源的重要性、稀缺性且不可替代性相关联的。

2. 权力的类型

现实生活中，一个人掌握的资源往往不止一种，权力的来源可能相当广泛。根据权力来源的基础和权力使用方式的不同，可以将权力划分为如下几种类型。

（1）惩罚权。惩罚权是建立在惧怕的基础上的，一个人如果不服从的话就可能产生消极的后果；出于对这种后果的惧怕，这个人就对强制性权力做出了反应。这种权力取决于使用或威胁使用什么样的生理处罚，如肉体的痛苦、精神上的打击、对基本的生理及安全需要的控制。

（2）奖励权。奖励权是指提供奖金、加薪、表扬、升职或其他任何令人愉悦的东西的权力。一个人假如能给他人以特殊的利益或奖赏，可想而知，能与这个人保持关系密切是大有益处的。作为领导者，在运用奖励权时必须注意五个方面：一是奖励的标准。奖励必须确定明确、合理的标准，既要有刺激和推动作用，又不能高不可攀。标准和效果密切相关，不可忽视。二是奖励的形式。奖励的主要形式是精神奖励和物质奖励，应注意二者的相互结合、合理运用。三是奖励的对象。奖励对象不能由领导者个人确定。四是奖励宣布。公开宣布奖励会产生良好的群众心理效应。五是奖励的工作。领导者在宣布奖励后，还要善于利用先进典型的经验和事迹教育全体人员，同时也要继续培养和保护先进人员。

（3）法定权。法定权又叫职位权，是由组织正式授予领导者在组织中的职位所产生的，指挥他人并促使他人服从的权力。法定权是领导者职权大小的标志，拥有法定权是其他各种权力运用的基础。法定权具有四个突出的特点：一是层次性。职权的大小是由职位的高低确定的，职位高的权力大，职位低的权力小。二是固定性。法定权是由法律或有关政策规章相对固定下来的，有职就有权，失职就失权。三是自主性。当领导者的某一法定权被确定下来后，领导者也就相应地取得了在职权范围内相对独立用权的条件。四是单向性。法定权具有极强的线性约束力，只能支配职权范围内的下属。

（4）专长权。专长权来源于专长、技能和知识。由于世界的发展日益取决于技术的发展，专门的知识技能也由此成为权力的主要来源之一。随着工作越分越细和专业化的增强，组织目标的实现就越依赖于专家。正如医生具有专门的技能才具有了专长权，大多数人都听从于医嘱。

（5）感召权。这是指因领导者的特殊品格、个性或个人魅力而形成的权力。一个拥有优秀个人品质和超凡魅力的人，往往会使周围的人认同他、景仰他、崇拜他、追随他，甚至达到模仿他的行为和态度的地步。这时，这个人就拥有了一定的感召权。感召权又被称为统御权或参照权。

感召权建立在下属对领导者的尊重、信赖和感性认同的基础上。领导者勇于创新、胆略过人，知人善任，富于同情心，具有感召力，善于巧妙运用领导艺术，则易获得下属的尊重和依从，由此而来的影响力也比较持久。感召权可以解释为何组织愿斥巨资请名人做产品广告。

领导者运用感召权时要把握好三点：第一是工作兢兢业业，勇于创新，要求下属做到的自己先做到。第二是在思想作风上，要深入群众，联系群众，坚持实事求是。第三是在生活上不以权谋私，不搞特殊化。

3. 权力的运用

一般来说，领导者的任务有两项：一是完成组织目标，即完成上级和组织布置的任务；二是尽可能满足组织成员的需要，这种需要既有物质方面的，也有精神方面的。

领导者的两项任务决定了领导者具有双重立场：一方面要代表上级和组织，代表组织的长远和整体利益；另一方面又要代表组织成员的利益。一个高明的、有威信的领导者，要将这两者巧妙地结合起来，只有存在矛盾而又无法协调时，才按局部服从整体、个人服从集体的原则处理，并对员工进行教育。在权力的运用上要做到如下几点。

（1）破除对职位权力的迷信。不要以为自己有了职位、有了权力，就一定会有威信。靠行政权力产生的服从往往是表面的，甚至是虚假的，一旦失去权力，往往是"树倒猢狲散"，甚至于"墙倒众人推"。领导者若想避免这样不光彩的下场，唯一的出路是在个人影响力上下功夫，使自己的专长更突出些，使个人的品德更高尚些，从而吸引下级真心地信任和跟随自己。

（2）正确地认识权力的来源。领导者的权力是谁给的？"当然是上级给的，所以我要向上级负责。"这种回答很常见，但存在片面性。"君者，舟也；庶人者，水也。水则载舟，水则覆舟。"这就告诫所有的领导者：你有没有权威，甚至你的生死存亡，完全取决于你的下级。美国著名的管理学家巴纳德（Barnard）则提出"权威接受论"。他认为：领导者的权威不是来自上级的授予，而是来自下级的认可。以上这两种观点可以说有异曲同工之妙。领导者应该清楚地认识到：上级只能授给你权力，但无法授给你威信。而且上级授予你的权力，只有当你的下级愿意接受它时，它才是有效的。从这个意义上讲，你手中的权力归根结底是由下级给予的。因此，你在向上级负责的同时必须全力争取下级的理解、认同和拥护。

（3）正确地使用权力。其一是勤政，即要有高度的责任感和敬业精神，要全身心地投入工作，干实事、见实效；其二是廉政，决不能以权谋私，而应该出于公心，办事公道、清正廉明；其三是应该看到影响是双向的，你既要对下级施加影响，又要虚心地听取下级的意见和建议，主动接受下级的影响。

总之，一个领导者要真正做到正确用权，一要素质好，具有足够的知识、能力和经验，善于集中集体的智慧；二要有权，即说话有效，有明确的组织赋予的权力；三是要人和，即能和别人和睦相处，具有良好的人际关系，善于洞察他人的心理，创造激励的工作环境，满足下级的需要；四要让人信服，为人正派，办事公道，具有献身精神，不利用职权谋取个人私利。

7.1.3 领导的职责

领导者在组织经营中处于至关重要的地位。组织经营得成功与否，在很大程度上有赖于领导者角色的发挥。换句话说就是，领导者应该承担相应的职责，发挥其应有作用。从领导者所处的位置和肩负的责任来看，领导者应该具有以下四个职责。

1. 确定组织发展战略

组织通过制定流程来规划它的发展前景，如果战略流程环节出了差错，那么无论组织执行力有多强都是无用的；而且执行力越强，差错可能越大。因此，组织发展战略必须正确。确定组织发展战略方向是组织领导者应该优先考虑的重要事项，是一项核心职责。

领导者在确定组织发展战略的过程中，必须注意以下几点。

（1）战略应该是明确而非模糊的。一些领导者认为："战略"是从抽象的角度来考虑的，"战术"是从具体的角度来考虑的，因此"抽象"的东西就应该是模糊的、不具体的。在这个思路下，一些领导者将企业的战略故意弄得模糊不清，非常抽象。例如，前几年，许多企业争相提出"打造世界级大企业"的口号，可只有口号而缺乏实际内容。这种战略其实根本不叫"战略"，而应该叫"概念""口号"。组织发展战略必须是明确的，而且丝毫不能马虎形成。领导者制定组织发展战略，必须有具体的目标、内容、期限，要有一些具体内容和将要实现的目标。再如国内空调业巨头美的提出"353 计划"，就是要在未来三年之内实现年销售 500 万套空调、达到排行全球空调业前三的目标。这就是一个非常明确而清晰的组织发展战略，单单从这个角度出发，可以认为美的的领导者较好地完成了此项工作。

（2）战略与战术不能混为一谈。组织制定战略必须充分考虑组织的短期利益与长远利益，同时还需要综合考虑各种市场因素。在大多数本土企业还很弱小，需要快速成长而非稳健发展的背景下，一些领导者总是有意或无意地将"战略"与"战术"混淆起来，甚至用"战术"来取代"战略"，这在中小企业中表现得尤为明显。

（3）领导者的主要职责是制定企业发展战略，而不能事必躬亲。有些领导者是从一线成长起来的，结果当了领导者之后，还是喜欢什么事情都插手，不放心让下面的员工动手做，如一家销售额上百亿的大型企业老总连下属报销 1000 元的差旅费都亲自批准，他自我感觉很累，同时也很洋洋自得，认为自己非常能干，这样实际上是"捡了芝麻丢西瓜"，得不偿失。

2. 塑造组织文化

随着第一次科技革命（18 世纪 60 年代—19 世纪中期）的兴起，脑力劳动开始逐渐成为社会劳动的主要形式。脑力劳动的特点是，其是看不见摸不着的，其效率高低取决于员工的自觉性和责任心，而这种自觉性和责任心的重要来源是共同的价值观和使命感。随着世界经济全球化发展，组织的地域范围和空间范围空前扩大，那么，靠什么来维持庞大的组织的统一？靠什么来将不同国籍、民族、地区、语言和不同文化背景的员工凝聚起来？就得靠共同的价值观、共同的组织目标、共同的行为方式、共同的组织形象，即组织文化。

虽然组织文化最终应成为组织全体员工的价值观和行为规范，但一开始，往往只是少数人先主张，并由他们身先士卒、积极示范，感召和启发组织的其他人，然后渐渐为组织其他人所接受。这些人往往是有胆识的优秀组织领导者，他们是组织文化的设计者，也是组织文化的诠释者、积极倡导者和宣传者。海尔集团总裁张瑞敏认为，企业家在企业中的角色，第一是设计师，设计确定在企业发展过程中如何使企业结构适应企业发展；第二是牧师，不断布道，将员工自身价值的体现和组织目标的实现结合起来。组织领导者在组织文化建设中发挥着无可替代的表率作用，他们的一言一行对下属成员起着重要的示范作用。因此，要塑造和维护组织的共同价值观，领导者本身就应是这种价值观的化身。他们必须通过自己的行动向全体成员展示组织的价值观，展示行为规范。

3. 严格监督执行

执行，是组织实现既定战略目标的具体过程，也是一件做起来非常艰苦的事情，组织领导者在其中扮演了至关重要的角色。领导者的第三个主要职责就是严格监督执行，加强考核管理。

组织的发展战略，更多的是从组织的长远发展角度制定的，并不能在短期内创造出显著的、现实的收益，而组织存在于市场中，最重要的就是获取利益，赢得继续生存和发展的机遇。因此，领导者在制定组织发展战略之外，还必须将大部分精力投入到贯彻执行中去；只有执行，才可能为组织创造收益，使组织获得生存和发展空间。

首先，在执行时，领导者应该定位好自己的角色。领导者在执行过程中的角色认知十分重要。领导者扮演了正确的执行角色，执行才能成功，组织发展战略才能变成现实，组织才会进入稳健、快速发展期。否则，即使领导者制定了非常明确的战略目标，甚至在执行过程中履行了自己的职责，组织仍然会缺乏执行力，甚至导致最终的失败。

其次，领导者必须做好监督与考核的工作。有一句话非常经典："下属只会做领导会考核的事情，而不会做领导希望做的事情。"因此，监督与考核、贯彻执行就显得非常重要，而在这方面最具影响力的人当然是组织领导者。

最后，领导者必须将严格监督执行的制度坚持下去。在执行方面，坚持就是胜利。执行靠什么来坚持？就是严格的考核、认真贯彻，并将这种思想灌输到每个员工脑海里。领导者在监督执行过程中必须以身作则，带头示范，通过使用各种奖惩制度来使员工坚决贯彻执行任务，最终形成一种"上行下效、上下齐心"的局面，共同将事业做大。

4. 选好人，用好人

人力资源是每个组织最重要的资源，但同时，人也是思想非常复杂的动物。如何选用好的人才，是领导者必须认真考虑的第四个主要职责。

领导者选用人才其实包括三个含义。

首先，选聘好的人才。这与组织经营风格、领导者的个人性格以及社会现状有相当大的关系。领导者对人才的重视程度（观念）起到非常重要的作用。领导者不能片面强调"专业对口"，更要注意合理应用、扬长避短，学会识才的本领。

其次，充分利用好现有的人才，尽量做到"人尽其才，才尽其用"，充分发挥每个人的才能。领导者应该重视员工，启发员工认识到自身的重要性，告诉员工工作的目的是什么，让员工知道领导者对他的期望，及时告诉员工他的工作做得如何，对优秀员工进行奖励。只有这样，领导者才可能真正做到充分利用每个员工的才能，以团队的力量将事情做好。

最后，优秀的领导者还必须培养出合格的接班人。一些组织将人才招聘过来之后就不再予以重视了。从企业稳健、持续、长远发展的角度出发，组织必须建立一套完善的、系统的培训制度，并严格贯彻下去。唯有这样，组织才有可能赢得未来。可惜由于无法在短期内取得成效，培训制度被不少组织忽略。解决的根源在哪儿？还是在组织领导者身上。这也是领导者最重要的职责之一。

> **小思考 7-1**
> 1. 试述领导与领导者的区别。
> 2. 试分析影响领导者影响力的主要因素。
> 3. 如何正确地理解领导者在例外处理中并不会破坏规章制度？
> 4. 如果一个组织的一把手逢人总是说自己的组织没有可用的人才，那么你认为主要原因是什么？长此以往将对该组织产生什么后果？

7.2 领导特质理论

7.2.1 特质的概念

狭义的特质指个性特质，"就是一个人给他人的印象"。广义的特质包括生理、心理、行为和观念的所有特征。

最初的领导特质理论认为，存在天生或天才的领导者。有些人所具有的特殊形象或特殊个性使其成了领导，如身高、相貌、语言等外在表现特征，以及心理素质等内部特征。

1. 领导特质理论的基本观点

最古老的领导特质理论关注领导者个人特性（人格、进取心、领导意愿、正直与诚实、自信、体质、智慧、专业知识、自我监控等），并试图确定能够造就伟大管理者的共同特性。这实质上是对管理者素质进行的早期研究。

2. 领导特质理论的评价

领导特质理论是 20 世纪最流行的领导理论，其背后是人们最早对领导活动及行为进行系统性研究的尝试。研究依据和方法是从优秀的人物身上寻找共同的东西，研究者希望了解：为什么他们能够成为领导？什么是领导力的决定因素？领导者与普通人的区别到底是什么？

20 世纪中期，领导特质理论受到质疑。特别是 1948 年斯托格迪尔（Stogdill）提出：领导者与非领导者在特质方面的差异在各种场合并非固定不变。一个具备领导特质的人在某种场合可能成为领导者，在另外一种场合却未必能够成为领导者。不同特质的领导者能够在相同情境下取得成功，如有人在战争中成为领导，而在和平时期却不行。内行人未必都是成功的领导，外行人也未必不能领导内行人。不同群体期待不同的领导特质。

近年来，有研究发现个性特质与领导知觉有联系。优秀领导者总是能够发现别人不能发现的问题，能够洞察别人无法感知的现象。领导者在某些方面就是与众不同。这些研究唤起人们重新关注富于想象和具有超凡魅力的领导者。

7.2.2 特质理论

在心理学中，特质理论是研究人类人格的一个主要理论。特质理论学者主要的兴趣在于测量"特质"，它可定义为行为、思想和情绪的习惯性模式。特质从时间的角度而言相对稳定，个体之间是不同的（如有些人是外向的，而另一些人是害羞的），并会影响行为。

高尔顿·威拉德·奥尔波特（Gordon Willard Allport）是一位特质研究的早期先驱。在他的理论中，"核心特质"对于一个人的人格而言是基本的，而"次要特质"（Secondary Traits）是较为外围的。"共同特质"（Common Traits）是指那些在一种文化内部和各种文化之间受到公认的特质。"首要特质"（Cardinal Traits）是指那些使个体能被强烈辨识出来的特质。在奥尔波特的时代，特质理论学者更侧重于运用群体统计而不是个人统计。

几乎有无限数量的潜在特质可以被用来描述人格。但是，因素分析的统计技术已经证明，特质的特定集群可靠地关联在一起。汉斯·艾森克（Hans Egsenck）建议将人格归结为三个主要特质。其他研究人员认为需要更多的因素，以充分描述人的人格。目前，许多心理学家认为五个因素就足够了。

在几乎所有的特质模型，甚至古希腊哲学中，都将外向性与内向性作为人格的一个核心特质。在几乎所有的模型里都能发现的另一个突出的特质是神经质（Neuroticism），或情绪不稳定性。

7.2.3 领导者特质研究

领导者与追随者有不同特质，但这些特质并非天生的。特质有生理特质、个性特质、智力特质、工作特质、社会特质等。把各种杰出人物最优秀品质集于领导者一身，这类领导者具有哲学家、经济学家、政治家、军事家、律师、战略家、外交家、演说家的特质。

与有效领导活动相关的领导者特质研究表明，尽管领导者与追随者在某些特质上有所不同，但并非具有某些特质的人都能够成为领导者，更不能保证其领导活动一定成功。单一特质与领导之间没有高度的相关性，各种特质组合以及与情境结合才可能体现为领导力。该研究把领导者与非领导者间的特质比较转向领导特质与领导效能的研究，结论是"人人都有领导力"。

对变革时代的领导者特质研究发现，变革时代呼唤具有变革特质的领导者。具有某些与他人不同的特质是成为领导者的前提条件和关键因素。研究结论是：领导者不是完美和全能的人，也不是绝顶聪明和知识最多的人，但必须是最善于学习的人。领导者具有极好的特质：经常主动采取行动而不是空谈，能够承担责任而不是逃避，能够承受巨大压力和挫折而不是怯懦，能够洞察别人看不到的商机和危机而不迟缓和麻木。

1. 特质理论的研究角度与方法

特质理论主要研究的是领导者应具备的素质，主张领导者与追随者存在根本差异。领导者不仅更有能力，而且具有一系列与他人完全不同的特质。这些特质不是后天培养而是与生俱来的。许多人都认为领导能力是天生的，所以对领导者拥有坚定信念。

特质理论的出发点是：领导效率的高低主要取决于领导者具有哪些特质，那些成功的领导者也一定具有某些共同点。根据领导效果的好坏，找出好的领导者与差的领导者在个人品质或特性方面有哪些差异，就可确定优秀领导者应具备哪些特性。研究认为，只要找出成功领导者具备的特点，再考察某个组织中的领导者是否具备这些特点，就能断定他是不是一个优秀的领导者。这种归纳分析法成了领导特质理论研究的基本方法。

2. 包莫尔的领导特质论

包莫尔的领导特质论主要包括如下内容。

（1）合作精神，即愿与他人一起工作，能赢得他人的合作，对人不是压服，而是感动和说服。

（2）决策能力，即依赖事实而非想象进行决策，具有高瞻远瞩的能力。

（3）组织能力，即能发掘部属的才能，善于组织人力、物力和财力。

（4）精于授权，即能大权独揽，小权分散。

（5）善于应变，即机动灵活，善于进取，而不抱残守缺、墨守成规。

（6）敢于求新，即对新事物、新环境和新观念有敏锐的感受能力。

（7）勇于负责，即对上级、下级、产品、用户及整个社会抱有高度的责任心。

（8）敢担风险，即敢于承担企业发展不景气的风险，有创造新局面的雄心和信心。

（9）尊重他人，即重视和采纳别人的意见，不盛气凌人。

（10）品德高尚，即品德为社会人士和企业员工所敬仰。

> **小思考 7-2**
>
> 1. "大胆使用能人"的说法有何片面性？在"能人风"大刮之下，"58 岁现象"愈演愈烈。请你深入分析一下这个问题，并提出解决"58 岁现象"问题的对策。
> 2. 现实经济环境下，领导特质理论给了我们什么启示？
> 3. 分析自己的个性特点，是否具有领导者的特质？

7.3　领导行为理论

领导行为理论主要研究领导者应该做什么和怎样做才能使工作更有效。研究集中在两个方面：一是领导者关注的重点是什么，是工作的任务绩效，还是群体维系？二是领导的决策方式，即下属的参与程度。几种主要的领导行为理论为：领导方式理论、连续统一体理论、四分图理论、管理方格理论。

1. 领导方式理论

专断型领导方式、民主型领导方式、自由放任型领导方式，这三种典型的领导方式是由德国心理学家莱温（Levin）进行一系列实验后，在 20 世纪 30 年代提出来的。一般而言，民主型领导方式效果最好，专断型领导方式次之，自由放任型领导方式效果最差。但是，理解上述理论不能绝对化，在实际操作中，必须根据管理目标、任务、管理环境、条件，以及管理者自身因素灵活选择领导方式。最有效的领导方式才是最好的领导方式。

（1）专断型领导方式（专制或独裁型领导方式）：是指领导者个人决定一切，布置给下属执行。这种领导者要求下属绝对服从，并认为决策是自己一个人的事情。

（2）民主型领导方式（民主集中型领导方式）：是指领导者发动下属讨论，共同商量、集思广益，然后决策，要求上下融洽、合作一致地工作。

（3）自由放任型领导方式（放任型领导方式）：是指领导者撒手不管，下属愿意怎样做就怎样做，完全自由，他的职责仅仅是为下属提供信息并与企业外部进行联系，以利于下属的工作。

2. 连续统一体理论

连续统一体理论（见图 7-1）是由美国管理学家坦南鲍姆（Tannenbaum）和施密特（Schmidt）于 1958 年提出来的，认为领导行为是包含了各种领导方式的连续统一体，是多种多样的。在专断型领导方式与民主型领导方式中间还有多种领导方式，究竟选哪一种正确，无法定论，需领导者在实际工作中根据具体情况，考虑各种因素后而定。

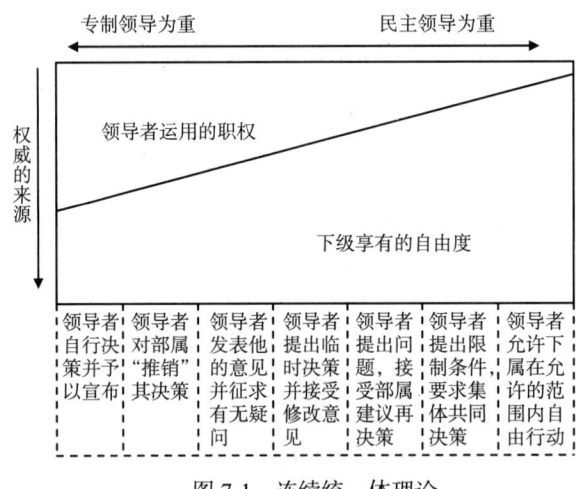

图 7-1 连续统一体理论

3. 四分图理论

四分图理论也称二维构面理论，是 1945 年由美国俄亥俄州立大学工商企业研究所的学者提出的，对领导行为的研究主要以关心人和关心组织为主，如图 7-2 所示。

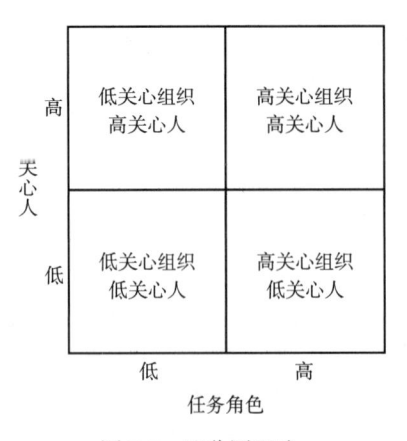

图 7-2 四分图理论

美国俄亥俄州立大学的研究人员弗莱西曼（Fleishman）和他的同事们对领导方式的比较研究，以国际收割机公司的一家卡车生产厂为对象，将结果进一步分为两个维度，领导方式的关怀（Consideration）维度和定规（Initiation）维度。

关怀维度：代表领导者与员工之间以及领导者与追随者之间的关心、相互信任、尊重和友谊，即领导者信任和尊重下属的程度。

定规维度：代表领导者构建任务、明察群体成员之间的关系和明晰沟通渠道的倾向，或者说，为了达到组织目标，领导者界定和构造自己与下属的角色的倾向程度。

例如，老师上课要搞好和学生的关系和完成教学任务。

该项研究说明，一个领导者的行为在不同维度中可以出现很大的变化。领导者在每种维度中的位置，可通过对两种维度的问卷调查来测度。

根据这样的分类，领导者领导方式可以分为四种基本类型，即高关怀—高定规型、高关怀—低定规型、低关怀—高定规型、低关怀—低定规型。

该研究发现，在两个维度方面程度皆高的领导者一般更能使下属达到高绩效和高工作满意度。不过高关怀—高定规型风格并不总是产生积极效果，而其他三种维度组合类型的领导者行为普遍与较多的缺勤、事故、抱怨以及离职有关系。其他研究发现还有，领导者的直接上级给领导者的绩效评估等级，与高关怀性呈负相关。

4. 管理方格理论

美国管理学家罗伯特·R.布莱克（Robert R. Blake）和简·穆顿（Jane Mouton）在领导行为四分图理论基础上，于1964年设计了一个巧妙的管理方格图，这就是所谓的"管理方格"。其中有5种典型的组合，表示5种典型的领导方式，较醒目地表示主管人员对生产的关心程度和对人的关心程度。横坐标（横轴）与纵坐标（纵轴）分别表示对生产（或任务）的关心程度和对人的关心程度。每个方格就表示"关心生产（或任务）"和"关心人"这两个基本因素以不同程度相结合的一个领导方式。对生产（或任务）的关心表示为主管者对各种事物所持的态度，例如政策决定的质量与过程；研究的创造性；职能人员的服务质量，工作效率及产品产量等。对人的关心含义也很广泛，如个人对实现目标所承担的责任；保持员工的尊严；建立在信任而非顺从基础上的履行职责；保持良好的工作环境以及有满意感的人际关系等。这和上述四分图理论（二维构面理论）极为相似：①它也采取二维面来说明领导方式：对人的关心程度（Concern for People）和对生产的关心程度（Concern for Production）；②它也以坐标表现上述理论二维面的各种组合方式，各有9种程度，因此可以有81种组合，形成81个方格（见图7-3）。

（1）1.1方式代表贫乏型（放任型）管理方式。采用这种管理方式的领导者对员工和生产（或任务）都不太关心，领导者本人也只是以最低限度来完成必须做的工作。领导者采用该管理方式，表示领导者对工作和人都极不关心，也就是只要不出差错，多一事不如少一事。因而此种管理方式被称为"贫乏型（放任型）管理方式"。

（2）1.9方式代表俱乐部型管理方式。采用这种管理方式的领导者非常关注员工的情况，支持、关心和体谅员工，但对生产（或任务）的完成则很少关心（不重视指挥、监督、规章制度）。领导者采用此种管理方式，表示领导者对人极为关心，也就是关心工作人员的需求是否获得满足，重视搞好关系和强调同事和下级同自己的感情维护，但忽略了工作的效果。因而此种管理方式被称为"俱乐部型管理方式"。

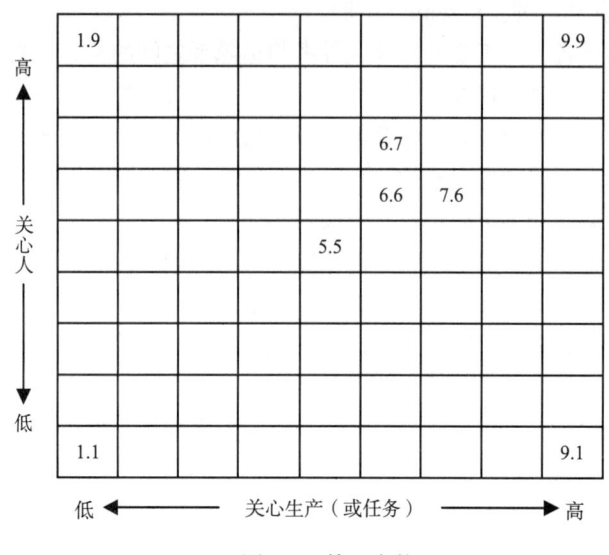

```
          1.9                                          9.9
高 ↑

                                  6.7

                                  6.6   7.6

关
心
人                        5.5




↓
低
          1.1                                          9.1

          低 ←────── 关心生产（或任务）──────→ 高
```

图 7-3　管理方格

（3）9.1 方式代表独裁型（任务型）管理方式。采用这种管理方式的领导者只注重生产（或任务）的完成，但不注重人的因素，对下属的士气和发展很少注意（重任务轻人）。领导者采用此种管理方式，表示领导者对工作极为关心，但忽略对人的关心，也就是不关心工作人员的需求和满足，并尽可能使人的因素不致干扰工作的进行。采取这种管理方式的领导者拥有很大的权力，强调有效地控制下属，使其努力完成各项工作。因而此种管理方式被称为"独裁型（任务型）管理方式"。

（4）5.5 方式代表中间型管理方式。采用这种管理方式的领导者对人的关心度和对生产（或任务）的关心度能够达到平衡，追求正常的效率和令人满意的士气（缺乏革新精神，员工的创造性得不到充分发挥，在激烈的竞争中难以取胜）。采用此种管理方式，表示领导者既对工作关心，也对人关心，兼而顾之，程度适中，强调适可而止；既对工作的质量和数量有一定要求，又通过引导和激励去促使下属完成任务，但是往往缺乏进取心，乐意保持现状。因而此种管理方式也被称为"中庸之道型管理方式"。

（5）9.9 方式代表团队型管理方式。采用这种管理方式的领导者对员工和生产都极为关心，努力使员工的个人需要和组织目标最有效的结合。采用这种管理方式的领导者能使组织的目标与个人的需求最有效地结合起来，高度重视组织的各项工作，能通过沟通和激励使群体合作，下属人员共同参与管理，使工作成为成员自觉自愿的行动，从而获得高工作效率。因而此种管理方式也被称为"战斗集体型管理方式"。这种管理方式充分显示，在管理过程中，指导与领导工作的作用是使组织更有效、更协调地实现既定目标，也就是说，管理者应充分调动组织成员的积极性，把个人行为与组织目标结合起来，形成人人为组织目标的实现而努力的生动活泼的局面。

应该指出，对上述五种典型领导方式的论述也仅仅是理论上的描述，都是一种理想化的状态。在实际中很难会出现绝对的典型领导方式。

> **小思考 7-3**
> 人们普遍认为，搞好国有企业，必须解决好企业的"一把手"问题，而在管理学理论中，民主型领导方式得到广泛称赞，试说明这两者有何联系。

7.4 情境领导理论

20世纪中期，研究者在研究中，并没有对领导给予始终如一的结论，这导致他们开始关注情境的影响。领导风格与领导效果之间的关系表明，X 风格在 A 条件下是合适的，Y 风格则更适合 B 条件，而 Z 风格更适合 C 条件。在不同的情境下，领导模式也存在区别，本节将对领导情境理论进行介绍。

7.4.1 情境领导理论的概念

保罗·赫塞（Paul Hersey）博士在20世纪60年代率先提出了情境领导理论。1969年他编著了《情境领导》。之后，美国领导力研究中心不断深入研究并完善该理论。赫塞博士认为，管理者在领导和管理公司或团队时，不能用一成不变的方法，而要随着情况和环境的改变及员工的不同及时改变领导和管理的方式。管理的重点在于领导者自身。情境领导理论一经提出即受到了企业界的大力追捧，热度一直持续到今天。在多年的发展过程中，肯尼思·布兰查德（Kenneth Blanchard）提出了升级版的情境领导理论，让这一管理模式更适合现代企业的运用。1975年，保罗·赫塞创立了美国领导力研究中心，推出情境领导培训课程，在全世界已有数量超过一千万的职业经理人接受过情境领导培训课程的培训。该课程更成为 GE、爱立信、摩托罗拉、IBM、微软、通用汽车等公司的高级经理人的常年必选课程。此课程引入国内后，一些大企业接受了相关培训，反映效果良好，评价其为方便实用的领导方法。

赫塞和布兰查德开发的情境领导理论认为：①领导的效能大小取决于下属（或雇员）接纳领导者的程度。无论领导者的领导风格如何、领导行为如何，其效果最终是由下属的现实行为决定的。②领导者所处的情境是随着下属的工作能力和意愿水平而变化的。下属的技能、能力与意愿水平是非均质的、多样化的；下属不愿意工作，往往是因为他们缺乏必要的技能和能力，或缺乏自信心和安全感。③领导者应对下属给予更多的关注和重视，根据下属的具体特征确定适宜的领导风格。例如，对于能力不足或缺乏自信的下属与技能熟练、工作能力强而且充满自信心的下属，应采取不同的领导风格。因此，这一理论是一个重视下属的权变理论。

7.4.2 情境领导理论的内容

赫塞和布兰查德提出的情境领导理论，也称情景理论、因地制宜理论等。该理论认为，领导者的行为要与被领导者的成熟程度相适应，才能取得有效的领导效果。他们组合划分了四种具体的领导风格：指示型领导风格、推销型领导风格、参与型领导风格和授权型领导风格。

领导者与普通人在性格或品质上没有明显的差别，有效的领导者取得成功，不是由于他是天生的"伟人"，而是因为他能够根据环境条件采取适宜的领导行为和管理办法，能够组织起其他人把事情办好。性格虽然是重要的因素，但它只是整个领导结构的一部分，不能忽视其他一些环境因素，这就是情境领导理论的出发点。

该理论认为，领导者的有效行为应随着被领导者的特点和环境的变化而变化，不能是一成不变的。因为任何领导总是在一定的环境条件下，领导者通过发挥与被领导者的交互作用，去完成某个特定目标的行为。情境领导理论认为，领导的有效性是领导者、被领导者、环境相互作用的函数，它可用下列公式来表示：

$$领导的有效性 = f（领导者，被领导者，环境）$$

上式告诉我们，领导的有效与否，要根据领导者本身的条件、被领导者的情况和环境条件，以及上述三者的相互关系而定。

（1）领导者。这包括领导者的职位类别、年龄和经验；个体的价值观；对下属的信任程度；领导个性；对于不确定情况的安全感等。

（2）被领导者。这包括被领导者的文化期望和独立性需要程度；责任感；对有关问题的关心程度；对不确定情况的安全感；对组织目标理解的程度；在参与决策方面的知识、经验、能力等。

（3）环境。这包括组织的历史、规模；组织的价值标准和传统；工作要求，作业集体的协作经验；决策所需的时间及可利用的时间；社会环境及社会压力等。

应用情境领导理论应注意两个方面。一方面，领导者要分析情境要素的不同状况，采取不同的领导行为，这样才能激励下属，实现有效管理。例如，在军队中，领导者有较高的权力，有严格的组织纪律约束和高涨的士气，此时有效的领导方式就是层层发布命令，使下属明确任务目标；在一个合作式的组织团体当中，以命令方式下达工作任务就不一定奏效，领导者应注重与下属的沟通与协商，以保持良好的合作气氛。另一方面，组织绩效的提高不仅有赖于领导者一方的努力，还有赖于一个使领导者能顺利工作的环境。例如，给领导者以相应的职权，进行必要的信息沟通，对决策时间的保证等。

7.4.3 具体情境下领导风格的确定

在情境领导理论中，员工被分为四种：第一种为消极的学习者（工作水平低，工作意愿也低）；第二种为热情的学习者（工作水平低，工作意愿高）；第三种为谨慎的执行者（工作水平高，工作意愿低）；第四种为高效的完成者（工作水平高，工作意愿高）。针对员工的四个类型，领导应采取四种不同的领导风格（见图7-4）。当员工为第一种类型时，领导者要采取指示型领导风格来引导并指示员工；当员工为第二种类型时，领导者要采取推销型领导风格来解释工作，从而劝服员工；而当员工为第三种类型时，领导者要采取参与型领导风格来激励员工并帮助员工解决问题；当员工为第四种类型，领导者则要采取授权型领导风格来将工作交付给员工，领导者只需做监控和考察的工作。

在分析领导风格时，赫塞和布兰查德也从两个维度来进行考察：任务行为和关系行为。他们认为，每一维度可以有高低之分，并可以组合成四种具体的领导风格。与员工的四个类型相对应的是四种不同的领导类型：第一种为教练型领导，向员工解释工作内容以及工作方法，同时继续指导员工去完成任务；第二种为指令型领导，对员工的角色和目标给予详尽的指导，并密切监督员工的工作成效，以便对员工给予经常的反馈；第三种为支持型领导，领导者和员工共同面对问题，制订解决方案，并给予员工鼓励和支持；第四种为授权型领导，提供给员工适当的资源，完全相信员工的能力，将工作任务交由员工全权负责、员工独立作业。

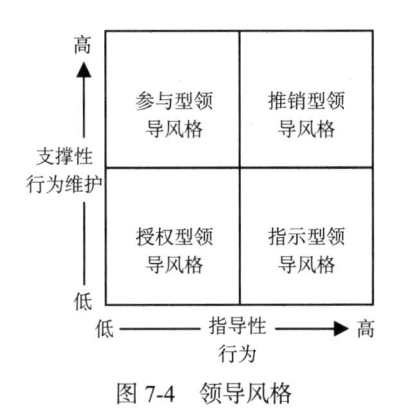

图中标注：
- 纵轴：支撑性行为维护（低→高）
- 横轴：指导性行为（低→高）
- 左上：参与型领导风格
- 右上：推销型领导风格
- 左下：授权型领导风格
- 右下：指示型领导风格

图 7-4 领导风格

将员工的工作状态和领导类型两相对照，就是一个完整的情境领导理论应用情景了。四种领导类型没有优劣之分，一切依情境而定，唯有领导者的领导类型与员工的四个类型相匹配时，他的领导才能够有效。使用情境领导理论可以帮助管理者理解领导与管理的差异，并根据四种领导类型进行自我诊断，改变"一刀切"的传统管理模式，形成员工差异化管理意识。

随着下属的不断成熟，领导者可以减少对下属活动的控制，还可以减少关系行为。对于第一种类型员工，需要得到明确而具体的指导。对于第二种类型的员工，领导者需要采取高任务、高关系行为。高任务行为能够弥补下属能力的欠缺，高关系行为能够使下属领会领导者的意图，或者说能够给予下属提高技能和能力更大的激励。对于第三种类型的员工，领导者运用支持性、非指导性的参与性领导风格，能够有效地满足下属的参与欲望，消除其现实的挫折感，从而向下属提供更强的内在激励。对于第四种类型的员工，领导者无须太多的管理，因为下属既愿意又有能力去完成工作。

7.4.4 情境领导理论的地位和局限

情境领导理论是对行为科学的具体运用。赫塞认为，对他产生重大影响的有三位学者：第一位是提出 X 理论和 Y 理论的麦格雷戈，第二位是提出需求层次理论的马斯洛，第三位是人本主义心理学家卡尔·R.罗吉斯（Carl R.Rogers）。从理论角度看，赫塞和布兰查德的研究没有超出其他行为科学家的研究水平，但在实践运用上，他们有独到的贡献。尤其是在对员工的重视程度上，他们超过了其他管理学家。布兰查德曾经对此很形象地指出，在他们眼里，领导和管理者应当是职业竞技场上的啦啦队队长，而不是居高临下的裁判员。这一形容说明了他们的特色所在。赫塞曾经强调，情境领导理论并不是一种理论，而是一种模型。因此，管理学家斯蒂芬·P.罗宾斯指出，情境领导理论具有一种直觉上的感染力，它强调下属的重要性，主张领导可以在一定程度上弥补下属在能力和动机方面的缺陷，这是具有逻辑基础的。然而，这个理论有着内在的模糊性和不一致性，所以，尽管该理论在直觉上具有亲和力，而且能够流行于广大实际工作者之中，但其效果不见得可靠。

情境领导的三大技巧是：诊断、弹性与约定领导形态。诊断指管理者评估部属在发展阶段的需求；弹性指管理者能轻松自在地使用不同的领导方式；约定领导形态指管理者与下属建立伙伴关系，与下属协议他所需要的领导方式。情境领导能改善管理者与下属间的沟通，加强默契的培养，并使管理者能够了解下属的发展需求，给予必要的协助。情境领导理论提出，管理者除了要正确诊断掌握下属的发展情况外，还要学习采用正确的领导行为，包括处理能力问题的命令行为，以及处理意愿问题的支持行为。这是主管最重要的两项领导方式，运用得宜则谓之弹性。一位好的情境领导者必须扮演良师及教练的角色，随着下属的成长与发展而调整不同的领导方式。在下属接手新任务的初期，管理者可以给予多一点结构式的指导、清楚明确的指示；当下属意愿低落或意愿变化时，管理者可以给予多一些的关怀与支持；下属能力渐长并能独立自主工作时，管理者可以减少命令行为和支持行为，充分授权下属。管理者采用适当的领导方式可以得到高绩效的任务达成，也能得到员工的满意。

小资料 7-2

微软公司

在微软公司，员工工作满5年以上才有资格接受"情境领导"课程培训，并且，"情境领导"课程是微软公司高级经理人升迁的四大必选课程之一；言外之意，没有体验过"情境领导"课程的人是无法进入微软公司高层的。微软公司运用"情境领导"课程进行员工管理，坚持"员工好，公司就好"的理念，产生了良性循环，并已经从中获利了数十年。多年来，微软公司一直是一个极具吸引力的工作场所，对那些才华横溢的人才来说尤其如此，任何层次的人才都希望处于适合自己的工作氛围，寻找到适合自己的发展方向。

小思考 7-4

1. 试分析微软公司在企业管理中是如何打造领导力的？
2. 对领导者的研究有多种途径，主要有领导素质的研究途径，领导行为的研究途径和领导情景的研究途径，作为一个管理者，学习这些有何意义？

7.5 领导权变理论

领导理论是管理学领域中研究的热点之一，大致经历了三个发展阶段：第一个阶段是20世纪30—40年代，此时开始出现领导品质理论；第二阶段发端于20世纪40年代，此时出现领导行为理论；第三阶段是20世纪60—90年代，此时盛行领导权变理论。本节我们将对领导权变理论进行介绍。

7.5.1 领导权变理论概述

1. 产生背景

"权变"一词有"随具体情境而变"或"依具体情况而定"的意思。领导权变理论（Contingency Theory）主要研究与领导行为有关的情境因素对领导效力的潜在影响。领导权变理论的研究始于20世纪60年代，并于70年代逐渐形成体系。其产生和发展反映了一定时代背景下实际管理活动的需要。系统管理学派以及经验管理学派是领导权变理论的两大渊源。系统观念为它提供了直接的理论模式和分析手段；经验管理学派注重研究特定情景和条件下的不同管理经验，同样否认有任何"普遍通用的管理准则"。领导权变理论是西方组织管理学中，以具体情况及具体对策的应变思想为基础而形成的一种管理理论。该理论认为，每个组织的内在要素和外在环境条件都各不相同，因而在管理活动中不存在适用于任何情景的原则和方法。成功管理的关键在于对组织内外状况的充分了解和实施有效的应变策略。

2. 中心思想

领导权变理论的中心思想是：①组织是社会大系统中的开放型的子系统，受环境的影响。因此，必须根据组织在社会大系统中的地位和作用，采取相应的组织管理措施，从而保持对环境的最佳适应。②组织的活动是在不断变动的条件下以反馈形式趋向组织目标的过程，因此，必须根据组织的近远期目标以及当时的条件采取依势而行的管理方式。③管理的功效体现在管理活动和组织的各要素相互作用的过程中。因此，必须根据组织的各要素的关系类型及各要素与管理活动相互作用时的一定函数关系来确定不同的管理方式。

3. 基本观点

领导权变理论认为，不存在一种普遍适用、唯一正确的领导方式，只有结合具体情景，因时、因地、因事、因人制宜的领导方式才是有效的领导方式。

领导权变理论的核心概念是：世界上没有一成不变的管理模式。管理与其说是一门理论，更不如说是一门实操性非常强的技术；与其说是一门科学，更不如说是一门艺术，权变管理能体现出艺术的成分。一位高明的领导者应是一个善变的人，即根据环境的不同而及时变换自己的领导方式。领导权变理论告诉管理者，应不断地调整自己，使自己不失时机地适应外界的变化。

7.5.2 两种典型的模型：菲德勒模型和领导生命周期理论模型

1. 菲德勒模型

伊利诺伊大学的弗雷德·菲德勒（Fred Fiedler）自 1951 年开始，从组织绩效和领导态度之间的关系着手研究。经过长达 15 年的调查试验，他提出了"有效领导的权变模式"，即菲德勒模型（见图 7-5）。他认为任何领导形态均可能有效，其有效性完全取决于是否与所处的环境相适应。他把影响领导者领导风格的环境因素归纳为以下三个方面。

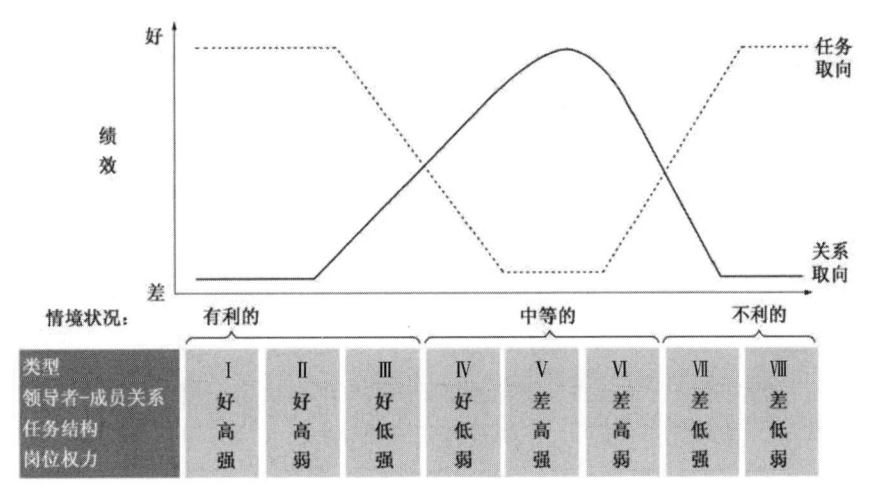

类型	Ⅰ	Ⅱ	Ⅲ	Ⅳ	Ⅴ	Ⅵ	Ⅶ	Ⅷ
领导者-成员关系	好	好	好	好	差	差	差	差
任务结构	高	高	低	低	高	高	低	低
岗位权力	强	弱	强	弱	强	弱	强	弱
情境状况：	有利的			中等的			不利的	

图 7-5 菲德勒模型

（1）领导者-成员关系即上下级关系，是指下属对一位领导者的信任爱戴和拥护程度，以及领导者对下属的关心、爱护程度。它对履行领导职能是很重要的。因为岗位权力和任务结构可以由组织控制，而上下级关系是组织无法控制的。

（2）任务结构是指工作任务明确程度和有关人员对工作任务的职责明确程度。当工作任务本身十分明确，组织成员对工作任务的职责明确时，领导者对工作过程易于控制，整个组织完成工作任务的方向就更加明确。

（3）岗位权力指的是与领导者职位相关联的正式职权和从上级和整个组织各个方面所得到的支持程度，这一职位权力由领导者对于下属所拥有的实有权力所决定。领导者拥有这种明确的职位权力时，组织成员将会更顺从他的领导，有利于提高工作效率。

2. 领导生命周期理论模型

领导生命周期理论是由科曼（Korman）于1966年提出，后由赫塞和布兰查德进一步发展、有用且易于理解的又一种领导权变理论。其理论模型如图 7-6 所示。有效的领导取决于下属的成熟度以及管理者由此而确定的领导风格。

图 7-6 领导生命周期理论模型

在管理方格图的基础上，根据员工的成熟度的不同，领导方式可分为以下四种。

（1）命令式。

这是高工作低关系型领导方式，领导者对下属进行分工并具体指点下属应当干什么、如何干、何时干，它强调直接指挥。因为在这一阶段，下属缺乏接受和承担任务的能力和愿望，既不能胜任又缺乏自觉性。

（2）说服式。

这是高工作高关系型领导方式。领导者既给下属以一定的指导，又注意保护和调动下属的积极性。因为在这一阶段，下属愿意承担任务，但缺乏足够的能力，有积极性但没有完成任务所需的技能。

（3）参与式。

这是低工作高关系型领导方式。领导者与下属共同参与决策，领导者着重给下属以支持及内部的协调沟通。因为在这一阶段，下属具有完成领导者所交给的任务的能力，但没有足够的积极性。

（4）授权式。

这是低工作低关系型领导方式。领导者几乎不加指点，由下属自己独立地开展工作，完成任务。因为在这一阶段，下属能够而且愿意去做领导者要求他们做的事。

领导生命周期理论认为，根据下属成熟度和组织所面临的环境情况，随着下属从不成熟走向成熟，领导者不仅要减少对其活动的控制，而且也要减少对其的帮助。当下属成熟度不高时，领导者要给予明确的指导和严格的控制；当下属成熟度较高时，领导者则只要给出明确的目标和工作要求，由下属自我控制和完成任务。所谓"成熟度"（Maturity）是指个体对自己的行为承担责任的能力和愿望的大小。它取决于两个要素：工作成熟度和心理成熟度。工作成熟度包括一个人的知识和技能的高低程度，工作成熟度高的人拥有足够的知识、能力和经验去完成工作任务，而不需要他人的指导。心理成熟度指的是一个人做某事的意愿和动机。心理成熟度高的个体不需要太多的外部激励，他们靠内部动机激励。

总之，领导权变理论认为，领导是领导者、被领导者、环境条件和任务结构四个方面因素交互作用的动态过程，不存在普遍适用的领导方式，好的领导者应根据具体情况进行管理。领导权变理论整合了管理学科某些领域的基本认知和方法，建立了多变量和动态化的新管理规定，它提倡实事求是、具体情况具体分析的精神，注重管理活动中各项因素的相互作用。

7.5.3 领导权变理论的贡献和局限性

领导权变理论在出现后即以它特有的魅力而使以往的领导理论黯然失色。

首先，领导权变理论统合了领导现象的复杂性。领导是一个极为复杂的社会现象。一种领导现象的出现，不仅是领导者本人的行为结果，而且有赖于周围的领导环境。领导者特质研究和领导者行为研究皆以领导者为出发点，以领导者个人的内在素质或行为来探究领导现象，程度不同地忽略了与领导现象相关的领导环境的重要作用，忽略了被领导者在领导过程中的作用。领导是一种动态的群体过程或社会关系，领导者与被领导者的交互影响是领导过程的本质。在领导过程中，领导者是发生影响作用的主体，被领导者是被影响的客体。没有被影响的客体，发生影响作用的主体也就失去了存在的依据；若忽略对被领导者的研究，则难于了解领导现象的全貌，因而有偏颇之嫌。领导权变理论研究把领导者个人特质、领导者行为及领导环境相互联系起来，创造了一套比较完善的领导理论体系。

其次，领导权变理论的另一个重要贡献是为人们提供了一套有效的领导方法。领导者特质研究的研究重点在于分析领导者应具备的各种特质，以此作为选拔领导者的依据，而没有涉猎领导方法领域。领导者行为研究虽已涉足领导方法领域，试图从众多的成功领导者的行为中概括出一套理论的、固定不变的和放之四海皆适用的领导方式。领导权变理论则以领导者个人特质、领导者行为及领导环境的交互影响来解释领导现象，否认有任何固定不变的、普遍适用的领导方式的存在，认为任何领导方式在与环境做适当搭配下，均可能成为最有效能的领导方式，因此它没有提出有关最佳领导方式的主张，而代之以领导方式与情境搭配模式。

最后，领导权变理论更切合领导工作者的实际需要。由于领导本身是一种极为复杂的社会现象，加之研究者的观点和研究方法不同，不论是领导者特质研究还是领导者行为研究，所得到的研究结果都矛盾丛生，使实际领导工作者感到无所适从。由于领导权变理论以统合方式和权变观点解释了领导现象的复杂性，吸收了前人的研究成果，为人们提供了研究领导现象的新途径和提高领导效能的新方法，在很大程度上拉近了领导理论与领导实际的距离，满足了实际领导工作者对领导理论的需要。

领导权变理论的局限性主要体现在以下三个方面：①仅仅以简单的两维模型来表现多重复杂的管理实践，解决管理问题，尤其忽视了人这一决定性的因素，未能把人作为领导权变理论中的能动变数，从而制约了管理理论的发展与创新。②把特殊情况与普遍趋向对立起来，把具体和一般对立起来，只强调特殊性，否认普遍性；只强调个性，否认共性，这样不可避免地滑到经验主义的立场上。③排斥用科学的方法论进行概念分析，使得概念缺乏统一性，内容缺乏有机联系，从而使管理理论和管理实践缺乏相应的科学标准。

小资料 7-3

计算机维修公司

在一家计算机维修服务公司，赵师傅是一位优秀的计算机维修服务工程师，他的计算机维修技术在公司是最好的，同时他服务的客户满意度最高，公司经理对他的工作非常放心，放手让他自己工作。之后，公司经理根据他的优秀表现，提拔他到行政办公室负责管理一个计算机维修工程师团队，基本上也是放手让他干。然而经过一段时间，经理发现该团队成员关系不是很融洽，并且客户对该团队维修服务的满意度远不如赵师傅原来工作的满意度，并且他们经常不能按时为客户提供服务。赵师傅也开始抱怨团队成员没有他的技术好，他经常自己亲自做维修，同时也开始抱怨公司。

小思考 7-5

1. 分析产生上述现象的原因。
2. 领导者应承担什么样的管理责任？
3. 如果一个企业的"一把手"总觉得别人跟不上他的工作发展思路，你认为产生这一现象的主要原因是什么？可采用什么解决措施？

7.6 领导理论研究的新进展

在 20 世纪 80 年代以前，领导理论研究的重点是领导行为的有效性，领导作风与领导行为如何随着工作情景变化而应变的规律等。近年来，一些有关领导理论的研究从领导者与下级的关系、领导者的认知规律及领导者是否具有远见卓识的角度研究领导行为，提出了各种观点，使领导理论研究的范围变得更加宽广。

7.6.1 领导规范模型

领导规范模型是弗鲁姆（Vroom）和耶顿（Hjertton）提出的一种较新的领导权变理论。该理论认为，领导可以通过改变下属参与决策的程度来体现自己的领导风格。其基本特点是将领导风格即决策方式同（员工）参与决策联系起来，根据员工参与决策程度的不同，把领导风格（决策方式）分为三类五种（见表 7-1）。有效的领导者应该以决策者有正确经验为基础，根据不同的环境来选择最为合适的领导风格。

表 7-1 领导风格（决策方式）分类

类　型	领导风格（决策方式）	参与程度	代　码
独裁专制型（A）	领导者运用手头现有的资料，自行解决问题，做出决策	最低	AⅠ
独裁专制型（A）	领导者向下级取得必要的资料，然后自行决定解决问题的方法。向下级索要资料时，可以说明情况，也可以不说明。在决策过程中，下级只向领导提供必要的资料，而不提供或评价解决问题的方案	较低	AⅡ
协商型（C）	领导者以个别接触的方式，向有关下级了解问题，听取他们的意见和建议，然后由领导者做出决策。决策可以反映下级意见，也可以不反映	中等	CⅠ
协商型（C）	领导者让下级集体了解问题，并听取集体的意见和建议，然后由领导者做出决策。决策可以反映下属的意见，也可以不反映	较高	CⅡ
群体决策型（G）	领导者让下级集体了解问题，并且与领导者共同提出和评价可供选择的决策方案，努力就决策方案的选择取得一致性意见。讨论过程中，领导者仅作为组织者而不用自己的思想去影响群体，并愿意接受和落实任何一个集体支持的方案	最高	GⅡ

弗鲁姆认为，各种类型决策最终的有效性取决于决策者对决策质量、决策的可接受性以及决策耗时等因素的重视程度，同时也取决于采用不同的决策方法所获得最终结果的差别程度，因为决策方法本身是不会随环境变化的。不存在对任何环境都适用的领导（决策）方式。管理者在进行决策时，应当将精力集中在对环境特征的认识上，以便更好地针对环境要求选择领导方式和进行决策。

为进一步将构成领导规范模型的基本环境和问题的特征分清，使领导者能够根据自己的情况正确认识所处的环境特征，有效地使用领导规范模型，弗鲁姆对决策环境的描述用两类七个问题加以概括。这两类七个问题分别与决策质量和决策者掌握的决策所需信息有关。

在领导规范模型中，弗鲁姆还提出了七项基本法则来保证决策质量和决策具有可接受性。

（1）信息法则。如果决策的质量很重要，而领导者又没有足够的信息或单独解决问题的专门知识，就不要采用 AⅠ 方式。

（2）目标合适法则。如果决策的质量很重要，而下属又不将组织目标当作大家的共同目标，就不要采用 GⅡ 方式。

（3）非结构性工作问题法则。如果决策的质量是重要的，但领导者缺乏足够的信息和专门知识来独立地解决问题，且工作问题又是非结构性的，就排除采用 AⅠ、AⅡ、CⅠ 这三种方式。

（4）接受性法则。如果下属对决策的接受是有效执行决策的关键，而由领导者单独做出的决策不一定能得到下属接受的话，就不要采取 AⅠ、AⅡ 方式。

（5）冲突法则。如果决策的可接受性很重要，而领导者的个人决策不一定被下属接受，下属对于何种方案更适合可能抱有相反的看法，那么不要采取 AⅠ、AⅡ、CⅠ 方式。

（6）公平合理法则。决策的质量并不重要，而决策的可接受性却是关键，这种情况下最好采用 GⅡ 方式。

（7）可接受性优先法则。如果决策的可接受性是关键的，专制决策又保证不了具有可接受性，如果下属是值得信赖的，应采用GⅡ方式。

对某一个特定的工作问题，如果应用这些基本法则进行选择，则决策者可以得到一组可行的决策方案。这恰恰是弗鲁姆的领导规范模型比其他领导理论优势所在：更接近实际，更具有实用价值。该模型在任何决策环境中均能满足决策者的要求，产生令人满意的实用效果。

7.6.2 领导魅力理论

20世纪初，德国社会学家马克斯·韦伯（Max Weber）提出领导者"超凡魅力"的概念。20世纪70年代，通路—目标模型的创建者——豪斯（House）提出魅力型领导者应当具有三项人格特征。20世纪80年代后，美国学者康格（Conger）和卡纳果（Kanungo）在广泛研究基础上，概括出魅力型领导者应具有的努力改革现状、目标远大、自信心强、善于表达、超凡行为、对环境变化敏感、创新开拓、具有人格魅力等人格特征，并认为这些人格特征是可以通过训练习得的。

被称为"组织理论之父"的韦伯、泰勒（Taylor）、法约尔（Fayol）是创建西方古典管理理论的三位先驱。韦伯认为，任何组织都必须以某种形式的权力作为基础，没有某种形式的权力，任何组织都不能达成自己的目标。人类社会存在三种为社会所接受的权力：①传统权力：传统惯例或世袭得来的；②超凡权力：来源于别人的崇拜与追随；③法定权力：法律规定的权力。

韦伯认为，只有法定权力才能作为行政组织体系的基础，其最根本的特征在于它提供了公正。原因在于：①管理的连续性使管理活动有秩序地进行。②以"能"为本的择人方式提供了理性基础。③领导者的权力并非无限，应受到约束。有了适合于行政组织体系的权力基础，韦伯勾画出理想的组织模式，这种模式具有如下特征。

（1）组织中的人员应有固定和正式的职责并依法行使职权。组织是根据合法程序建立的，有其明确目标，并依靠一套完整的法规制度规范成员的行为，以期有效地追求与达成组织的目标。

（2）组织的结构表现为一层层控制的体系。在组织内，按照地位的高低规定成员命令与服从的关系。

（3）人与工作的关系。成员间的关系只有对事的关系而无对人的关系。

（4）成员的选用与保障。对于每一职位，人员的选用根据其资格限制（资历或学历），按自由契约原则，经公开考试，合格的予以使用，务求人尽其才。

（5）专业分工与技术训练。对成员进行合理分工并明确每人的工作范围及权责，然后通过技术培训来提高其工作效率。

（6）成员的工资及升迁。按职位支付薪金，并建立奖惩与升迁制度，使成员安心工作，培养其事业心。

韦伯认为，凡具有上述6项特征的组织，可使组织表现出高度的理性化，其成员的工作行为也能达到预期的效果，组织目标也能顺利达成。韦伯对理想的官僚组织模式的描绘为行政组织指明了一条制度化的组织准则，这是他在管理思想领域的最大贡献。

作为韦伯组织管理理论的基础，官僚制在19世纪已盛行于欧洲。韦伯从实际出发，把人类行为规律性地服从于一套规则作为社会学分析的基础。他认为一套支配行为的特殊规则是组织概念的本质所在。没有它们，人们将无从判断组织性行为。这些规则对行政人员具有双重作用，一方面，他们自己的行为受其制约，另一方面，他们有责任监督其他成员服从于这些规则。韦伯组织管理理论的主要创新之处，源于他对有关官僚制效率争论的忽略，而把目光投向其准确性、连续性、纪律性、严整性与可靠性。韦伯这种强调规则、强调能力、强调知识的行政组织理论为社会发展提供了一种高效率、合乎理性的管理体制。现在社会上普遍采用的高、中、低三个层次管理模式就是源于他的理论。

被誉为"组织理论之父"的韦伯对组织管理理论的伟大贡献在于，明确而系统地指出理想的组织应以合理合法权力为基础，有效地维系和促进组织的连续和目标的达成。为此，韦伯首推官僚组织，并且阐述了规章制度是组织得以良性运作的基础和保证。企业的长生不老绝不仅仅依赖于其英雄人物的"超凡卓识"，而应在更大程度上依赖于其"顺应自然"的原则体系——公正地识人、用人的体系。

7.6.3 交换型领导行为理论和变革型领导行为理论

1985年，R.倍斯（R. Bass）正式提出了交换型领导行为理论和变革型领导行为理论，该理论以一个"走在大街上的"普通人的身份看待领导行为，具有实际的应用价值，在实践中得到了广泛应用。

1. 交换型领导行为理论

交换型领导行为理论的基本假设是：领导与员工之间的关系是以两者一系列的交换和隐含的契约为基础的。该领导行为以奖赏的方式领导员工，当员工完成特定的任务后，便给予承诺的奖赏，整个过程就像一项交易。其主要特征是：①领导者通过明确角色和任务要求，指导和激励员工向既定的目标行动，领导者向员工阐述绩效的标准，意味着领导者希望从员工那里得到相应的回报；②以组织管理的权威性和合法性为基础，完全依赖组织的奖惩来影响员工的绩效；③强调工作标准、任务的分派以及任务导向目标，倾向于重视任务的完成和员工的遵从。

2. 变革型领导行为理论

变革型领导是一种领导者向员工灌输思想和道德价值观，并激励员工的过程。在这一过程中，领导者除了引导员工完成各项工作外，常以领导者的个人魅力，通过激励员工、刺激员工的思想、关怀员工来改变他们的工作态度、信念和价值观，使他们为了组织的利益而超越自身利益，更加投入到工作中。该领导方式可以使员工产生更大的归属感，满足员工高层次的需求，获得高的生产率和低的离职率。变革型领导行为的前提是领导者必须明确组织的发展前景和目标，员工必须接受领导的可信性。其主要特征为：①超越了交换的诱因，通过对员工的潜能开发、智力激励，鼓励员工为群体的目标、任务以及发展前景超越自我的利益，实现预期的绩效目标；②集中关注较长期的目标，强调发展的眼光，鼓励员工创新，并改变和调整整个组织系统，为实现预期目标创造良好的氛围；③引导员工不仅为了他人的发展，也为了自身的发展承担更多的责任。

小资料 7-4

本田宗一郎的领导风格

本田宗一郎是日本著名的本田车系的创始人。他为日本汽车和摩托车业的发展做出了巨大的贡献。在日本乃至整个世界汽车制造业，本田宗一郎可谓是一个很有影响力的传奇人物。

1965年，在本田技术研究所内部，人们为汽车内燃机是采用"水冷"式内燃机还是"气冷"式内燃机这个问题发生了激烈争论。本田宗一郎是"气冷"式内燃机的支持者，因为他是领导者，所以新开发出来的N360小轿车采用的都是"气冷"式内燃机。

1968年，在法国举行的世界一级方程式锦标赛上，一名车手驾驶本田汽车公司的"气冷"式内燃机赛车参加比赛。在跑到第三圈时，由于速度过快导致赛车失去控制，赛车撞到围墙上。紧接着，油箱爆炸，车手死亡。此事在社会上引起了巨大反响，本田"气冷"式汽车因此销量大减。

这时，本田技术研究所的技术人员要求研究"水冷"式内燃机，但仍被本田宗一郎拒绝。一气之下，几名主要的技术人员决定辞职。本田公司的副社长藤泽感到了事情的严重性，就打电话给本田宗一郎："您觉得您在公司是当社长重要呢，还是当一名技术人员重要呢？"本田宗一郎在惊讶之余回答道："当然是当社长重要啦！"藤泽毫不留情地说："那您就同意他们去搞水冷引擎研究吧！"

本田宗一郎这才省悟过来，毫不犹豫地说："好吧！"于是，几个主要技术人员开始进行研究，不久便研发出适应市场的产品，公司的汽车销售量也大大增加。此后，这几个当初想辞职的技术人员均被本田宗一郎委以重任。

1971年，本田公司步入了良性发展的轨道。有一天，公司的一名中层管理人员西田在与本田宗一郎交谈时说："我认为我们公司内部的中层领导都已成长起来了，您是否考虑一下该培养一个接班人呢？"西田的话很含蓄，却表明了要本田宗一郎辞职的意愿。本田宗一郎一听，连连称是："您说得对，您要是不提醒我，我倒忘了，我确实是该退下来了，不如今天就辞职吧！"

由于涉及工作移交等问题，本田宗一郎没能在当天辞职，但是几个月后，他便把董事长的位子让给了河岛喜好。

（资料来源：吴晓义，杜今锋.管理心理学[M].2版.广州：中山大学出版社，2009.）

> **小思考7-6**
>
> 1. 试运用本章所学理论分析本田宗一郎的领导风格。
> 2. 综合各类领导理论，分析现行中国经济运行模式下，什么领导理论对组织管理最有效？
> 3. 请你对领导理论的发展过程进行总结与分析。

7.7 本章小结

领导是较为直接、具体的管理工作，是管理者运用权力和影响力引导员工按照组织目标要求努力工作的过程。领导工作主要借助于权力和影响力，是一项推动和运用管理体系的工作。任何一个组织成败的关键在于领导。有了领导，组织才能生存、发展和运行，缺乏领导的组织不能成为组织，缺乏有效领导的组织是无力的、难以发展的组织。那么，什么样的领导方式才是有效的呢？在领导的有效性研究中有四种典型的领导理论，即领导特质理论、领导行为理论、情境领导理论和领导权变理论。其中，领导特质理论研究的是领导者的个人特征和品质，寻求最合适的领导者特质;领导行为理论着重于研究和分析领导者在工作过程中的行为表现及其对员工行为和绩效的影响,以确定最佳的领导行为;情境领导理论认为,领导者行为要与被领导者的成熟程度相适应,才能取得有效的领导效果;领导权变理论指出,领导行为应随着被领导者的特点和环境的变化而变化。四种理论各有特点,但也存在不足之处。在实际工作中,领导者应根据自身特点、被领导者及环境三方面因素合理确定最有效的领导方式。

7.8 思考与技能实践

7.8.1 基础训练

1. 名词解释

(1) 领导。
(2) 权力。

2. 简答题

(1) 领导者与追随者之间,权力发挥了什么样的作用?
(2) 简述领导和管理的区别。
(3) 你认为信任是来自个体的人格特点,还是来自具体的情境?

3. 单项选择题

(1) 领导人的职位权力弱是指( )。
  A. 经他人批准后才能分配工作　　B. 可以决定员工职务升降
  C. 得不到下属的信任和尊敬　　　D. 缺乏魅力

(2) 组织管理的成效取决于领导者的领导方式是否得当。领导者发动下属讨论,共同商议,集思广益,然后做出决策的领导方式属于( )。
  A. 民主型领导　B. 专断型领导　C. 放任型领导　D. 自由型领导

(3) 组织管理的成效取决于领导者的领导方式是否得当。领导者个人决定一切,然后布置下属执行的管理方式属于( )。
  A. 民主型领导　B. 专断型领导　C. 放任型领导　D. 自由型领导

(4) 根据管理方格理论,对人的关心度和对生产的关心度比较平衡,既不过分偏重人的因素,也不过分偏重生产,但是,碰到真正的问题,总想得过且过、安于现状,不能促使下属发扬创新精神的领导者方式是( )。
  A. 1.1方式　B. 1.9方式　C. 9.1方式　D. 5.5方式

(5) 你的部门因预算的限制进行整编。你请了部门中一位经验丰富的人负责这项工作。他在你部门的每个领域都工作过,你感到他有能力完成这一任务,可他似乎对这项任务的重要性反应漠然。此时,你应当采取的领导行为是( )。
  A. 高任务、高关系行为　　　　B. 高任务、低关系行为
  C. 低任务、高关系行为　　　　D. 低任务、低关系行为

4. **多项选择题**

（1）权力的基础分为（   ）。

A. 惩罚权　　　B. 奖赏权　　　C. 合法权

D. 专长权　　　E. 感召权

（2）菲德勒提出，对一个领导者的工作最起影响作用的是（   ）。

A. 职位权力　　　　　　　　B. 任务结构

C. 上下级的关系　　　　　　D. 组织形式

（3）在管理方格图的基础上，根据员工的成熟度的不同，将领导方式分为（   ）。

A. 命令式　　　B. 说服式　　　C. 参与式　　　D. 授权式

（4）交换型领导行为理论的主要特征是（   ）。

A. 领导者通过明确角色和任务要求，指导和激励下属向既定的目标行动

B. 引导员工不仅为了他人的发展，也为了自身的发展承担更多的责任

C. 以组织管理的权威性和合法性为基础，完全依赖组织的奖惩来影响员工的绩效

D. 强调工作标准，任务的分派以及任务导向目标，倾向于重视任务的完成和员工的遵从

5. **判断题**

（1）领导是一种影响过程，即领导者和被领导者的个人作用与特定环境的相互作用的动态过程。（   ）

（2）领导的要素有领导者、被领导者、追随者、组织环境。（   ）

（3）管理方格图中，典型的领导方式有团队型管理方式。（   ）

（4）莱温认为存在专断型领导方式、民主型领导方式、自由放任型领导方式。（   ）

6. **论述题**

（1）领导者如何提高下属的自我领导能力？

（2）个体在学校或单位从事哪些活动会让别人感到其是一名具有领袖魅力的领导者？

（3）结合实际谈谈西方领导理论在中国的情境检验。

7.8.2　技能训练

题目：寻找共同的答案

1. **实验目的与技能**

通过本实验，使学生学会在具体的情境中综合运用各种领导手段，如激励、指挥、沟通等，锻炼学生的领导能力。

2. **实验内容**

进行小组划分，每组6~8人。每组选出一位"董事长"，由"董事长"任命一位"经理"，其他小组成员为"员工"，形成基本的组织框架。

教师向小组成员发放带有信息的纸条。"经理"与"员工"拿到的纸条是相同的，上面画有5种图案，有的是鸟，有的是交通标志，图案下面注明教师宣布的各项规则。"董事长"拿到的纸条与"经理"和"员工"的不同，这张纸条上多了一条信息，即"你们小组的每个人都拿到

了一张纸条，上面有 5 种图案，图案是不相同的，只有一种图案在每个人拿到的纸上都出现过。你的任务是带领你的下属在最短的时间内将这个共同的图案找出来，要求小组的每个成员都能够向教师指出这个共同的图案"。教师读规则，然后开始游戏。注意，每个小组的做法都不同。

组内不允许存在越级指挥和汇报，即"董事长"不能越过"经理"直接指挥"员工"，"员工"也不允许越过"经理"直接向"董事长"汇报。

第一，成员只允许使用文字沟通，不允许讲话。要在 30 分钟内完成小组任务，最先完成任务的小组即为优胜者。

第二，只有"董事长"有权举手示意，并低声向教师询问，除此之外所有事情只能在小组内部通过文字沟通的方式完成。

第三，"董事长"获得的纸条不能与其他小组成员获得的纸条交换。

3. 实验要求

游戏结束后，结合相关领导理论，各小组讨论分析"董事长"的表现，以及各小组表现差异形成的原因，并形成一份团队报告。

4. 实验组织与步骤

（1）实验前的准备。要求学生预习、复习领导理论方面的知识。

（2）小组成员完成游戏并进行分组讨论。以 6~8 人为一个小组开展讨论和分析，成员充分发表个人观点。

（3）小组展示。各小组在规定时间内展示小组讨论成果。

（4）实验讲评。指导教师适时讲评。

（5）总结并撰写实验报告。以小组形式撰写实验报告。实验报告成绩按优、良、中、及格与不及格五个等级评定。评定的要点是：报告是否准确分析本组"董事长"的领导方式，写明不同小组表现差异形成的原因。

7.8.3 操作训练

1. 实务题

进行意志力的测试，测查自身的意志力。

2. 综合题

依据自身的测试结果分析自己的性格特征，有针对性地开展职业生涯测评活动。

7.8.4 案例分析

案例 7-1 王嘉廉——领导精英的人

1998 年 5 月，"北京高新技术产业国际周"活动拉开帷幕，美国 CA 公司和日本富士通公司联合宣布，共同推出二者合作开发的中文版 Jasmine。这是两家高科技领域内的精英公司，实力相当雄厚。CA 公司是年营业额达 45 亿美元的世界商用软件界翘楚；富士通公司是年销售额逾 360 亿美元的信息技术产业巨人。二者联袂亮相，自然带来不小的轰动。然而，其中更为引人关注并为新闻界所追逐的，却是一位以往在国内并不声名显赫的美籍华人——王嘉廉先生。

如果用业绩来衡量，王嘉廉应在当今成功的企业家之列，而且成就非凡。1976 年，王嘉廉抱着"技术必须服务于商业"的信念,赤手空拳与三位员工创建了 CA 公司。21 年后,CA 公司已成为在 43 个国家拥有 11 000 名员工、年营业额达 45 亿美元的软件王国。CA 公司曾被美国《财富》杂志评为美国最有价值的 100 家公司之一。他的成功,让羁旅异乡的华人感到骄傲。

作为从白手起家到缔造出年营业额达 45 亿美元的软件公司,CA 公司的实力与潜力为公众所称道。虽说不能完全用金钱来衡量一个人的价值与成就,但 45 亿美元这天文数字又怎能不让人赞叹王嘉廉的才能,不对他成功背后的原因感到好奇。

一个成功企业的成长过程,是一个渐渐形成独有风格的过程。这一风格往往与领导者的作风与独特的领导方式有着最直接的联系。

王嘉廉的个性非常突出,有着过人的精力,动作麻利、工作效率高,说话心直口快、不拐弯抹角,因而也就有了"积极进取""坚定不移""温和""桀骜不驯""激情""冷静""斗志高昂"等描述他的词汇,不断在众多报刊上出现。美国广播公司曾标榜他是"具独创性、最有效率的主管之一"。他领航的 CA 公司如同一台高速运转而又井然有序的大机器,又像一个温情和睦、充满活力的大家庭。

王嘉廉最讨厌也最怕官僚系统,视其为腐蚀人心、摧毁企业的罪魁祸首,因而在他身上你看不到老板架子。他要求员工有话直说,有困难直接找他。为了破除官僚系统,CA 公司每年四月有一次"大地震"——人事变动。比如你今年在某一部门工作,明年就会被调到另一个部门工作;今年你在这个国家任职,明年又会被调换到另一个国家任职。这种岗位的互换,不仅使员工总是在面对挑战的环境中自我成长、成为精英,而且更重要的是能激发出员工个人的潜能与才智。使员工自觉地体会到团队精神表现才是成功的关键。

王嘉廉建立的 CA 公司是一个没有等级观念的公司。这里的工作方式是追求高效而不是拘于形式。CA 公司的每一个部门都有自主权,可以直通最高主管而无须将时间浪费在写报告上。像许多大公司一样,CA 公司也有大大小小的主管会议,但这些会议并非是例行或事先安排好的,而是根据实际需要随时召开。在 CA 公司的一次重要会议现场,看到的是在其他公司看不到的情景:一大群高级主管正准备开会,有些人手持咖啡、早点;有些人交头接耳;有的人忙着把笔记本电脑连接到大电视屏幕上。这里没有传统和正规的会议规则;会议的气氛时而轻松、时而激烈。与会人员可以声嘶力竭地争论,毫无忌惮地彼此交换意见,在碰到意见不同时,任何人都可以打断董事长、上司的话而不会被视为冒犯。讨论不是单向的,王嘉廉的话亦不会被员工奉为圣旨。双方一来一往地激辩,其他人有不同的意见也可随时地切入,没有所谓的发言次序。这种介于"正经"与"不正经"之间的沟通方式刺激了大家的参与感,强化了每个人的思考能力。在两个多小时的会议里,只有嗓门提高的声音,见不到有人打盹儿、打哈欠,而王嘉廉不时冒出的幽默更是让大家笑得前仰后合。于是,大家便在轻松与活泼的气氛中对一个枯燥的会议议题得出共识,找出完善的解决方案,而这一方案很可能会给 CA 公司增添一大笔收益。

王嘉廉把今日 CA 公司的成功归功于公司大量的出色人才。然而在软件界,聪慧的一流人才处处都是,无人不想坐立山头。把这些职明过人的人吸引在一起共同为 CA 公司效力,这本身就是一件难度很高的事情。难怪有人说,王嘉廉不仅自己是一个了不起的人才,而且还是一块能吸引人才的强力"磁石"。

王嘉廉提拔人才不看重学位,而是看他的工作热情与能力。他认为拥有硕士学位或名校出身者并不一定就是最适合在 CA 公司工作的人，学校教的东西并不等于在实际中就管用。CA 公司最迫切需要的是具有自发精神、不畏挑战而又善于因地制宜的人。CA 公司最重要的哲学之一是"有失败的权力"。王嘉廉告诉员工，犯错误没有关系，但谁都没有权力掩饰过失，因而相互指责、推卸责任的现象不会在 CA 公司出现。员工敢于冒险、独立思考、不怕发表自己的看法，每一个人都不会忙着掩饰自己的过失，这是 CA 公司和许多大公司不同的地方。"我们的人并不比其他公司的人聪明，但不同的是，我们节省下许多相互指责的时间来从错误中学到经验，不断成长。在 CA 公司工作的人，多是自动自发，希望共同为 CA 公司闯出一番天地的人。"王嘉廉以此为傲。

在美国电脑界的大公司工作，员工们能得到很高的薪金待遇，而 CA 公司给员工的薪金报酬甚至比世界头号电脑公司 IBM 的还高出三分之一。"你必须给予他们报偿，而且重重地报偿他们。当你找到一个全心投入的工作者时，付他两倍代价，因为他可以顶三个人的工作。"在 CA 公司总部大楼内，甚至设有第一流的幼儿园、篮球场、健身房等。王嘉廉认为，尽可能地向员工提供丰厚的薪金与福利待遇，是 CA 公司一直在努力做的；只有为员工提供一个轻松愉快、毫无压力的"大家庭"式的温馨环境，才能激励他们热爱公司，并以主人翁的态度对待工作。在美国众多的大公司中，CA 公司这种以人为本的企业文化使人感受到中国文化传统的影响，因而有人称 CA 公司是"颇具东方色彩的西方公司"。

尽管在规模与待遇上，CA 公司颇显大公司的实力，但其在经营上把自己当小公司，这是公司一直努力保持的心态。"因为一旦你将自己视为大公司，你就会失去工作的积极性与乐趣，因而尽管我们的确是电脑软件界规模最大的公司之一，但在思考及工作方式上都是以小公司为基准的"，王嘉廉说。

成功绝不是偶然的，但凡成功的人比未成功的人还勤勉努力；但对此，王嘉廉有着不同于一般人的理解："我不像想象中的有很大的工作压力。对我来说，工作如同游戏，已成为我生命的一部分，"他说。热爱自己的工作，因而繁忙的工作也就变成了自己兴趣所致的"努力游戏"，由努力得来愉快与乐趣，才是对生命的回报。

（资料来源：和丕禅.现代企业经营管理案例[M].北京：高等教育出版社，2003.）

❓ 问题

1．请概括王嘉廉的领导风格。
2．王嘉廉的领导风格对于他的成功有什么作用？
3．你认为王嘉廉最值得组织管理者学习的是哪一点？为什么？

案例 7-2　谁来做部门领导人

谢丁是设在北京中关村电子一条街的一家电脑公司中分管人事工作的副总经理。公司董事会日前做出了"第二次创业"的战略决策，并据此将公司的经营业务重点从组装"杂牌"电脑转到创立自己的品牌上来。谢丁必须在这周内做出一项人事决定，挑选一个人担任公司新设业务部门的领导。他有三个候选人，他们都在公司里工作了一段时间。

第一个候选人李非，外埠某大专院校电子计算机专业的专科毕业生，四年前独自到北京"闯世界"，经过面试来到了本公司工作。李非的性格与言行让人感到他是一个固执己见、说一不二、敢作敢为的人。这小伙子年纪不大，但领导手下人挺有一套办法，所以谢丁平时就比较注意他。

谢丁看好他的另一个原因是，李非的领导风格很像自己。谢丁本人是曾在部队从事过通信系统维护工作的退役军人，多年的军队生活使他形成了目前的领导方式。但谢丁自己心里明白，公司新设立的业务部门更需要能激发员工创造性的人。

第二个候选人秦雯则是另一种性格的人，她通过自学获得了文学学士文凭，为人友善，喜欢听取下属的意见，并通过前一段时间参加工商管理培训班的学习以及自己边实践边总结、提高，形成了独特的领导风格。

对于第三个候选人彭英，谢丁没有给以多少考虑，因为彭英似乎总是让她的下属做出所有决策，自己从没有勇气说出自己的主张。

? 问题

假如你是在谢丁身边工作多年的一位参谋人员，谢丁想让你从理性的角度对该项人事决策进行分析并提出建议，请问你建议谢丁选择哪位候选人担任新设业务部门的领导人？为什么？

案例7-3 看球赛引起的风波

东风机械厂发生了这样一件事：一个星期六晚上，车间主任去查岗，发现上二班的年轻人几乎不在岗位上。经了解，他们都去看电视现场转播的足球比赛了。车间主任气坏了，在星期一的车间大会上，他一口气点了十几个人的名。没想到他的话音刚落，人群中几个被点名的青年不约而同地站起来，不服气地异口同声地说："主任，你调查了没有，我们并没有影响生产任务，而且……"主任没等几个青年把话说完，严厉地警告说："我不管你们有什么理由，如果下次再发现谁脱岗去看电视，扣发当月的奖金。"

谁知，就在"禁令"宣布的那个星期的周末晚上，车间主任去查岗时又发现，上二班的10名青年中竟有6名不在岗。主任气得直跺脚，质问当班的班长是怎么回事。班长无可奈何地从工作服口袋中掏出三张病假条和三张调休条，说："昨天都好好的，今天一上班就送来了。"说着，班长瞅了瞅大口大口吸烟的车间主任，然后朝围上来的工人挤了挤眼儿，凑到主任身边讨了根烟，边吸边劝道："主任，说真格的，其实我也是身在曹营心在汉，那球赛太精彩了，您只要灵活一下，看完了电视大家再补上时间，不是两全其美吗？据我了解，上个星期二班，他们为了看电视，星期五就把活提前干完了，您也不……"车间主任没等班长把话说完，扔掉手中的半截香烟，一声不吭地向车间对面还亮着灯的厂长办公室走去。剩下在场的十几个人，你看看我、我看看你，纷纷议论着这回该有好戏看了。

? 问题

1．请你猜想车间主任会采取什么举动？
2．你认为二班年轻人的做法合理吗？
3．你觉得在一个组织中采取什么有效措施才能解决群体需要与组织目标的冲突？
4．如果你是这位车间主任，应如何处理这件事？

7.8.5 网上调研

搜集领导者在组织管理中的成功案例，组织全体成员进行分析。

7.8.6 精选案例

95 后"小"领导罗蒙如何管好"老"员工

摘要：如何发挥"老"员工的积极性，是每个"后浪"管理者必须面对的问题。本案例描述了 95 后管培生罗蒙从钻研维修技艺、编写工艺流程等技术工作开始，到初尝管理的忐忑和困惑，再到力图提升自己领导影响力的职业成长过程。本案例重点回顾了 95 后"小"领导罗蒙被快速提升为生产技术部副经理后遇到的管理"老"员工的困难，以及罗蒙主动调整、提升管理技能、达到管理岗位职责要求的做法，启发同学们思考如何才能实现从管理自我到管理他人的角色转型，如何才能提升年轻的"小"领导的影响力。

关键词：管理者角色；领导者的权力；角色转型；95 后。

案例作者：蒋宁，齐芹。

案例出处：中国管理案例共享中心。

7.8.7 推荐阅读

第 8 章
组织变革与组织发展

学习目标

- 知识目标：了解组织变革的概念和原因；理解组织变革的阻力和解决方法，组织变革的理论及模型；认识和了解组织发展的过程。
- 技能目标：能够运用组织变革的方法和技术，克服组织变革的阻力，促进组织变革。
- 能力目标：具有熟练分析组织变革与发展的条件，运用组织变革理论对组织变革进行有效管理，顺利达成组织变革和发展目标的能力。

案例导读

美国 AT&T 公司组织管理经营战略

AT&T 公司的董事长兼 CEO 罗伯特·艾伦是最有战略眼光的企业家。20 世纪 80 年代初，AT&T 公司因为反垄断诉讼而被迫解体，艾伦带领公司不断成长。1991 年，公司出资 74 亿美元收购了当时美国第二大计算机公司 NCR 公司，1994 年，又出资 120 亿美元收购了美国最大的无线电公司麦考公司，成为 20 世纪 90 年代初轰动世界的公司兼并事件。艾伦的意图是，通过收购上述两个公司，使公司构建起一个有线通信与无线通信相互连接，终端设备和交换设备同时生产，具有强大的贝尔实验室技术支持的信息高速公路的王国。

但是艾伦高估了公司驾驭电脑生产的能力，NCR 公司被收购以后，尽管公司组织了强有力的领导班子，截至 1995 年，NCR 公司仍亏损 35 亿美元，成了 AT&T 公司的沉重包袱。

1995 年底，美国电报电话公司正式宣布将其原来的经营业务划分为 3 个独立的分支业务，即：仍然以 AT&T 之名经营的电话业务；由 Lucent 公司经营的电信网络业务；由 NCR 公司经营的电脑业务，其中 NCR 公司脱离 AT&T 公司成为一个独立的经营实体。在公司宣布上述消息以后，公司股票上涨，使公司资本增值 110 亿美元。

然而，1996 年 4 月，AT&T 公司属下的 Lucent 公司决定把其未来 10 年的电脑信息系统业务交给 IBM 公司经营，而不像人们预料的那样交由 NCR 公司经营。该项业务总值 30~40 亿美元，是当时美国最大也是世界上最大的资源外包业务。所谓资源外包就是一个企业将其电脑系统的运作和管理承包给一个专业的信息服务公司，它是 20 世纪 90 年代以来在世界上新兴起的服务业务方式。其中，美国的 IBM 公司的信息服务部门收入增长较快，1995 年该公司信息服务收入就达到 127 亿美元。除了向 Lucent 公司提供信息服务以外，IBM 公司还承诺吸纳 AT&T 公司因为机构改组而解聘的 3000 名员工。

　　1999 年 4 月 22 日，Lucent 公司宣布将出售其属下的中小企业事业部，并以此为基础成立一个系统集成公司。由于 Lucent 公司将把所有的约 70 万户中小用户业务全部移交给新公司，按照 Lucent 公司中小企业事业部在 1998 年 8.5 亿美元的营业额计算，新公司将成为美国第一大系统集成公司。

　　Lucent 公司将人数在 250 人以下的客户定义为中小客户。此次 Lucent 公司出售中小企业事业部，主要是因为其所做的市场调查结果表明，75%的北美中小企业喜欢与当地的代理商打交道，特别是对于网络通信产品系统，由一家当地代理做系统总集成，可以选用不同厂商提供的优秀产品，同样得到优良的集成服务。传统的大型厂商虽然有良好的信誉和服务，但是仅仅提供自己的产品，对于满足广大的中小用户所要求的服务方面，难免心有余而力不足。

　　此次 Lucent 公司同时将旗下的 2000 名员工一并转移到新公司，Lucent 公司准备以后继续从事中小企业的数据开发、语音及其集成系统的开发、研制和生产。

（资料来源：豆丁网。编者对原文有删减。）

我们生活在变革的时代，特别是中国的企业经历了太多的变革。例如，企业改制、产权改革、中外合资、优化劳动组合、竞争上岗、结构重组、实施 ERP 等。它们共同的目标是一样的：从根本上改变企业的经营运作方式，使企业适应更具挑战性的新型市场环境。但是，理解组织变革和管理组织变革是复杂的，一旦组织变革失败，那么代价是很高的，因此，系统而深入地研究组织变革的规律是有必要的。

组织要想维持和发展，就必须根据外界环境的变化对组织进行变革。组织变革就是指，组织根据外部环境的变化和内部情况的变化，及时地改变自己的内在结构，以适应客观发展的需要。不变革的组织是没有生命力的，必然消亡，但盲目地变革同样会使组织消亡，甚至更快。组织的变革与发展都必须有计划、有步骤地去进行，根据未来可能出现的发展趋势，在科学预测的基础上进行变革。

8.1　组织变革概述

组织只有在变革中才能求得生存和发展。在变革过程中有阻力，必须加以克服，需要采用一些变革策略和方法来促进变革的顺利进行。

8.1.1　组织变革的含义

1. 组织变革的定义

组织变革是指组织根据外部环境（也称外环境）的变化和内部情况（也称内环境）的变化，

及时地改变内在组织结构,以适应客观发展的需要。

(1)组织是社会大系统中的一个子系统,它经常受到其他系统的影响,不对这些影响做出积极主动的反应,组织将受到不同程度的损害。

(2)组织内部的变化是持续不断的。组织内部的一个部门发生任何变化,都会在其他部门引起反应,即出现"多米诺骨牌效应"。如果忽视这些变化,不进行相应的改革,组织就会走下坡路,直至被淘汰。

(3)组织变革的重点是改变人的态度、行为和人际关系。现代企业管理的理论和实践反复说明,人力资源是组织中最宝贵的资源。只有员工的态度发生了积极的改变,员工的行为才会发生有效的变化,进而使组织的人际关系更加融洽,挖掘出组织的发展潜力,最终使组织适应变化的环境。

2. 组织变革的目标

(1)使组织更具环境适应性。

组织变革是经济全球化背景下各类组织所面临的问题。第二次世界大战以来,在许多工业化国家中,经济均出现了高速增长,主要归功于市场准入政策的改善、产品种类的丰富、国内业务地域的扩大、作业效率的提高,以及高出生率导致市场规模的扩大等。如今,主要的工业化国家的人口增长率已基本稳定甚至有所下降,并且,传统的营销战略已不再支持大多数厂商的收入和赢利持续增长。但是,在工业化国家的经济增长率下降的同时,由于新技术的开发,制造业的整体生产率开始提高,造成大量生产能力的浪费。这种环境对经济组织的直接意义是,通过业务全球化,向其他发达地区和发展中国家扩展业务,可以使组织增加收入和利润。但是,这类扩展需要组织把全球化制造与全球化营销能力综合起来,并通过综合物流的支持来开辟新的业务地点。因此,进行适应组织发展和利润增长的组织变革,便成为驱使组织为全球化市场提供服务的根本动力。

小资料 8-1

中国银行组织治理机制

为了配合上市计划,中国银行(简称中行)已对其组织结构进行了一次影响深远的大重组,此举将使省级分行失去独立的资产负债表。随着中行下发《关于一级分行开展流程整合工作的指导意见》,组织结构的扁平化,按业务流程和产品线实行垂直化管理,成为中行公司治理机制改革的核心内容。

改革后,省级分行的定位和未来业务功能分配将进行从块到条的转变,中行总行为此要成立专门的银行卡分支机构、专门的数据处理中心、贷款评估中心。从此,省级分行就没有独立的资产负债表,分行的概念只是个行政概念。全行数据都得以共享,控制得以加强。为与扁平化的业务流程配套,从中银香港(控股)有限公司开始试点的扁平化人力资源重组,将使几乎所有管理人员和普通员工重新申请职位。中行董事会清楚市场化的招聘需要市场化的薪酬改革方案,从市场上选出来的人将按照市场的水平支付报酬,并引进年薪制度。中行员工不仅要接受新岗位,还要接受新身份——由"全民所有制企业员工"转变为"股份制公司员工"。中行将彻底取消处长、科长等干部行政级别,废除官本位制度,设置总经理、主管等专业和技术职位。

（资料来源：搜狐网。编者对原文有删减。）

（2）使管理者更具环境适应性。

管理者是组织中的决策制定者和资源分配者。对于组织变革，管理者要清醒地认识自己是否具备足够的决策、组织和领导能力来应对未来的挑战。因此，管理者要调整过去的领导风格和决策程序，使政策更具灵活性和柔性，同时还能根据环境的变化，重新构建组织的层级之间、工作团队之间的各种关系，使组织变革的实施更具针对性和可操作性。

（3）使员工更具环境适应性。

组织变革的最直接感受者是组织的员工。若组织不能使组织的员工充分认识到变革的重要性，将其观念、态度、行为引导与组织保持一致，就无法实施组织变革。组织必须不断地对员工进行再教育和再培训，决策应更多地重视员工的参与，更多地向员工授权，要能够根据组织所处环境的变化，改造和更新组织文化，使员工更好地适应组织及环境的变化。

3. 当今世界组织变革的特点

美国的未来学家阿尔温·托夫勒（Alvin Toffter）在他的《论企业改革》一书中提出了当今世界组织变革、特别是企业变革所具有的三大特点。

（1）变革的速度更快、周期更短。

20世纪70年代以前的公司或企业，组织结构往往是长期不变的。从采购、生产、销售到研究及开发部门，无所不包、各司其职；任务和生产调度安排得妥妥帖帖，还设立了财务、人事和法务机构；在上层总管各项工作的则有副总裁等多人。这种结构的铁框一旦形成，无论企业兴衰浮沉，都很难有根本的变动，大动干戈的改组或变革则是极为稀少的。但是，当今组织改革日渐频繁，甚至有的公司往往不满两年就要改组一次。

（2）变革的范围更广、数量更多。

现在改革的潮流已经席卷全球，无论是大企业还是小企业，无论是经营单位还是行政管理机构，无论是学校还是医院，均在变革。过去组织变革的范围往往就在本行业或者本行业纵向延伸的范围内，而现在已经超越并拓展到与本行业毫无关联的行业与部门范围。例如，埃克森石油公司投资信息工程，阿尔科公司创办遗传工程研究部门，丰田公司进军建筑业，云南红塔集团进军建材、钢铁、交通和金融等多个领域。采取多角（元）化经营的大企业数量在世界大企业数量中占1/3以上。

（3）变革的内容更深刻、更彻底。

在经济全球化背景下，许多大公司深知仅在价格、市场和组织结构上进行调整是远远不够的，还必须在经营战略、产品方向与结构、人事制度和组织大政方针方面做出根本性的变化。只有这样，企业才能在更为激烈的竞争环境中寻求发展和壮大。

> **小思考 8-1**
>
> 我们生活在一个不连续的时代，这句话的含义是什么？
>
> 答：这句话的含义是时代是不断发展的。过去是未来的序幕，明天是昨天的延续，这样的时代已经不存在了，各种冲击不断迫使组织进行变革，使时代不再连续。

8.1.2 组织变革的动力与阻力

1. 组织变革的动力

（1）科学技术的不断进步。

随着现代科学技术的不断进步，组织开始大量采用机械设备来从事以往通常由组织中层管理者承担的常规性工作，于是大量削减中层管理人员已经是必然。余下的中层工作人员主要是从事非结构性的群体间的信息沟通工作。例如，在商业机构中，原来由中层管理者手工进行一般经营信息的收集、处理等工作，在此背景下，组织的高层管理者往往需要相当长时间才能掌握组织运营的真实情况，于是经营决策中依靠过时的信息进行决策是普遍的事情，导致经营决策活动存在严重的滞后性。另一方面，大量使用机械设备取代人力后，经济组织所需要的工作人员大幅度减少。组织的高层管理者对中层管理者的依赖程度大幅度降低，可以将主要精力放在确定组织目标与妥善处理组织与外部环境的关系上。

（2）社会环境的变化。

随着社会环境的变化，组织外部环境对组织的要求越来越高。自 20 世纪 70 年代以来，西方国家产生了环境污染问题，随后社会重新对经济组织的作用进行了认识。人们对经济组织的认识已经从提供工业产品满足社会需要的角度，转移到经济组织不仅要提供社会所需要的产品，而且经济组织的经营活动要符合社会效益的要求的角度。于是经济组织的功能必须重新设计，社会责任已经成为组织管理者必须要考虑的首要问题，经济效益反而成为次要的问题。

（3）劳动力素质的变化和提高。

进入 20 世纪 90 年代，我国劳动力和劳动力素质发生了巨大变化，其中最主要的变化如下。

第一，农村劳动力大量涌入城市或沿海发达地区，劳动力素质大部分比较低，很多不能适应现代化工业生产的需要，经济组织主要是利用他们廉价的劳动力从事普通加工业产品的生产。对此，经济组织必须对他们进行正规化的职业培训，以适应现代化工业生产的需要。

第二，由于许多工业城镇正面临产业结构的调整，城镇合适的就业机会不断地减少，就业压力继续增大。

第三，随着经济改革的不断深入，社会上出现了新的、多样化的生活方式和价值观念，人们对就业和生活的观念也不断地发生变化。

第四，由于生产技术的不断进步，经济组织对员工的要求越来越高。

第五，劳动队伍中，妇女和年轻人的比例大幅度提高。不仅是劳动力的成分在发生变化，而且劳动力在经济组织之间的流动性也在加大。如果一个组织不能满足员工的需求，员工将会离开组织另谋发展。同时，随着员工的技术技能不断提高，员工对组织的忠诚度也在下降。这是因为对员工而言，最为重要的是自己的专业和技术能力，而不是组织本身。为此，员工会为了适应不断变化的职业要求而频繁地更换工作单位。由于工作的日益知识化，社会总的教育水平也在不断地提高，管理人员需要接受更加广博或专深的教育，以便能够掌握所需的工作技能。大型跨国公司都非常重视对管理人员的培训。它们采用先进的教育培训系统，为管理人员的发展提供一系列的培训。

（4）工作生活质量的变化。

组织最高管理层开始重视提高全员工作生活质量，同时进一步地提出了进行组织变革的规划设计。随着社会经济的发展和进步，人们在工作岗位上的工作生活质量不断地得到提高。例如，经济组织的管理者开始改善工作环境，以及提高员工的生活待遇等。

组织成员的工作生活质量是与他们上下班的行为紧密相关的。通过改善工作生活质量，可以激发组织成员的工作积极性，增强他们的自尊心，提高他们对工作的满意度，并且愿意为组织的发展做出贡献。改善员工工作生活质量，还可以降低成员的缺勤率和员工的流动率，提高产品质量和服务质量。

（5）新的管理原理和方法大量涌现。

第二次世界大战以后，科学技术的进步以及军事技术的扩散，大量的军事技术人才开始由军队进入民用事业领域，给世界经济发展带来了新的活力。特别是20世纪60年代以后，新的管理原理和方法不断地涌现。新的管理原理和方法运用主要体现在如下几方面。

第一，信息技术的广泛运用。例如，ERP（企业资源计划）、MRP（物料需求计划）、MRPII（制造资源计划）、CRM（客户关系管理）、CAD（计算机辅助设计）等的运用。

第二，现代运作管理技术的广泛运用。此类技术的运用，解决了大批量、少品种生产方式向小批量、多品种生产方式过渡的问题，其中比较成熟的生产管理技术有成组技术、柔性生产技术、准时制生产技术、精益生产技术等。

第三，质量意识的广泛运用。

第四，日本管理技术的推广。

第五，组织管理体制及理念的更新，如学习的革命、第五项修炼管理理念的出现。

第六，物流技术的广泛应用，如供应链管理、第三方物流管理技术等的广泛应用。

根据以上分析可以看出，未来的组织结构是一个多变的组织体系，组织必须对现有的结构进行适当的调整。

2. 组织变革的阻力

现代管理者的主要问题是如何适应不断变化的环境对管理的影响。成功管理者的成功之处，就在于能够不断地创建出既能适应外部环境的变化又能在一定程度上预测和积极地影响外部环境的组织结构。然而，虽然组织变革已经具备了一定的动力，但并不是说组织就可以顺利地进行变革了，很多组织在变革中都遇到了阻力。

（1）组织内个体对变革的阻力。

第一，工作和生活的习惯影响力。人们在长期的工作和生产活动中，对外界环境的刺激做出的条件反应，往往会形成一种习惯性的力量。我们每天需要做大量的决策，面对复杂性的问题时，往往以习惯方式做出习惯化或者模式化的反应。不仅如此，习惯影响力一旦形成，就可以成为人们获取满足的来源。最为常见的是，员工的工资，在大多数国家被认为是只能上升而不能下降，即我们常说的"刚性规律"。

第二，依赖性。任何人在其成长过程中都依赖别人来满足他的基本需要，因此，个体在思想上就受到了他人的价值观念、生活和工作态度的影响。假如个体没有在其成长过程中培养出独立的人格或品格，培养起自我尊重的观念，其对社会和他人的依赖就可能成为组织和社会变革的阻力。例如，长期以来，我国实行计划经济管理体制，在这种体制下，人的一切生活活动都由政府安排好了，由此导致了社会上一些人的独立生活品格不高，一旦经济改革使上述的安排不能实现或者无法实现，就会对经济改革产生阻力。

第三，经济原因。这是指组织内个体担心组织变革会减少其在经济上的直接收入或间接收入。

第四，心理的变化。个体在社会生活中，由于个性等方面的影响，心理活动经常会对组织变革产生一些意想不到的影响。比较常见的有：①有选择的注意力和保持力，即指由于个体一旦形成了自己的态度，对别人的建议，只能在其既定态度的范围内做出反应。②担心不了解情况，即组织成员担心经过组织变革后将面临自己不熟悉的情况，这在组织进行管理架构的调整时往往表现得比较明显。例如，在我国国有企业改革过程中，由于员工对新的工作环境产生不适应心理，很多组织均出现了员工情绪波动的情况。③守旧感和安全感，即指当个体遇到挫折时，往往会寻找一些办法来保持所谓的安全感，这种安全感往往又与以往的传统有很大的关系。

（2）来自组织的阻力。

一些组织一旦形成，往往就不再愿意进行任何变革和创新。这是因为：一方面，生产正规化的经济组织，其生产分工往往很细，而且配合紧密，这时进行任何变革，都会打破原有的生产秩序，组织可能会采用力度非常大的措施来阻碍变革的发生。另一方面，组织变革经常会影响到很多既得利益者，或者触动组织在某一时期建立起来的、并且已经为大家接受的地区性权力或决策权限。一般来说，来自组织的阻力主要有如下几个。

第一，组织文化的影响。一个组织不是简单的个体组合，组织的功能与成员的共同标准、工作态度、经营目标、行为规范和领导者的特征有着直接的关联。组织要维持平衡，就必须使组织人员保持一致的行为。因此，一旦组织准备进行变革，组织原有的文化就可能或多或少地阻碍这种变革。

由于组织文化非常难于修正，并且可能成为抗拒变革的一个因素，因而创建有效的组织文化就成为组织变革成功的关键。

第二，对组织权力的影响和威胁。组织权力的来源之一就是对资源的控制。如果组织变革削弱了权力对资源的控制，组织就会阻碍变革的发生。

第三，组织结构。组织有其固有的机制，以保持其稳定性。组织结构对组织内各项工作进行明确的规定，大多数组织的权力都掌握在拥有重要信息的人手里，任何人只要掌握了这些信息，就可以利用其来控制他人。

第四，资源的限制。组织变革需要组织拥有资本、技术、胜任的员工、上级主管部门的支持等。很多组织由于缺乏此类资源，原来设想的变革无法实现。改革开放以来，我国许多地区纷纷设立了大量的经济开发区、软件工业园，但是由于资源的限制，大部分项目未能顺利完成。

第五，组织之间的协议。

> **小思考 8-2**
>
> 抵制变革是一种不理智的反应，你是否同意这种观点，为什么？
>
> 答：不完全同意这种观点。因为从某种角度来说，它有积极的意义。第一，抵制变革使得组织的行为具有一定的稳定性和可预见性；如果没有什么阻力的话，那么组织中的行为就是混乱而随意的。第二，抵制变革还可能成为建设性冲突的来源。例如，对组织结构重新设计或生产线改进方案的抵制会引发有关变革优缺点的讨论，进而促成更为完善的决策。

3. 积极克服组织变革的阻力

（1）合理安排组织变革的进程。

由于组织变革需要一定的时间来完成，因此适当地安排变革推行的时间就非常重要。一般来说，组织管理者往往会低估充分实行组织变革所需要的时间，也忽略了组织中大部分工作是密切相关的这个实际情况。组织的员工之间、员工与上级之间的合作关系需要相当长的时间才能建立起来。

管理者要清楚地认识到，人际关系影响组织变革的速度，否则，即使推行了变革，今后还会需要花费更多的时间和精力去解决此类遗留问题。

（2）积极开展思想沟通工作。

组织在变革的过程中应该开展大量的沟通工作，通过思想沟通，使员工充分了解组织变革的动因。如果员工能够了解有关组织变革的动因，组织变革的阻力将会在一定程度上得以消除或减弱。思想沟通工作，可以通过个别交谈、小组研讨、开大会等方式实现。

（3）吸纳员工参与组织变革决策。

心理学研究表明，员工对于事件参与的程度越大，就越容易承担相应的责任。个体一般很难抵制自己参与做出决策的活动。组织可以在变革决策之前，将持反对意见的人吸收到决策过程中。这样一方面可以吸收员工的智慧，另一方面也可以减少组织变革的阻力，有利于变革的顺利进行。

（4）积极利用"群体动力"。

有心理学家提出，运用变革的群体动力学原理可以推动组织变革，这主要是指利用群体来改变个体或者群体本身行为，从而在群体内部形成强烈的归属感，树立起群体的威望，影响群体成员的价值观、态度和工作行为，使得群体成员理解组织变革的重要性。

（5）进行适当的力场分析，减弱组织变革阻力。

美国心理学家勒温（Lewin）认为，对组织变革中的阻力要采取"力场分析"，即将组织内部支持改革和反对改革的所有因素进行分类，比较其强弱，通过增强支持因素、削弱反对因素来推进变革。

勒温认为，对于一项变革，组织中存在两种力量：一种是推动力，是指有利于组织变革实现的力量，它能够引发一种变化或者使组织变革继续下去；另一种是抑制力，是指阻止或者削弱变革的力量。当这两种力量相等时，平衡状态就达到了。

为了提高劳动生产率，或者推进某项变革，组织可以通过几个途径解决：增强推动力；降低抑制力；同时提高推动力和降低抑制力。

> **专栏 8-1**
>
> **女工带防护眼镜**
>
> 第二次世界大战期间，勒温碰到这样一件事：某工厂要求全体女工带防护眼镜，遭到了抵制。他经过调查研究，分析了两方面的因素，认为为了提高生产力，推进某项改革，可通过以下几个途径来实现：
>
> ①提高推动力；②降低抑制力；③同时提高推动力和降低抑制力。

于是，勒温逐个地分析了反对因素，并采取了以下措施。

（1）对于第一个反对因素（嫌眼镜太重），经过了解，只要花5美分，就能将镜架调换成一种比较轻又舒适的镜架，减轻重量。工厂领导同意支付这笔费用，于是问题解决了。

（2）对于第二个反对因素（戴眼镜不美观），他让女工自己设计美观合适的眼镜式样，并开展了竞赛活动，引起了广大女工的兴趣，有了新的眼镜式样，问题也解决了。

（3）至于第三个反对因素，则随着（1）和（2）的解决也得到了解决。这样，女工对工厂的规定从消极和反对变为积极地支持。

由此可见，力场分析法为解决改革中出现的矛盾提供了很好的工具。

（资料来源：豆丁网。编者对原文有删减。）

观念应用8-1

上海某船厂船体车间对钢板下料的改革

上海某船厂船体车间改革钢板下料环节，遇到了阻力。该车间原采用各冷作组钢板分散下料的办法，后鉴于这种方法存在不少问题，于是决定成立全车间的钢板下料小组，由其统一下料。这样做便产生了两种意见：一种是赞成，另一种是反对。

为此，车间负责人运用力场分析法，进行了比较分析。通过分析发现，赞成改革的支持因素如下。

（1）节省人力。车间原有9个冷作组，每个组中有3～4个风割工，共20多人。如果集中成立一个下料组，由于大大减少了准备和收场等工作量，可以将员工数量减少到8个人，因而节省了人力，多余人力可以用于加强其他部门的力量。

（2）提高钢板利用率。由于各冷作组分散下料，员工往往会从自己的方便出发，有时甚至乱割一气，大材小用、小材不用，造成材料的浪费。集中下料，则可由下料组统筹安排，做到物尽其用。

（3）有利于了解监督返工现象。分散下料模式下，出现返工，再去割一块就是；集中统一下料后，哪个冷作组有返工，即可被发现。这不仅有利于提高员工的责任心，也有利于更好地进行经济核算。

（4）有利于劳动力的适当安排。

以上这几条好处，转变成了一股支持成立下料组的力量，成为变革中的推动力。

车间负责人通过分析还发现，反对改革的因素如下。

（1）原来20多人的工作现在由8个人负担，员工担心任务太重，多劳不能多得，吃亏。

（2）钢板露天堆放，工人露天工作，风吹太阳晒，工作条件差，太辛苦，吃不消。

（3）多余的风割工要调换去做另外工作，这样就迫使一些人改行。

根据以上反对改革的因素，车间责任人没有采用硬压任务、硬推行的办法，而是采取了相应的措施，使改革阻力降低到最小限度。

（资料来源：豆丁网。编者对原文有删减。）

用力场分析法来理解变革过程有两个好处：第一，管理者和员工被要求分析目前情境。当个体变得有能力诊断变革阻力后，就能够更好地理解变革情境。第二，力场分析法强调能够改变和不能够改变的因素。组织考虑其基本不能控制的有关的行动，是典型的浪费时间。当个体和团队将精力集中于能够部分控制的行动时，改变情境的可能性就增加了。

当然，仔细分析情境并不能保证变革成功。例如，有控制力的人有一种自然倾向，那就是，增加情境中的变革压力，以产生所希望的变革。增加变革压力可能导致很快达成变革，但也可能导致高成本——对个人和团体的强大压力可产生使组织混乱的冲突。组织实施必须的变革的最有效方法就是识别出存在的变革阻力，集中力量消除阻力或尽可能降低阻力。

8.1.3 组织变革的程序

组织变革是否能够取得最大的成效，对变革程序的周全考虑是不可缺少的。关于组织变革的程序的制定，许多学者提出了不少方案，但方案内容大致相似。归纳起来，变革程序可包括四个步骤：确定问题，组织诊断，实行变革，评估变革效果。

1. 确定问题

组织是一个开放的社会系统，它是处在动态的环境与结构之中的，因此，有时组织也会变得无活力与无效率。这时，组织就必须研究和分析造成这种状况的原因，看这些原因是暂时的还是长期的，然后通过分析研究组织的内外环境因素，也可采用心理学的调查方法如市场调查、消费行为调查、民意测验等方法来确定需要解决的问题。注意，在确定问题阶段，组织不仅要对正在发生的环境变化做出正确的评估，而且要注意这种变化对组织以及对整个社会的影响，判断这种影响会给其他环境因素带来什么变化。

2. 组织诊断

当经过分析研究组织的内外环境因素，确定了要解决的问题后，组织便可以借助工具和方法，对当前组织状况进行诊断。通过这种诊断，组织可以确定组织是否能够应对环境的变化，从而进一步确定问题所在。常用的组织诊断方法有以下几种。

（1）组织问卷调查。

通过组织问卷调查，可以了解员工的职位及功能，具体包括员工的职位、工作部门和工作性质、责任与职权的大小、工作流程等。

（2）职位说明。

它的主要内容包括工作名称、主要功能、职责、权力，以及该职位与公司其他职位的关系、与外界人员的关系等。

（3）组织图。

组织图是以图的方式来表示某一时期组织职权与主要机能以及组织间的纵横关系。

（4）组织手册。

组织手册是通过职位说明与组织图来表示组织的职权与责任，每一职位的主要机能，以及职权、责任、主要职位之间的相互关系。

（5）实地调查研究。

其实，单靠上述的几种组织诊断工具很难真正、全面地诊断出组织存在的问题，主要是难以了解非正式组织的人际关系及影响力，所以，组织还必须借助一些成熟的心理学调查方法如士气调查法、满意度调查法、工作态度调查法、领导行为的评价方法等。这些调查可以起到诊断的作用，也是确定问题所必须的手段。

3. 实行变革

管理者对组织存在的问题进行了诊断后，接下来就是研究进行组织变革的问题了。然而，实行变革并不是一件容易的事情，变革必然会受到来自各个方面的阻力。变革很可能会打破旧的观念，改变现行的规章制度、工作程序和管理方式，调整组织机构等。对这一切，往往有一些领导会难以接受，因此，变革的阻力首先就来自上层领导。其次，对于组织成员来说，由于不了解环境的变化和变革的必要性，可能会对变革不理解而持消极态度，从而使变革再次受阻。因此，为了实行变革，管理者就必须进行相关的宣传教育工作，提高员工对变革意义的认识，使全体成员都能积极参与到变革中来。

为了使变革能够顺利地进行，组织在提高认识、清除阻力的同时，还必须依据对组织的诊断结果来制订切实可行的变革计划。在制订变革计划时，组织要充分地让组织成员参与到计划的讨论和决策过程中，使变革的计划成为全体成员的计划，而不是少数领导的计划。当变革计划制订以后，组织可先在部分单位试行，以检验计划的可行性，然后根据试行的结果对计划再进行修改补充，再在整个组织内试行，在实行中不断改进。

4. 评估变革效果

变革的成败取决于变革效果。因此，组织在实行变革过程中，要对反馈信息进行研究分析，不断地整理在变革中出现的问题。为了获得反馈信息和对变革效果进行评估，组织对外要进行定期的市场调查、消费者行为调查、社会心理调查和民意测验等；对内要进行员工态度、士气和满意度调查以及工作绩效的评价。由此可见，心理调查方法和社会调查方法以及其他软科学的研究方法，在组织变革中是不可缺少的。

8.1.4 组织变革的步骤

从组织变革程序中可以归纳出如下共性的组织变革步骤。

1. 在科学预见的基础上，发现征兆并认识到进行变革的必要性

管理者不应只看到所获得的种种成绩，并因此沾沾自喜，更应看到在挑战与机遇并存的时代，组织存在的诸多问题。但发现问题、以变求兴的信息又是从何而来呢？这些信息除了包括外部环境中的政治、文化和经济等一般信息外，还包括最重要的组织日常活动的反馈信息。组织要从中发现异常情况，如销售额、利润、市场占有率、质量、成本、员工士气和员工满意度等信息中的异常情况。对有些情况，组织切不可麻痹大意，将异常视为正常，导致最后功亏一篑。

2. 诊断问题，提出明确的目标

发现异常问题是比较容易的，追寻问题的根源却是相对困难的。诊断问题的目的就是要正本清源，这也是为变革提出明确目标的前提。组织诊断出问题之后，必须将变革的目标明晰化和具体化。目标虽可以以诸多数据来表示，如销售额、利润、市场占有率、生产率、废品率和

员工满意度等,但为执行和考核方便,应尽可能明确,且有挑战性。

3. 进行具体分析,确定变革内容

如前所述,变革内容可分为结构、技术和人事等三个方面;当然,影响环境也是一个方面。组织应根据所诊断出的问题,有针对性地选择变革内容,并且还需要设置相应的配套环节。

4. 分析变革的限制条件

一项变革能否成功,不仅取决于组织能否正确地诊断问题、选择明确的目标及适当的变革内容,还取决于能否正确地分析变革所涉及的可能的限制因素。通常,变革要受到领导态度、配套措施和员工价值观念三个方面因素的影响。

5. 正确地选择和确定变革的策略和步调

(1)变革的策略。

推行变革的策略可分为两类。

①根据下级参与变革的程度分为命令式、参与式和分权式三种策略。

A. 命令式策略是指由领导者做出变革的决策,自上而下发布命令,说明所要进行变革的内容和下级在贯彻变革中的职责。

B. 参与式策略是指领导者让下级在不同程度上参与讨论、分析并选择变革方案,以期集思广益。

C. 分权式策略是指领导者将决策权力赋予下级,由下级对自己存在的问题进行分析和诊断,自行提出解决问题的方案,并对其负责。

②按变革所解决问题的广度,可分为计划变革和改良变革。

A. 计划变革是指组织对所诊断的问题统筹兼顾,进行广泛而系统的研究之后做出全局规划,然后有计划、步骤地实施,将变革与组织政策、工作制度及管理方式的调整和人员培训同时进行。

B. 改良变革是指组织对所诊断的问题进行结症性分析、调整或修补,是为维系组织健康运行而采取的一种变革方式。与计划变革相比较而言,改良变革的优点是:变革所受到的阻力较小,而且既适用又稳妥;缺点是头痛医头、脚痛医脚,带有很大的随机性,缺乏整体和全局观。

(2)变革的步调。

变革的步调分为突破式步调和渐进式步调两种。

①突破式步调是指领导者用最大的决心和魄力推进重大的变革,要求一步到位,定期内必须按时完成变革。其优点是可以短时间内解决重要问题,缺点是可能因时间仓促等因素的影响而考虑不周、执行过粗,致使部分员工士气低落,增加变革的阻力。

②渐进式步调是指组织利用足够的时间分步骤地逐渐推进变革,并最终达成变革目标。采取此步调,虽然所遇的自然阻力小,易于让人接受,但容易将变革持久化,结果每一阶段的变革成效不大。

6. 制订具体的变革计划

完成以上各步骤后,制订变革计划的要素已明晰了。组织在实践中采取何种变革策略、何

种变革步调及何种变革计划，要受所诊断问题的性质、参与者的素质与其对待变革的态度、组织的历史和现今的运转水平等诸多因素的影响。组织通常不宜采取命令式策略和突破式步调，但紧急情况和确有把握的条件下除外。在确定变革策略和变革步调之后，组织要将策略具体化，并且不能忽视变革计划中的各种配套因素。配套因素的变革也是影响变革的重要一环，否则，变革仅是一厢情愿，脱离实际。

7. 实施变革计划

（1）组织实施变革计划，要恰当地选择发起变革的时间和范围。成功的变革大都是渐进式的，并且限制变革范围，借此积累经验，再逐步拓展变革范围。

（2）充分认识变革阻力，并力求化解矛盾。任何一种变革实质上是一种对利益和权力格局的再分配。既有利益者、对变革目的的误解者和存有偏见者均可能抗拒变革，但变革总是要付出代价的。组织通过宣传和进一步地磋商与协调，使更多的人了解变革的缘由和变革所产生的绩效，以及给每个人带来的益处，这样可以有效地化解矛盾，减小变革阻力。

8. 及时收集信息，监控变革计划的实施进程

组织在实施变革时，要及时收集可以衡量变革效果的信息。如果没有达到预期的阶段性的效果，组织应马上采取纠偏或调整标准等积极措施，直到出现满意结果为止。

> **小思考 8-3**
>
> 为什么参与的方式被认为是减小变革阻力的有效技术？
>
> 答：减小变革阻力的有效技术之一就是参与。采取这种方式的主要原因是个体很难抵制自己参与做出的变革决定。如果参与者具有一定的专业知识并能为决策做出有意义的贡献，那么他们的参与可以使变革阻力减小，提高变革决策的质量。因此，组织在变革决策之前，应该尝试把持反对意见的人吸收进决策过程中来。

让员工参与到变革的规划以及组织未来前景的设计过程中来，目的是让员工感到自己是在"控制变革"，增加心理上的"安全感"，从而减小变革阻力。第一，任何一种变革，细化到操作层，都表现为工作流程、汇报制度、管理责任的改变，因为员工熟知工作流程，清楚谁会受到变革的影响，所以要挑选一些员工来参与制定变革时间表及过渡计划。第二，管理者要承认员工的担忧并且关注这些担忧。对于管理者而言，抵触情绪至少是一种信号，它标志着变革已经得到了员工的关注，标志着员工企图维护一些对他们重要的东西，所以要认真听取员工因潜在的担忧而产生的反对意见。第三，保持职业的稳定性是一个重要的目标，这有利于保护组织在培训上的大量投入，保护与员工彼此信任的氛围。当进行变革时，某些职位会变得不那么重要，因此，组织要求员工全身心投入变革，应该先向员工保证其职业的稳定性。组织要为员工提供转岗的再培训，为此，企业必须进行周密的计划。

8.1.5 组织变革的方法

1. 组织变革的诊断

组织在什么时候才开始进行组织变革呢？管理心理学家 N.L.西斯克（N.L.Sisk）认为，当

组织具有以下特征时,就必须进行变革:

①组织的主要功能显示出没有效率,或者不能发挥真正的作用;

②组织的决策形成过于缓慢;

③组织内有反对意见;

④组织缺少创新,没有新观念。

准确地诊断组织问题是组织变革的基础。在组织变革之前,组织应该进行有效的组织诊断。组织诊断主要包括以下内容。

(1) 确定应变革应解决的问题。比如是否改变员工的工作态度、工作行为、组织的工作程序、工作任务、工作惯例、工作方法等。

(2) 确定进行变革的准备状态、实施能力,估计组织内人员对变革的态度、激励的程度,以及进行变革所具备的资源。

(3) 鉴定变革专业人员的能力。

(4) 确定过渡性的变革策略和目标。

组织诊断组织问题,可以通过问卷调查法、访谈或者实地观察等方式收集信息,也可以从组织各类记录中收集信息。这些信息收集方法往往联合使用,信息收集的优点在于它增加了员工对组织变革需求的了解。

2. 组织变革的具体内容

(1) 改变工作任务。改变员工承担的工作,包括简单劳动、复杂劳动的改变。基本思路是增加或减少工作岗位或调整工作单位的任务难度,以及任务的可变性。

①任务的难度就是指工作本身在有明确的完成任务的程序或步骤时,被人理解的难易程度。

②任务的可变性即组织在遇到要求不同的或新的工作程序或步骤时,所遇到例外性的问题的可能性大小。

(2) 建立工作自主小组。建立工作自主小组,即将小组重新设计,使得其具有生产某一产品或为某一地区的客户提供服务所需的一切资源和技能。

(3) 目标管理。管理人员与员工一起制定出切实可行的变革目标,以后在所规定的时间内再对员工实现目标的成效进行评价。

(4) 改变组织结构。其主要是指改变工作职位或职责的定义,改变不同职位之间的关系,以及通过修改外部力量的变量,以期改变各种职位上的员工的行为,进而实现组织的改变。

组织采用这种变革方式的目的如下。

①适应新的技术,如计算机技术。

②适应环境的压力,如竞争对手、用户或消费者的压力,政府的压力。例如,美国的标准石油公司在1911年在美国政府强压下不得不进行改组,重新成立了新泽西标准石油公司,即今天的埃克森公司的前身。

③为了适应不断变化的管理人员或社会的价值观。

改变组织结构包括:改变组织内部的结构,改变组织成员的职责以及与核心领导之间的关系,改变组织内部的协调机制、控制幅度、组织等级。

(5) 在员工方面采取的几种方法。

①调查反馈法。

②方格式组织发展法。

③交往分析法。

④敏感性训练。敏感性训练旨在使参加者深入地了解自己和其他人,并从中提高学习和认知的能力。参加者接受敏感性训练,可以通过解决自己在工作中的问题,促进个人的价值观转变,在实际中做出成绩来实现。

敏感性训练的主要对象包括员工、中上层管理人员、学生以及具有不同文化背景的人员。在敏感性训练中,参加的人员自由地讨论自己感兴趣的问题,自由地表达自己的意见,分析自己的行为和感情,并接受对自己行为的反馈意见(批评或者其他意见),从而提高对各种问题的敏感性。

通常,个体可以自由参加这种训练。每次训练人数一般不超过 15 个人,外加训练者(主持人)。

训练时间一般为 3~14 天,大致可以分成以下 4 个阶段。

a. 不规定正式的讨论议程和领导者,由参加者自由讨论、相互启发,增进彼此的了解。

b. 训练者不加评论地坦率谈自己的看法,这是一方面的反馈;但是对参加者的主要反馈,来自其他参加者当时的行为。

c. 着重密切人际关系,相互学习,促进新的合作。

d. 根据实际工作中的情景和问题巩固学习效果。

由于敏感性训练的具体方法各异,针对的问题也不同,对训练的评价并不一致。但是,其作为组织行为学中的一种训练方法,只要在正确的思想指导下,采取这种群体讨论、畅所欲言的形式,仍然可以解决组织人际关系方面的某些问题。

(6)改变工作技术。在当今这个飞速变化的时代,任何一个组织要想进行持续的技术变革,就必需有解决问题的程序和机制变革。

(7)运用二元核心分析法,解决组织结构变革问题。美国学者理查德·L.达夫特(Richard. L. Daft)认为,应该认识到组织变革有两种不同的类型,第一是管理变革,主要属于组织自身的结构变革,包括组织结构重组、管理控制系统、小型化等,它涉及管理环境中的各种资源组合、人力资源管理、竞争战略等方面。管理变革主要采用自上而下的变革,以适应组织外部环境的变化。第二是技术变革,主要内容为从原材料向组织产品或服务的转化,涉及管理环境中的客户关系管理和技术方面。技术变革主要采用授予员工较大自主权,进行自下而上的变革的方式。

针对管理变革和技术变革的研究表明,机械式组织结构比较适合于经常性的管理变革,而有机式的组织结构则比较适合于技术变革。组织变革的二元核心模式见表 8-1。

表 8-1 组织变革的二元核心模式

变革内容	管理变革	技术变革
变革的方式	自上而下	自下而上
变革的主要内容	组织战略、小型化等	生产技术、工作流程、新产品开发
最佳组织结构	机械式组织结构	有机式组织结构

第 8 章　组织变革与组织发展

专栏 8-2

Autodesk 公司的组织变革

在贝兹担任 Autodesk 公司 CEO 的时候，该公司经营状况并不令人满意，为此贝兹被赋予了较大的变革权力。经过一番分析后，她认为，对于组织的高层管理者来说，重要的职责在于，在从事严格的组织变革的同时，必须和员工进行有效的沟通，所以高层管理者应该迅速地采取措施，减少管理变革和技术变革之间的矛盾。

（资料来源：豆丁网。编者对原文有删减。）

小资料 8-2

组织变革阻力的问卷

1994 年 T.A.斯梯瓦特（T.A. Stewart）设计了衡量组织变革阻力的问卷调查法，问卷问题如下。
（1）是否由最高领导发起改革？
（2）各层次的管理者都拥护改革吗？
（3）组织文化是否鼓励冒险？
（4）组织文化是否鼓励和奖励连续改革？
（5）高级管理层是否清楚地表达了改革的需要？
（6）高级管理层是否清楚地描绘了积极的憧憬？
（7）组织是否用具体的测量方法进行业绩评估？
（8）改革是否支持正在组织中进行的其他主要业务？
（9）组织是否把水平基准对标世界先进企业的水平基准？
（10）所有的员工都了解客户的需要吗？
（11）组织是否奖励个体和群体冒险以及寻求问题的根源？
（12）组织有灵活性和合作性吗？
（13）管理层是否与各层员工进行了有效的沟通？
（14）组织是否成功地实施过其他改革方案？
（15）员工是否对自己的行为负责？
（16）组织决策快吗？

该卷每个问题可以选择的答案记分如下。是：3 分；有点是：2 分；不是：1 分。16 个问题得分相加后，总分越高，表示组织内部支持改革的力量越大。

提示：组织中成员感到压力并且乐于改革。必须使广大员工参与对管理问题的反思，以增强对改革支持的力量。从外部引进新思想、意见、建议，以帮助组织内部的人找到提高效率的方法。早期的变革应在小范围进行，应统一形式。

8.2 组织变革的理论及模型

全球化、信息化成为时代的主题，新技术、新产品不断改变着人们的生活，组织也要积极地进行变革，以适应社会的发展变化。

8.2.1 组织变革的理论

组织变革的理论主要包括系统理论、情境理论、行为理论、组织再构造理论和权变理论。

1. 系统理论

组织变革中，组织接受了现代系统理论的观点，把组织看成是一个开放的、有机的、复杂的社会系统。系统一端是原材料、资金、能源、劳动力和信息的输入，另一端是产品、劳务和利润等的输出，其中间的转换必须经过生产、技术、人事等系统。这些系统中任何一个子系统的改变都会引起其他子系统甚至整个系统的变化。变革的原动力往往要追溯到人的行为和人际关系。组织管理者可以通过有效地解决人际关系中的冲突来协调组织功能。因此，典型的组织发展计划是通过改变员工的态度、价值观和信息交流方式，使他们认识到变革的必要性，并参与和实现组织的变革。

2. 情境理论

情境理论的观点认为，组织必须根据自身所处的内外环境，即情境的变化来确定任务。组织管理关系应以环境情境（包括组织成员的心理变化）作为自变量，管理作为因变量，要有的放矢地使管理适应情境。管理学家贝尼斯（Benice）认为，现代组织必须解决好与人有关的基本问题：①工作者的需要与管理目标的综合；②权力分配；③在组织中调解冲突；④组织对变化的适应；⑤组织的成长。

贝尼斯还认为，具备以上条件的组织就属于"有机适应结构"类型的组织，"领导"是其中的联系环节。

3. 行为理论

行为理论也是组织变革和发展的重要基础理论。根据行为理论的观点，组织中人的行为是组织和个人相互作用的结果，组织能影响和控制人的行为；同时，不同的组织结构可以产生不同的群体气氛，从而影响员工的行为和组织的经营效果。组织要有意识地通过组织发展来改变员工的行为风格、价值取向、工作的熟练程度；与此同时，还要改变管理人员的认知方式，以及考察和解决组织问题的方法。

4. 组织再构造理论

这种理论认为，市场的需求（客户的需求）是组织行为的准则和目的，技术的高速发展使组织最大限度地满足客户的需求成为可能，技术的发展和变化会影响到组织的各个方面，包括重新建立组织结构。近几十年来，高新技术的大量涌现进一步促进了管理思想向系统化方向发展，管理体制向集团制方向发展，同时迫使组织结构相应地变革。有人预测，21世纪工厂的组织结构将是多维的、网络式的，即一些小型的中心组织将依据与客户签订的合同，依靠其他组织和供货商进行生产、分配、营销,或者进行其他重要的流程式的经营活动。这种变革将是根本性的。

5. 权变理论

权变理论主张将环境与组织设计联系起来,不能用单一的模型来解决所有的组织设计问题,只能提出在特定情况下有最大成功可能的方案。权变理论还认为,不管是现代的管理模式还是传统的管理模式,只要这种模式能适合具体的环境条件,只要能保证在服从组织的总目标要求下完成目标,同一组织的各个部门都可以采用。

专栏 8-3

分化整合研究理论

1967 年,P.R.劳伦斯(P.R.Lawrence)和 W.洛尔希(W.Lorch)研究了在变革速度不同的环境中经营的 10 个工业企业,研究的环境因素包括市场销售、技术—经济和科学技术,并从这三个方面衡量了外界环境的不确定性。他们将这 10 家企业按环境的不确定性程度做了分类,其中,6 家是塑料产业企业,属于在高度动态的环境中经营的企业;2 家是食品产业企业,属于在中等动态环境中经营的企业;2 家是标准化的容器产业企业,属于在稳定的环境中经营的企业。

研究结果表明,企业既要根据不同条件,在组织结构上有不同程度的"分化",又必须有"整合"的措施。若一个组织的环境是复杂多变的,则必须建立适应环境的子系统,例如,销售、生产、研究与开发系统。每一个子系统的成员会形成与环境相适应的态度和行为,逐渐成为处理工作任务的专家。

研究还表明,组织的分支与部门的结构是和它们所面对的环境的确定性程度相关联的。例如,生产部门往往面对一个相对稳定的环境,其结构设计可以比较定型化;研究部门面对的是不易预测的环境,其结构不能定型固定。

8.2.2 组织变革模式

组织发展是一个无休止的过程。组织解决了一个问题后,又会出现另一个问题。尽管组织发展的过程没有中止,但一个变革的过程一般都包含一定的步骤。为保证变革的顺利进行,实现组织向更适应环境和竞争的组织形态进化的目标,组织必须以特定的步骤来进行变革与发展,即需要特定的变革与发展模式。许多学者对组织变革做了大量的研究,提出了不同的组织变革模式,这里介绍几种比较有代表性的模式。

1. 勒温模式

心理学家、应用行为学家柯尔特·勒温(Kurt Lewin)是有计划变革理论的创始人。他特别重视组织变革过程中的人的心理机制研究,"解冻—变革—再冻结"就是他针对组织成员的心理状态提出的变革三阶段,如图 8-1 所示。

```
┌─────────────┐      ┌─────────┐      ┌─────────────┐
│   解冻      │ ───▶ │  变革   │ ───▶ │   再冻结    │
│打破原有平衡状态│      │实施变革 │      │稳定新的均衡状态│
└─────────────┘      └─────────┘      └─────────────┘
```

图 8-1 勒温的变格三阶段

第一阶段：解冻（Unfreezing）——打破原有平衡状态，创造变革的动力。

这个阶段主要打破现状——一种旧有的平衡状态。打破组织原有的行为模式，克服个体阻力和群体的从众压力，减少使组织行为维持现状的力量，必须先进行"解冻"。解冻是一个包括三种特定机制的复杂过程，这三种机制都必须发挥作用，使组织成员受到激励，从而否定目前的行为或态度。

①确定地否定目前的行为或态度，或者在一段时间内不再强化或稳定。

②这种否定必须能产生足够的、能产生变革的迫切感。

③通过减少变革的障碍，或通过减少对失败的恐惧感来建立员工的心理安全感。在这一阶段，组织要特别注意收集有关令人不满的现状的信息，与其他组织的情况比较，请有关专家来证明变革的必要性。

第二阶段：变革（Changing）——实施变革，使组织行为提升至新水平，组织平衡状态移动至新状态。这一阶段是推行组织本身变革，通过以下两种机制进行。

①对角色模型的认同。这是学习一种新的观点，或确立一种新的态度的最有效的方法，简单来说就是观看他人是如何做的，并以其作为自己形成新态度或新行为的榜样。

②从客观实际出发，对多种信息加以辨别，并在复杂的环境中筛选出与自己有关的信息。

组织在这一阶段要特别重视为组织成员指明变革方向，提供变革的情报资料和变革问题咨询，鼓励员工参与变革，共商变革的计划、措施和问题的解决办法。

第三阶段：再冻结（Refreezing）——稳固变革，把组织状态稳定在变革后新的均衡状态上。

这一阶段旨在采取各种方式和手段不断强化变革所形成的新的心态、行为方式和行为规范，使组织刚刚形成的新的均衡状态趋于稳定、巩固并持久化。一项组织变革的真正成功，不仅需要"解冻"和"变革"环节去打破旧的均衡状态、创造新的均衡状态，而且需要"再冻结"环节去维护长时间的"新的均衡状态"，否则，组织成员会因为惯性等多种原因，自觉不自觉地试图重回以前的平衡状态，从而导致变革短命。

再冻结通过以下两个机制发挥作用。

①让组织成员有机会来检验新的态度和行为是否符合自己的具体情况。成员一开始对角色模型的认同度可能很小，所以组织应当用鼓励的办法使之保持持久。

②让组织成员有机会检验与他有重要关系的人是否接受和肯定新的态度和新的行为。组织强化新的态度和行为，个人的新态度和新行为可以保持更持久些。

在这一阶段，组织应注意建立变革的控制体系，加强新均衡状态中诸如组织文化、规章制度、政策和结构等的支持机制建设，系统地收集和传播变革成功的客观证据，奖励顺向变革的行为，使组织成员得到变革带来的利益。经过一定时间的强化之后，组织成员和群体会发生改变，以适应和维持新的组织均衡状态。这时，管理者就可以依赖正式的机制进行运作了。

2. 行为研究模式

行为研究（Action Research）模式是指组织以数据为基础，系统收集信息，然后在信息分析的基础上选择变革行为的组织变革模式。行为研究的重要性在于，它为推行有计划的变革提供了科学的方法论。行为研究模式如图 8-2 所示，它包含五个基本步骤。

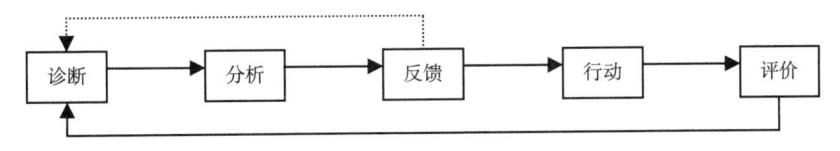

诊断 → 分析 → 反馈 → 行动 → 评价

图 8-2 行为研究模式

第一步：诊断（Diagnosis）。在行为研究中，变革的组织者通常将自己定位为外部顾问，他必须从组织成员处收集变革需要、热点问题以及利害关系方面的信息，诊断组织的"病症"，确定需要解决的问题。这种诊断与医生诊断病人到底得了什么病相似。在行为研究中，组织提出问题，与人面谈，考察记录，倾听员工所关注的问题。

第二步：分析（Analysis）。变革的组织者对诊断阶段所收集的信息进行分析。组织成员认为哪些环节是关键的？这些问题以什么形式出现？变革的组织者把这些信息综合成几个方面：组织成员主要关心的问题是什么？这些问题的范围和形式？问题的成因和关键所在，可以采取什么样的行动来解决问题？也就是说，在对组织的"病症"初步诊断的基础上，变革的组织者分析确定问题产生的原因（病因），并初拟解决问题的方案。

第三步：反馈（Feedback）。行为研究还包含变革对象的广泛参与，也就是说，任何变革方案涉及的员工都必须积极参与问题的确定以及寻求解决办法。因此，第三步是让员工共同参与处理前两步发现的问题。在变革的组织者的帮助下，员工可以制订任何有关变革的行动计划。

第四步：行动（Action）。这一步到了行为研究中的实际行动阶段，基本任务是计划并执行专门的行动来实施变革，应当由变革的组织者和组织成员共同采取行动。

第五步：评价（Evaluation）。变革的组织者评估行动计划的实施效果，以收集到的原始资料为参考依据，对此后发生的变革进行比较和评价。在有些情况下，行为研究前四个步骤需重复多次，方能进行评价。

行为研究模式的显著优点有以下两方面。

①以问题为中心，变革的组织者客观地发现问题，问题的类型决定了变革行为的类型。这样能避免以往以解决问题的方法为中心的错误。先有一个好的管理思想、管理方法或解决方案，然后再去寻找与之相对应的变革行为。

②由于行为研究包含员工的大量参与，因此减小了变革阻力。实际上，只要员工在反馈阶段积极参与，变革通常就有了动力。参与变革的员工和群体就成为带动变革的、内部的、持久的、强大的力量。

3. 吉普森模式

管理学家吉普森（Gibson）认为，企业作为一个经济实体，经常会遇到来自内外部的各种压力，如组织结构、人的行为变化，政府施加法令，资源、市场金融情况变动等所产生的压力。这些压力的存在会导致决策迟缓、信息沟通不畅、领导软弱、人际矛盾等，这就要变革。组织对问题进行觉察和识别，关键在于掌握内外部的有关信息。认清问题所在后，组织要深入分析：哪些方面需要纠正？引发问题的根源是什么？做什么样的变更，何时变更？怎样规定变革的目标及其衡量方法？有无限制因素如领导作风、组织结构和成员特点等？吉普森模式较好地综合了多种组织变革模式，如图8-3所示。

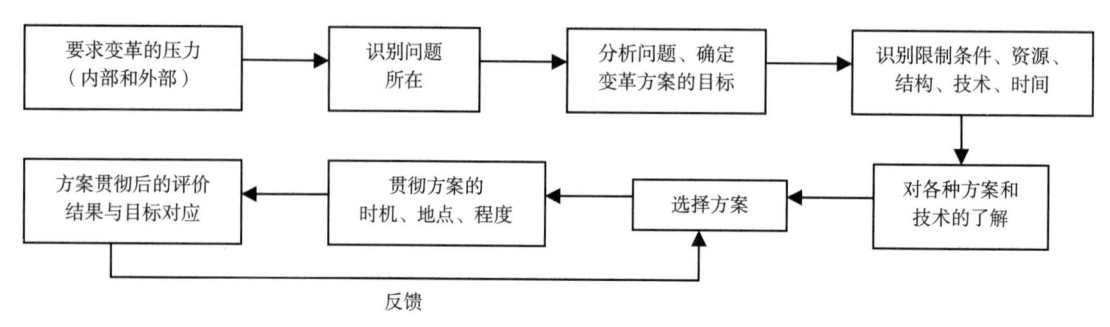

图8-3 吉普森模式

4. 莱维特模式

莱维特（Leavitt）认为，组织由四个彼此具有互动关系的变量构成，即工作、人员、技术及结构，任何组织变革都牵涉这四个变量。这四个变量之间的关系如图8-4所示。莱维特认为，任何组织变革，其特定的目标可能只是改变这四个变量中的一个，但四个变量有高度的互动关系，所以都能彼此影响、相互牵动，所以，任何变革在推行之前就得有缜密的分析与规划，才能将无法预期的不良后果减至最少，顺利达成组织变革的目的与成效。

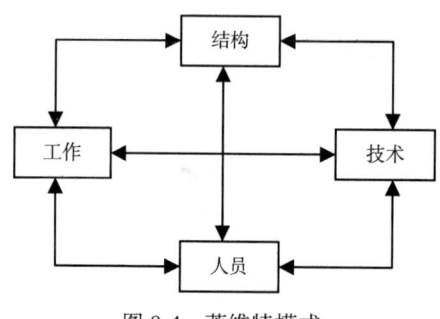

图8-4 莱维特模式

5. 唐纳利模式

唐纳利（Connelly）等在《管理学基础》（*Fundamentals of Management*）一书中，对组织变革的全过程进行了系统讲述，所提出的组织变革模式如图8-5所示。

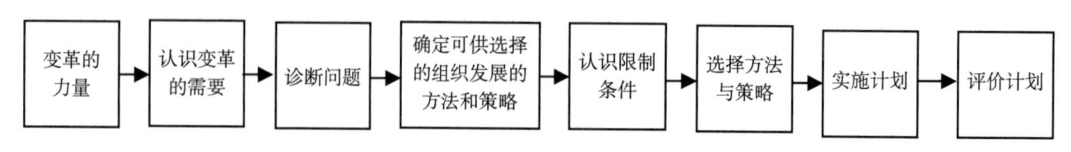

图8-5 唐纳利模式

唐纳利将组织变革的过程划分为8个环节：
①变革的力量，即要求变革的压力，包括外部和内部的力量；

②认识变革的需要，要求领导者能敏锐地在组织发生重大问题之前就认识变革的需要，捕捉组织内需要改变的内容的信息；

③诊断问题，要弄清问题的实质，明确要进行什么变革，变革的目标是什么，如何对这些目标进行衡量等；

④确定可供选择的组织发展的方法和策略；

⑤认识限制条件，摸清这些限制条件及其影响程度；

⑥选择方法与策略；

⑦实施计划，要注意选择变革的时机和范围；

⑧评价计划，对实施变革和要求变革的力量都要提供反馈。

8.3 组织变革的有效管理

区分组织不可避免发生的变化与组织有计划进行的变革是很重要的。有计划的组织变革是指管理者和员工在一些重要方面改善群体、团队或整个组织运作的有目的的尝试和努力。有效变革的前提是组织变革有明确的目标，变革的主要源动力是组织成员，而非其他外部参与者。组织的主要成员必须认识到变革的必要性，有制定变革规范和程序的意愿。为了成功，变革必须是全组织范围内的变革。如图 8-6 所示的是组织变革的系统模式，它包含了一个组织的六个相互作用的变量：人、任务、设计、战略、技术、文化。变量人是指为组织工作的个人，包括他们在性格、观念、态度、需要、动机等方面的差异性；变量文化指的是组织成员共有的价值观、信念和规范；变量任务是指工作本身的性质，比如工作是简单的还是复杂的，是标准化的还是独特的；变量设计是指正式的组织结构，包括权威、责任、沟通和控制；变量技术是指解决问题的方法，使用技术把知识应用到不同的组织过程之中；变量战略是指组织计划的过程。这六个变量相互依赖，一个变量的变化通常会引起其他变量的变化。

如图 8-6 所示的组织变革的系统模式，作为有计划的组织变革的框架，可以采取以下干预措施来推进组织变革。

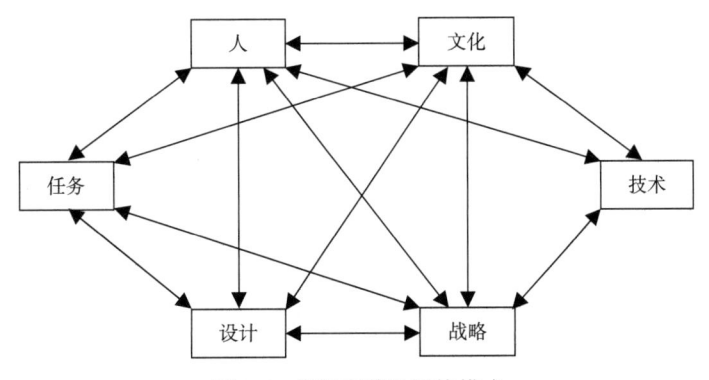

图 8-6 组织变革的系统模式

8.3.1 改变行为

组织改变人的行为，重点放在行为的变革项目上，倾向于依赖大量员工的积极介入和加入成功地改变人的行为，提高个人和团队决策、识别问题、解决问题、沟通、工作关系以及其他方面的质量。基于人的行为的组织变革的方法有敏感性训练、调查反馈、团队建设、过程咨询和工作期质量项目的开展。

1. 敏感性训练

敏感性训练，即"T组训练"，是最常用的训练方法。这种训练主要是个体通过对群体相互作用的体验，达到对自己、对他人、对群体和对组织的理解，学会洞察并掌握处理这些社会关系的技能。因此，敏感性训练也叫人际关系训练。

敏感性训练的内容包括个人、团体、组织三个方面的训练。在通常情况下，由心理学家将来自不同企业、不同职位的参与者编成小组，每组10~15人，另有一到两名管理人员参加。将这些人集中在一个开放自由的环境中，让他们自由讨论，自由发表意见。开始时，参与者在这种无组织状态中会出现紧张、不知所措、沮丧等反应，这时参与训练的管理者应及时地引导参与者，做出合理的小组活动。这样，参与训练的管理者可以亲自感受到这里人与人的关系，以及在管理压力下小组的互动关系，从而获得如何管理自己下属的经验，提高与人相处的能力，能够在处理群体问题上得心应手。敏感性训练不同于一般性的知识、理论的训练，它是一种针对社会敏感性与人际关系的行为性的训练。

小资料 8-3

敏感性训练的三个阶段

麻省理工学院的组织心理学家埃德加·H.夏恩（Edgar H. Schein）把敏感性训练的整个过程分为三个阶段。

（1）旧态度消失阶段。这一阶段为训练的最初几天，在这一阶段人们的旧观念渐渐消失。

（2）加强敏感性阶段。这一阶段是旧态度改变的阶段，通过参与者的相互作用、自由讨论，逐步建立起一种新的团体关系。

（3）新态度和新行为方式的巩固阶段。在这一阶段，没有日程指导，人们自由地发表自己的观点，也接受别人对自己直率坦诚的反馈意见，相互影响。

（资料来源：豆丁网。编者对原文有删减。）

2. 调查反馈

这是一个以数据为基础的调查方法，用于分析员工态度、确定问题或差异，以及让组织成员参与寻找解决方案。调查反馈开始，调查者先从员工处收集信息，大多是通过书面形式让代表性员工填写调查表，或以问答题的形式让代表性员工答题，对员工进行调查。组织对员工进行调查是为了了解其对某些问题的态度。这些问题包括工作满意度、工作小组业绩、群体聚合力、领导者行为、工作质量关系、决策惯例及交流的有效性等。然后，专家制表并分析收集来的数据，并将其格式转换成一个可以理解的格式。调查人员会将数据反馈给提供该数据的员工，引发讨论或鉴别问题，解决问题。除此之外，组织还可通过讨论共同的问题来改进一个工作群体或部门内的成员的关系。调查者组织调查反馈会议，使用调查所得资料，根据讨论情况判断出现的问题，并最终希望通过这种开放诚实的讨论会制订出大家一致同意的解决问题的行动方案。

3. 团队建设

团队建设是工作组或团体成员诊断组织成员如何协调工作和计划变革，以提高工作有效性的过程。有效的团队建设通常需要行动研究过程，当团队成员认识到该方法比较适合解决团队问题时，团队建设就开始了。一个有效的团队能够识别妨碍其有效性和设计的障碍，并采取措施去掉这些障碍。

4. 过程咨询

过程咨询也是组织发展的一种重要方式，强调与人有关的过程的改进是组织发展的关键。过程咨询，就是用一系列的顾问活动来有效地帮助变革人员认识、了解和处理周围环境中所发生的事情，诊断和解决组织面对的关键问题。

小资料 8-4

过程咨询的步骤

组织心理学家夏恩认为过程咨询可分为如下几个步骤：
（1）组织的委托人提出所要解决的问题；
（2）组织的委托人与咨询人员确定问题，然后提出正式的合同，选择解决问题的方法；
（3）顾问与咨询人员采用观察法与调查问卷法进行调查；
（4）顾问人员进行咨询干预；
（5）达到预期结果，咨询结束。

过程咨询的内容包括：群体成员的角色、人际沟通、群体规范及决策、组织发展与群体之间的关系等。其主要强调有效开放沟通，更好地了解和获取组织信息，帮助成员了解领导者的作风，帮助领导者改进领导作风，帮助领导者学会有效地决策及有效地解决问题，考察个人行为形成的因素，以及了解如何改进团体行为规范，帮助诊断组织问题并提出解决问题的有效方法。

（资料来源：豆丁网。编者对原文有删减。）

---

5. 工作期质量项目的开展

工作期质量项目指的是组织为改善那些会对员工在组织的经历产生影响的条件而采取的行动。许多工作期质量项目重点放在保障、安全与健康、参与决策、使用和开发人才与技术的机会、有意义的工作、对工作时间或地点的控制、保护免受武断或不公正的待遇，以及满足社会需求的机会上。这样的项目很受欢迎，因为顺应了员工改善工作条件的要求。此外，工作期质量项目通过使员工更多地介入工作的决策过程，提高了生产率和产品质量。

8.3.2 改变文化

组织对组织文化进行变革，会面临很多困难。在制订变革计划之前，组织需要准确评估现有组织文化。此外，一些组织文化方面的问题几乎是不可能改变的。荷尔瑞格（Hellriegel）认为，如果对以下七个问题给予重视，组织文化改变成功的概率就会增大。第一，利用戏剧性的机会；第二，谨慎与乐观相结合；第三，理解对组织文化变革的抵制；第四，改变一些因素，但仍然保持连贯性；第五，认识实施变革的重要性；第六，调整适应化策略；第七，寻找和培养有创新精神的领导人员。

8.3.3 改变任务与技术

重点放在改造任务上的方法强调改变个人、工作组和团队的工作，重点放在技术上的方法则强调技术过程和完成工作所使用的工具。本文把任务和技术放在一起研究，是因为几种变革方法如工作设计、构建社会技术体系、成立质量督查小组、工程再造和全面质量管理通常对这些领域同时产生影响。工作设计是指精心策划，有计划地重新构造完成工作的方法，以提高员工的积极性、参与性和工作效率，最终达到提高业绩的目的。构建社会技术体系的方法同时对组织的社会性和技术性给予重视，以优化它们之间的关系，以此增加组织的有效性。成立质量督察小组是指成立由来自同一工作领域的、数量一般不超过12个的志愿者组成的工作组，定期开会，监督和解决与工作有关的质量或生产问题。工程再造也是当前组织中受欢迎的变革方法，有时也叫作再设计，是指为减少成本，提高质量、服务水平与速度，对商业过程进行根本性的重新思考和重大的再设计。它是比大多数变革方法更彻底的方法。全面质量管理的目的是使产品质量满足或超出客户的期望值，质量好坏最终是由客户评判的。在管理过程中，所有的活动和过程都必须迎合客户需求，同时还要减少这些活动所需的时间和成本。

8.3.4 改变战略

改变战略或战略变革是指为达到组织目标而改变组织原定的行动方案的有计划的组织变革。采取战略变革方案的一个好的例子是制订开放体系计划，目的是帮助组织有秩序地评估环境，并制定与其相呼应的战略。开放体系计划的制订包括以下步骤。

（1）就组织领导的期望值和对组织行为的要求，评估外部环境。
（2）评估组织目前应对这些环境要求所做的反应。
（3）找出组织的中心使命。
（4）创造组织未来环境需求和组织反应的仿真情境。
（5）创造组织未来环境需求和组织反应的理想情境。
（6）把目前的情境与理想的情境进行比较，制订减少两者差异的行动计划。

8.3.5 组织创新

当代组织变革中，最为重要的主题就是激发组织的创新。

1. 创新的含义

创新是创造新思想并把其付诸实践的过程。产品创新的目的是更好地满足客户需求，引进新的或改进的产品或服务。过程创新的结果是新的、更好的工作与运营方式的引进。

变革指的是使事情发生变化，创新则是一种更为具体的变革。所有的创新都是一种变革，但并不是所有的变革都涉及新思想或带来显著的情况改善。组织中创新的范围很广，可以是小到细微的改进如杰夫·贝佐斯（Jeff Bezos）于1994年创立网上书店。这是经营方式创新的例子，创新还包括新型生产工艺、新型结构或经营体制，以及与组织成员有关的新计划或新方案。

例如，惠普公司的高级管理层成功地创立了一种文化：支持那些努力做事但没有成功的人。遗憾的是，在太多的组织中，员工之所以获得奖励，是因为没有失败，而不是因为成功。这样的文化压制了冒险和创新。人只有当感到自己的行为不会受到任何惩罚时，才会提出新观点，尝试新方法。

2. 创新型组织的特点

好的组织不会停滞不前，会创新。这类组织有能力在运行的基础上进行创新，看重并期待"创新"，而且这成为其日常运营的一部分。一个组织怎样才能更具创新力？相关研究者在对创新组织进行研究时，发现其中一些因素出现的频率极高，主要可归纳为三类：结构、文化和人力资源。如果变革推动者要创造一种创新氛围，那么他应考虑在组织中推广这些因素。

在潜在的创新源方面，研究最多的是结构变量。高度创新型的组织具有支持革新的结构。它强调通过小组协同工作和跨功能部门集成来创新，还利用分散化和授权来解决规模庞大的限制性问题。高度创新型的组织会容忍失误，并尊重具有良好意愿但并不成功的思想。

在人力资源方面，创新型组织积极对员工进行培训，使其跟上时代的步伐；为员工提供高水平的工作保障，使员工不必担心由于犯错误而被解雇；鼓励员工成为变革的倡导者，一旦出现了一种新想法，这些新思想的倡导者（Idea Champion）就会积极、热情地宣传这些想法，提供支持、克服阻力，确保新想法顺利落实。有证据表明，这些思想斗士具有共同的个性特征：非常自信、持之以恒、精力充沛并敢于冒险。他们还具备一些与变革型领导者相似的特征：用自己对创新的愿景及坚定不移的信念来鼓舞和激励其他人；善于获得他人的承诺来支持自己的事业。另外，这些新思想的倡导者一般能获得来自组织赋予的相当大的决策自主权，这种自主权有助于倡导者在组织中引入和实施创新。

3. 组织创新的过程

一个典型的组织创新过程包括四个基本步骤，如图8-7所示。

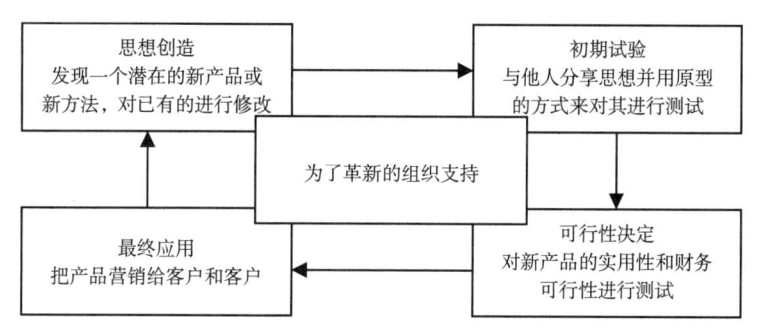

图 8-7　组织创新过程

组织创新包括如下内容。

思想创造——通过自发性的创造、独创和信息处理来创建一个思想。

初期试验——建造思想的潜在价值和应用。

可行性决定——识别预期的成本与收益。

最终应用——生产并营销一件新产品或提供一项新服务，或者给运营实施一个新方法，直到最终应用达到了目的，创新的过程才算完毕。在任何组织中，思想必须经过创新的所有阶段并达到最终应用，它的价值才得以体现。

对知识的搜集和使用。要实现组织的创新，需要对组织的有关知识进行有效的搜集、整理、存储、传播和使用，在此基础上才能实现创新。但在管理学和组织行为学中，和其他许多概念和实践活动一样，知识管理（Knowledge Management，KM）的定义和含义始终不够清晰。有学者认为，KM 指的是安排和分配组织集体智慧的过程，以保证恰当的信息会在恰当的时间内到达恰当的人那里。最近的一项关于 KM 的学术研究则将它定义为：明确地对工具、程序、系统、结构和文化进行开发，用以增进知识的创造、分享和使用，这些知识对决策起着重要的作用。尽管这两种解释都有一定的概括性，但确切含义还是取决于它的使用者。

基于技术的知识管理。采用这一方式，是将知识视作有形资产，主要是依靠技术，特别是依靠信息技术来获取和存储信息，使管理者可以利用它们进行决策，或用来为客户提供产品和服务。有很多成功采用这种方式进行知识管理的例子。例如，IBM 的顾问们报告说，由于可以共享信息，他们用于书写计划的时间从平均 200 小时缩减到了 30 个小时。以技术为基础的知识管理，成功的关键在于能对信息和知识进行分享与利用，以及对这些信息和知识进行调控，以达到组织所预期的结果。

基于分享和融通（Leveraging）信息的知识管理。这种方式关注员工和其他利益相关者的无形智慧资产（经验、技术和思想）。惠普公司的知识管理模式是创建一个使身处其中的每个人都热衷于与他人进行知识分享和沟通的环境。近期一项对 158 家大型全球公司的 2000 名主管的研究表明：在实践中，有效分享和融通知识的最佳途径并非来自信息技术，而是来自员工的非正式工作网、专题小组讨论和其他工作场所。也就是说，组织进行知识管理，必须认识到人力、智力资本的重要性，以及如何使其被有效地分享和融通。

知识管理从确认组织所看重的知识开始。与流程再造类似，管理层需要先考察这一流程，并确认那些可以提供重要价值的流程，然后开发计算机网络和数据库，使那些最需要信息的人很容易得到信息。然而，如果组织文化不支持信息分享，知识管理也不能有效。十分重要和稀缺的信息可以成为一个权力源，而掌握这种权力的人通常不愿意与他人分享这种资源。因此，知识管理需要鼓励、重视和奖励信息分享的组织文化，必须给员工提供一种机制和激励来分享信息，使员工感到这对他们的工作有用，并能实现更高的工作业绩。当运作有效时，知识管理形成的是一种既具有竞争优势，又能提高绩效的组织，因为它使得员工更为聪明，从而能对环境的变化做出快速的反应。

8.4　组织发展

组织发展（Organizational Development，OD）是行为科学知识在不同层次人群（群体、群体间及整个组织）的系统运用，以引入有计划的变革。其目标包括更高的工作生活质量、更高的生产率、更强的适应性、更高的效率。它致力于用行为科学的知识来改变组织信仰、态度、价值观、策略、结构和实践，从而使组织能更好地适应竞争、技术进步和环境中的其他变革。

组织是以动态的人际关系维系的系统，因此组织发展应着眼于改变小组、部门乃至整个企业人员，以使他们成为变革活动的支持者，虽然他们并不一定要亲自实施。组织发展的根本目标在于改变组织的所有组成部分，使其对人更加关注，效率更高，更有能力进行组织学习和自我更新。组织发展依赖于系统导向、因果模型和一些指导它的重要假设。

8.4.1 组织发展的基础

1. 影响组织发展的变量

现代社会充满了形形色色的变革。组织需要各个部门团结协作，以解决变革带来的问题，并抓住变革带来的机遇，寻求新的发展。一些组织发展得过于庞大，以至于难以维持各部门的协调、合作。组织发展是一套包罗万象的程序，它关注的是企业各个部分在相互影响时的交互作用。组织发展关注结构、技术和人员的相互作用，关注员工在不同群体、部门和地区之中的行为方式。它集中回答这样一个问题：各个独立的部分结合成为一个整体时工作效率如何？它重点关注的是各部分的关联方式，而不只是部分本身。

系统导向的一个贡献是帮助管理者依据三种变量来审视组织进程。这三种变量是原因变量、中介变量和结果变量，如图 8-8 所示。原因变量的重要之处在于，它既影响中介变量，又影响结果变量。原因变量是管理者能够最为直接改变的因素，包括组织结构、控制、政策、培训、领导行为以及组织发展方面的努力等。中介变量直接受原因变量的影响，包括态度、知觉、动机、熟练的行为以及团队合作，甚至是群体间关系。结果变量代表了管理者追求的目标，它们通常包括生产率提高、销售额增长、成本降低、客户忠诚度上升、收入增加。它们是实施组织发展的原因。

原因变量	中介变量	结果变量
• 组织结构 • 控制 • 政策 • 培训 • 领导行为 • 组织发展方面的努力	• 态度 • 知觉 • 动机 • 熟练的行为 • 团队合作 • 群体间关系	• 生产率提高 • 销售额增长 • 成本降低 • 客户忠诚度上升 • 收入增加

图 8-8 组织发展过程中的变量

2. 组织发展所依据的假设

组织发展的认同者作了一些假设来指导他们的行动。管理者与员工都要理解这些假设，这样才能清楚地理解组织发展方案。假设可以有很多，但有一些假设在个人、群体和组织水平方面是共有的。

（1）个人方面。员工要成长并成熟；员工有很多潜力可以贡献（如能量和创造力），但有时尚未全部用于工作；大多数员工希望有机会做出贡献（渴望被授权，并对此心怀感激）。

（2）群体方面。群体和团队对于组织取得成功相当关键；群体对个人行为方式有强大的影响力。

（3）组织方面。过度的控制、过多的政策和规则是有害的；适当的沟通可以使冲突产生积极效果；个人目标与组织的目标可以相容。

组织发展的倡导者一般对所有员工的才能、未发挥的潜力和兴趣持有较积极的态度，这种态度源于组织发展理论中隐含的人文主义的价值观。群体和团队是组织中的重要组成部分，但由于其强大而复杂，所以并非总是容易改变。传统的组织被视为僵化的官僚机构，有时会制约成员的成长和发展，但还是存在积极的冲突及一致的目标。

8.4.2 组织发展的特征

组织发展的定义中包含了一些特征，如系统导向。虽然组织发展的一些特征与传统的变革的特征明显不同，但它还影响了组织变革的方案设计与表现方法。

（1）人本主义价值观。

组织发展普遍是建立在人本主义价值观上的。为了追求效率和自我更新，一个组织需要那些愿意扩展自己的技能并乐于多做贡献的员工。对于员工的成长，最好的氛围是强调合作、开诚布公地沟通、人与人相互信任、共享权力和积极地面对。这些因素为实施组织发展提供了一个价值观基础，确保组织能够关注人的需要。

（2）启用变革顾问。

组织发展方案的制订，通常需要组织聘用一个或几个变革顾问，其任务是激发、促进并协调变革。顾问常作为催化剂，在保持一定程度独立性的同时，在组织内部引入变革。虽然顾问可以来自外部也可以在内部产生，但是通常是公司以外的专家。选用外来顾问的好处是这些人更加客观而且经验丰富。他们与公司没有直接的利害关系，因而能够独立工作。

为了弥补外来顾问对组织所知甚少的不足，通常需要给他们配备一位来自企业内部的协调人。外来顾问与内部协调人共同针对改善业务部门的管理展开工作，结果就形成了一种三方关系，汇集各方力量以维持均衡。有时，尤其是大公司，拥有自己的内部组织发展专家，此人取代了外来顾问，直接与公司经理打交道，帮助采取改善措施。

（3）解决问题。

组织发展重视问题解决的过程，训练参与者明确并解决对他们而言重要的问题。这些问题是参与者在当前工作中面临的实际问题。常用的提高员工解决问题能力的方法是让员工明确系统问题，搜集有关数据，采取纠正性行动，评价发展进度，不断地进行调整；利用调查结果指导行动，它所产生的新数据又为新的行动奠定基础。这一循环过程被称为行动研究，又称行动科学。通过运用行动科学来研究自己解决问题的过程，员工学会了从经验中学习，这样将来就能自行解决新的问题。

（4）体验式学习。

参加者在进行培训时，能够感受到其在工作中面临的一些问题，这个方法被称为体验式学习。参与者就自己刚刚经历过的问题展开研讨和分析，并从中学习。在传统的讲授和讨论中，参与者往往听到、谈到的只是枯燥的理论与概念。二者相比较，体验式学习有利于带来更多的行为方式的改变。

（5）多层次干预。

组织发展的总体目标是建立更加有效的组织——能够不断学习和适应、不断进步的组织。由于意识到问题可能发生在个人、员工之间、群体、群体之间或整个组织的层面上，组织发展成功地达成了这一总体目标。一项全面的组织发展策略应运而生，其中穿插着一个或更多的干预性行为，即旨在帮助个人或群体改善工作效率的结构化行为。这些干预性行为通常按其侧重点分为两类：一类着眼于个人（如职业生涯设计）；另一类则面向群体（如团队建设）。另一种区分它们的方法是看其重点是在于"人们所做"（明确、变换他们的工作职责）还是在于"人们如何做的"（改善员工现有的人际关系）。

（6）改变取向。

组织发展通常被认为具有权变倾向，尽管一些组织发展的实践者仅依赖一项或几项方法，大多数人却灵活、实事求是地选择和采取行动，以适应根据调查所确定的要求。诊断、分析在决定如何前进时起着重大作用。另外，组织通常对那些有价值的备选方案进行公开讨论而非将单一的"最优方案"强加于人。

总之，组织在发展过程中应用了行为科学知识与策略来对组织进行改进。这是一项长期的持续性工作，它试图通过聘用变革顾问建立起协作性的工作关系。它试图将四个影响组织行为的因素统一为一个高效的整体。这四个因素就是人、结构、技术和环境。

小资料 8-5

犹他州警局的组织变革

犹他州警局进行了一项公共部门内部变革。通过采用一种行动研究方法，750 名工作人员接受了一项有关组织与管理绩效的 19 个方面的分析性调查。不久，他们得到了结果反馈，并就所发现的不足之处制订行动计划。

在两年后的后续调查中，大多数主管认为员工交流改善了，团队更为团结，参与式管理的应用更加频繁。员工则得到了关于自己工作业绩的更多反馈信息，从而对工作拥有了更大的主人翁精神与责任感。而在那些实施组织发展方案不太成功的组织中，障碍来自缺乏管理层的支持、资源的限制和同事并不热心支持。

8.4.3 组织发展的进程

组织发展是一项复杂的进程，它可能需要组织花上一年或更多的时间来进行计划、实施，整个过程也可能会无限期地延续。通过组织发展，组织试图将其现存状态（需要诊断）转变为理想状态（通过行动干预）。即使这一目标达成，进程仍要继续，因为需要评价工作成果并保持良好态势。一般来说，程序应包括以下几个步骤。

（1）高层管理人员共同确定公司存在的问题的实质，制订最可能实施成功的组织发展方案，并确保能获得高层管理人员的完全支持。在这一步，组织发展顾问会采取与组织中各类员工面谈的方式获取有用信息。

（2）收集数据。工作小组通过调查确定组织氛围和行为方面的问题。组织发展顾问通常会会见轮休班的小组成员并通过类似以下的问题获得信息：什么样的条件最能提高你的工作效率？什么样的条件会干扰你的工作效率？对于组织运行的方式，你最想改变哪些方面？

（3）数据反馈与检验。组成工作小组，复核所获取的数据，协调不一致的方面，并设计变革的先后顺序。

（4）行动安排与问题解决。群体就组织中的实际问题展开讨论，提出变革的详尽计划，这些计划内容包括由谁负责及何时完成各项计划工作。

（5）运用干预。行动计划完成后，组织发展顾问应协助参与者选择并进行适当的组织发展干预。根据主要问题的实质所在，这些干预可针对个人、团队、部门间的关系，也可针对整个组织。

（6）评估和后续行为。组织发展顾问协助组织评价组织发展计划实施后的结果，并制订补充方案，弥补欠缺。因为组织发展中的每个步骤都只是整个程序的一部分，所以如果一个组织希望获得组织发展的最大收益，上述所有的步骤都要经历。一个组织如果只经历两三个步骤，则可能会对结果失望，而经历了所有步骤的会有相当满意的结果。

观念应用 8-2

美孚石油公司组织发展程序

美孚石油公司推行了许多组织发展程序，汇报的结果如下：
① 改善了管理者—员工的交流状况；
② 精简了书面请求；
③ 更为系统地分析问题和解决问题；
④ 部门之间关系良好。

公司总结认为，组织发展的最为关键的步骤是第一步，即从高层管理人员那里获得许可、积极支持和完全参与。

8.4.4 组织发展的优点与局限性

组织发展是有用的组织干预，其主要优点在于试图处理整个组织或组织主要部分的变革，这样就能使得组织获得改进。其他优点包括使组织在激励、生产率、工作质量、工作满意度、解决矛盾等方面得以进步，减少了如缺勤、离职等消极因素。表 8-2 总结了组织发展的优点与局限性。

表 8-2 组织发展的优点与局限性

优　点	局　限　性
整个组织的变革	需要耗费大量时间
动机增强	成本巨大
生产率提高	回报期滞后
工作生活质量改善	可能失败
工作满意度提高	可能侵犯个人隐私
团队合作改善	可能引起精神创伤
矛盾解决改善	可能造成盲从
执着于目标	强调群体过程而非绩效
更愿意变革	可能概念模糊
缺勤人数减少	难以评估
离职率降低	文化方面的冲突
造就了学习型个人和组织	

一个组织在进行调查后认为，组织实施组织发展方案后，在信任、支持型环境、对目标的使命感、组织环境条件及其他方面都取得了统计上的显著的效果。就管理者的行为而言，在倾听、处理矛盾、同他人关系、愿意变革以及其他方面都有改进。就绩效而言，质量水平和利润提升归功于组织发展程序。显然，组织发展对组织的影响是相当广泛的。

组织发展也有其局限性。它十分耗时，成本高昂。一些收益存在延迟回报期，一个组织可能等不到潜在收益变现的那一天。即便有训练有素的顾问相助，一个组织发展方案也可能失败。参与者有时被强迫服从群体态度与一致意见。还有的指责它过分注重行为过程而忽略了工作绩效，似乎将群体过程凌驾于组织的需要之上。另外，要想组织发展具有很好的应用价值，还要发展多种工具以适应不同的组织文化，吸纳一些方法，这样既能帮助组织更好地调整，以适应变化的环境，又能帮助组织做好准备，进行结构、战略和程序上的重大变革。最后，所有的管理者都应当对组织发展承担责任，因为组织发展是必要的。

8.5 本章小结

组织变革是一种有意图、有目标取向的活动，它能提高组织适应环境变化的能力，同时改变员工的行为。组织变革的动力来源可以分为组织的外部环境力量和组织内部力量两个方面。组织变革的最终目的是达到组织结构完善、功能优化、气氛和谐和应变力增强。组织在实施组织变革的过程中，要注意进行组织变革诊断。组织发展就是应用行为科学的知识和方法，在人文主义价值观的基础上有计划、有系统地对干预组织的战略、结构、技术、人员和文化等进行变革，以提高组织整体有效性。

8.6 思考与技能实践

8.6.1 基础训练

1. 名词解释

（1）组织变革。
（2）组织发展。

2. 简答题

（1）如何理解组织变革，其目标是什么？
（2）简述组织变革的程序和步骤。
（3）如何理解组织变革的压力和阻力？
（4）组织如何创新？
（5）我国大中型企业在组织发展方面会有怎样的思路？请略加分析。

3. 单项选择题

（1）对组织变革的目标描述不正确的是（　　）。
A. 使组织更具环境适应性　　　　　　B. 使董事会更具环境适应性

C. 使管理者更具环境适应性　　D. 使员工更具环境适应性

（2）为了防止变革的失败，柯尔特·勒温提出了变革三阶段，即（　　）。
A. 改造、变革和重新解冻　　B. 解冻、变革和创新
C. 解冻、变革和重新解冻　　D. 解冻、变革和再冻结

（3）下列不是个体变革阻力的来源的是（　　）。
A. 习惯　　B. 安全感　　C. 对未知的恐惧
D. 惰性　　E. 经济因素

（4）人们在组织变革的过程中苟安现状，迷恋老的章程、秩序与习惯，表现为往往以各种借口反对变革，这是（　　）。
A. 依赖性心理　　B. 保守性心理
C. 习惯性心理　　D. 求稳性心理

（5）下列不是应对变革阻力的策略是（　　）。
A. 加速　　B. 操纵和收买　　C. 参与
D. 强制　　E. 教育和沟通

（6）基于人的行为的组织变革的方法中，旨在通过无结构小组的交互作用来改善行为的方法被称为（　　），又被称为 T 组训练。
A. 敏感性训练　　B. 团队发展　　C. 团队建设　　D. 群体关系开发

4. 多项选择题

（1）当今世界组织变革的特点是（　　）。
A. 变革的速度更快、周期更短　　B. 变革的范围更广、数量更多
C. 变革的周期更长、范围更广　　D. 变革的内容更深刻、更彻底

（2）组织变革的动力有（　　）。
A. 科学技术的不断进步　　B. 社会环境的变化
C. 劳动力素质的变化和提高　　D. 工作生活质量的变化
E. 新的管理原理和方法大量涌现

（3）组织变革要取得预期的成效，必须遵循科学的、合理的变革步骤或程序。一般来说，组织变革需经过的步骤或程序是（　　）。
A. 反馈　　B. 诊断　　C. 执行　　D. 评估

（4）根据下级参与变革的程度，推行变革的策略分为（　　）。
A. 命令式策略　　B. 参与式策略
C. 分权式策略　　D. 突破式策略

（5）美国斯坦福大学管理心理学教授莱维特认为，组织是一个系统，是由相互影响、相互作用的因素构成的动态系统，这些因素有（　　）。
A. 技术　　B. 人员　　C. 结构　　D. 工作

5. 判断题

（1）组织发展是有计划的变革和干预措施的总和。（　　）
（2）内聚力很高的群体往往不容易接受组织变革。（　　）

(3) 传统的组织发展方法只有结构、技术。(　　)
(4) 当人们对结果不能确定时,更有可能抗拒变革。(　　)
(5) 准确地诊断组织问题是组织变革的基础。(　　)

6. 论述题

(1) "今天的管理要比 20 世纪初的管理更容易,因为在美国内战和第一次世界大战期间发生了真正意义上的变革。"你是否同意这种观点,请分析。

(2) 对于一个具有"追随领袖"历史的组织来说,可以实行什么样的变革来培养组织的创新精神?

8.6.2　技能训练

题目:数字经济时代的组织发展

实验要求:小组同学交流所熟悉的企业,以所选定的企业为例,讨论在数字经济时代互联网工具能为组织变革与发展提供哪些帮助。

实验组织与步骤:

(1) 实验前的准备。要求学生回顾组织变革与发展的相关知识。
(2) 分组讨论。以 5~7 人为一个小组开展讨论和分析,充分发表个人观点。
(3) 小组展示。各小组在规定时间内展示小组讨论成果。
(4) 实验讲评。指导教师适时讲评。

8.6.3　操作训练

1. 实务题

基于人的行为的组织变革的方法包括敏感性训练。请同学们自由组队,按照敏感性训练的要求进行模拟训练。

2. 综合题

不变革的组织是没有生命力的,它必然消亡,但盲目地变革同样会使组织消亡,甚至更快。在现实生活中,组织变革失败的案例比比皆是,请找出一个变革失败的企业,分析其失败的原因。如果你是这家企业的管理者,你会怎样变革呢?

8.6.4　案例分析

天津"狗不理"磨刀霍霍向"牛羊"

天津同仁堂股份有限公司入驻原天津"狗不理"包子饮食集团一波未平、一波又起。新天津"狗不理"大刀阔斧,磨刀霍霍向"牛羊",把整顿的矛头指向了连锁加盟店。

由于原天津"狗不理"授权旗下的连锁加盟店使用"狗不理"品牌并签订了长期"牌匾费"的合同,造成"狗不理"大量无形资产流失,严重影响了"狗不理"的品牌形象。新天津"狗不理"为了重塑形象,采取重要举措,下令提前收回在全国范围内 70 多家加盟店的经营许可权,准备将加盟模式改为直营模式。一场品牌维护战在全国范围内打响。

目前，全国的"狗不理"店绝大多数属于特许加盟店，即分店独立投资、独立经营、独立核算，每年只需向天津总部交纳几万元的"牌匾费"，而总部的任务是对各加盟点进行技术培训和包子原料配送。

天津"狗不理"集团不惜重金收回加盟店经营许可权，实际上由来已久，不是一日之举。

新"狗不理"集团董事长张彦森说过这样一句话，由于集团总部对各加盟店以前实行松散管理，致使分散在北京、河北等地的"狗不理"连锁店管理不规范，各地包子千差万别；即使在"狗不理"的故乡天津市，各个繁华地区的"狗不理"加盟店也是良莠不齐的。

是什么原因导致各门店"良莠不齐"呢？

这就要从原"狗不理"集团如何赚钱说起。原"狗不理"集团曾举着"狗不理"品牌做起了卖牌子的行当，只要交钱就可以打出"狗不理"旗号；至于味道如何，只要差不多就行，没想到最后是捡了芝麻丢了西瓜。用这种方式让"狗不理"赚了小钱，却让这个拥有上百年历史的老字号成为替罪羔羊，"狗不理"的效益每日况下。

近几年来，加盟店因管理松散，严重损害了"狗不理"品牌形象，"狗不理"的众多特许加盟店出现"挂羊头卖狗肉"的现象已经是一个不争的事实。包子是"狗不理"的招牌产品，质量是品牌生命的保障，包子的质量直接影响"狗不理"的声誉与发展。我们可以想象，倘若一个主打产品持续像这样发展下去，将会出现什么样的结果。

据报道，客户已经对北京、河南等地的几家"狗不理"连锁店的服务非常不满。连锁加盟店的形象与"狗不理"品牌形象息息相关，表面上损害的是加盟连锁店，而真正损害的是"狗不理"品牌，收回特许权实为无奈之举。

❓ 问题

1．"狗不理"的特许加盟方式对中国的众多连锁企业来说有何深刻的教训？
2．为什么肯德基、麦当劳等跨国餐饮企业的加盟连锁能够成功，而"狗不理"却不能？

（资料来源：中国营销传播网。编者对原文有删减。）

8.6.5　网上调研

在网上搜集组织变革成功的案例，分析它们变革成功的共同特点。

8.6.6　精选案例

组织内生动力——浩普智能"二次创业"的发动机

摘要：改革开放四十余年来，中国的民营企业从无到有、由小到大，实现了快速发展。但是在经过粗放型发展之后，如何继续保持高速与高效的发展，成为很多民营企业发展的"一道坎"。跨过去的企业会得到长足发展，跨不过的企业则会面临消亡。本案例通过阐述浩普智能近年来通过多维度的组织变革，实现组织再造与组织优化，并从团队构建、制度制定和文化打造等多方面提升组织能效，激发员工发挥主观能动性，构建企业内生动力，试图说明在新的经济与社会环境下，民营企业可以通过打破粗放的管理模式、强化企业内生动力来提升组织能效，推动企业更加良性地发展，从而为其他中小型民营企业的发展提供借鉴。

关键词：浩普智能；内生动力；组织变革；发动机；组织能效。

案例作者：孙见山，殷国华，刘业政。

案例出处：中国管理案例共享中心。

8.6.7　推荐阅读

参考文献

[1] 《组织行为学》编写组. 组织行为学[M]. 北京：高等教育出版社, 2019.
[2] 安景文. 组织行为学[M]. 徐州：中国矿业大学出版社, 2005.
[3] 彼得·德鲁克. 彼得·德鲁克管理思想全集[M]. 北京：中国长安出版社, 2006.
[4] 陈劲. 企业文化建设的心理机制研究[J]. 企业研究, 2011 (12).
[5] 陈春花. 组织行为学[M]. 北京：机械工业出版社, 2009.
[6] 陈春花, 曹洲涛, 宋一晓, 等. 组织行为学[M]. 4版. 北京：机械工业出版社, 2020.
[7] 陈国海. 组织行为学[M]. 北京：清华大学出版社, 2009.
[8] 陈同海, 李艳华, 吴清兰. 管理心理学[M]. 北京：清华大学出版社, 2008.
[9] 陈维政, 余凯成, 黄培伦. 组织行为学高级教程[M]. 北京：高等教育出版社, 2004.
[10] 程立茹, 周煊. 组织行为学教程[M]. 北京：对外经济贸易大学出版社, 2007.
[11] 丁宁, 王馨. 组织行为学[M]. 北京：清华大学出版社, 北京交通大学出版社, 2010.
[12] 董明. 领导艺术[M]. 北京：科学出版社, 2011.
[13] 段国春. 组织行为学[M]. 北京：高等教育出版社, 2010.
[14] 樊建芳, 张炜, 黄琳. 组织行为学[M]. 杭州：浙江大学出版社, 2009.
[15] 盖勇. 组织行为学[M]. 济南：山东人民出版社, 2002.
[16] 耿俊丽. 创业与管理[M]. 兰州：甘肃科学技术出版社, 2009.
[17] 龚敏. 组织行为学[M]. 上海：上海财经大学出版社, 2002.
[18] 哈罗德·孔茨等. 管理学精要[M]. 北京：机械工业出版社, 2005.
[19] 胡君辰, 杨永康. 组织行为学[M]. 上海：复旦大学出版社, 2003
[20] 霍夫斯泰德. 跨越合作的障碍——多元文化与管理[M]. 北京：科学出版社, 1996.
[21] 吉少华. 领导理论研究回顾及现状分析[J]. 中国经济与管理, 2009 (5).
[22] 李芳. 领导理论在护理管理工作中的应用[J]. 中国医学研究与临床, 2006 (11).
[23] 李剑锋. 组织行为管理[M]. 北京：中国人民大学出版社, 2003.
[24] 李永勤, 郭颖梅. 组织行为学[M]. 昆明：云南大学出版社, 2008.
[25] 李育辉. 李育辉组织行为学讲义[M]. 北京：新星出版社, 2021.
[26] 李振文. 管理心理学[M]. 武汉：华中科技大学出版社, 2002.

[27] 廉茵. 管理心理学[M]. 北京：对外经济贸易大学出版社, 2007.

[28] 刘光明. 企业文化[M]. 北京：经济管理出版社, 2004.

[29] 刘亚臣, 冯明凯. 现代管理心理学教程[M]. 沈阳：东北大学出版社, 2003.

[30] 刘玉梅. 管理心理学理论与实践[M]. 上海：复旦大学出版社, 2009.

[31] 马作宽. 组织文化[M]. 北京：中国经济出版社, 2009.

[32] 尼克松. 领袖们[M]. 北京：知识出版社, 1983.

[33] 裴利芳. 组织行为学[M]. 北京：中国城市出版社, 2003.

[34] 单凤儒. 管理学基础实训教程[M]. 北京：高等教育出版, 2009.

[35] 石伟. 组织文化[M]. 2版. 上海：复旦大学出版社, 2010.

[36] 时巨涛, 马新建, 孙虹. 组织行为学[M]. 北京：北京师范大学出版社, 2008.

[37] 史蒂芬. 麦克沙恩, 丽. 安. 冯. 格里诺. 麦克沙恩组织行为学[M]. 北京：中国人民大学出版社, 2008.

[38] 宋海燕. 组织文化的研究论述[J]. 现代交际, 2011 (1).

[39] 苏勇, 何智美. 现代组织行为学[M]. 北京：清华大学出版社, 2007.

[40] 孙成志, 朱艳. 组织行为学[M]. 大连：东北财经大学出版社, 2011.

[41] 孙非. 组织行为学[M]. 大连：东北财经大学出版社, 2003.

[42] 孙健敏, 李原. 组织行为学[M]. 上海：复旦大学出版社, 2005.

[43] 孙燕一, 程立茹, 王纪芒. 实用组织行为学[M]. 西安：西北工业大学出版社, 2007.

[44] 孙泽厚, 罗帆. 管理心理与行为学[M]. 武汉：武汉理工大学出版社, 2010.

[45] 泰百玲. 培训游戏大全[M]. 北京：企业管理出版社, 2006.

[46] 汪勇, 黄淇敏, 李顺德. 卫生管理心理学[M]. 西安：陕西人民出版社, 2007.

[47] 王成荣. 企业文化学教程[M]. 2版. 北京：中国人民大学出版社, 2009.

[48] 王丛香. 组织行为学[M]. 郑州：郑州大学出版社, 2003.

[49] 王慧. 现代管理心理学[M]. 昆明：云南科技出版社, 2002.

[50] 王今舜, 庄菁. 组织文化[M]. 北京：湖南师范大学出版社, 2007.

[51] 王晶晶. 组织行为学[M]. 北京：机械工业出版社, 2014.

[52] 王蔷. 组织行为学教程[M]. 上海：上海财经大学出版社, 2001.

[53] 王淑红. 组织行为学[M]. 北京：机械工业出版社, 2021.

[54] 王晓霞. 管理心理学[M]. 天津：天津人民出版社, 2011.

[55] 王雁. 普通心理学[M]. 北京：人民教育出版社, 2004.

[56] 威廉·D. 希特. 领导者行动准则[M]. 北京：机械工业出版社, 2004.

[57] 吴晓义, 杜今锋. 管理心理学[M]. 2版. 广州：中山大学出版社, 2009.

[58] 徐泽民. 实用管理心理学[M]. 哈尔滨：黑龙江人民出版社, 1990.

[59] 徐长江, 时勘. 领导者组织文化匹配模式的研究构思[J]. 管理评论, 2003 (7).

[60] 许芳, 胡圣浩, 秦峰, 等. 组织行为学原理与实务[M]. 北京：清华大学出版社, 2007.

[61] 薛继东. 组织行为学实验实训教程[M]. 北京：中国人民大学出版社, 2019.

[62] 严进. 组织行为学[M]. 3版. 北京：北京大学出版社, 2020.

[63] 杨家栋, 郭锐. 企业文化学[M]. 北京：中国商业出版社, 2006.

[64] 殷智红, 叶敏. 管理心理学[M]. 2版. 北京：北京邮电大学出版社, 2007.

[65] 袁勇志. 组织行为学[M]. 北京：经济管理出版社, 2008.

[66] 张德. 组织行为学[M]. 3版. 北京：高等教育出版社, 2008.

[67] 郑晓明. 组织行为学[M]. 北京：经济科学出版社, 2002.

[68] 周妙群. 管理心理学[M]. 厦门：厦门大学出版社, 2001.

[69] 周三多. 管理学[M]. 3版. 北京：高等教育出版社, 2010.

[70] 朱新华. 组织行为学[M]. 郑州：中原农民出版社, 2008.

[71] 邹碧海. 实用管理心理学[M]. 重庆：重庆大学出版社, 2009.